누구나 쉽게

LEARN IT

SQL과 AI 알고리즘 with 파이썬

파이썬과 SQL 연동 학습

김현정, 황숙희 지음

길벗캠퍼스

김현정 | nygirl@konkuk.ac.kr

건국대학교 컴퓨터공학 박사, 현 건국대학교 상허교양대학 조교수

주요 연구 분야 : 인공지능, 알고리즘, 정보보안, AI교육

저서 : 누구나 쉽게 컴퓨팅 사고 with 파이썬, 누구나 쉽게 자료구조와 알고리즘 with 파이썬, python으로 배우는 문제해결과 인공지능, 알기쉬운 인공지능 whith 파이썬 등 다수 집필

황숙희 | mamipapa714@skku.edu

건국대학교 컴퓨터공학 박사, 현 성균관대학교 소프트웨어 융합대학 초빙교수

주요 연구 분야 : 컴퓨터 기초교양, 인공지능 알고리즘

저서 : 누구나 쉽게 컴퓨팅 사고 with 파이썬, 누구나 쉽게 자료구조와 알고리즘 with 파이썬 등 다수 집필

누구나 쉽게

SQL과 AI 알고리즘 with 파이썬

초판 1쇄 발행 • 2023년 8월 17일

지은이 • 김현정, 황숙희
발행인 • 이종원
발행처 • (주)도서출판 길벗
브랜드 • 길벗캠퍼스
출판사 등록일 • 1990년 12월 24일
주소 • 서울시 마포구 월드컵로 10길 56(서교동)

대표 전화 • 02)332-0931 | 팩스 • 02)323-0586
홈페이지 • www.gilbut.co.kr | 이메일 • gilbut@gilbut.co.kr

책임편집 • 신유진(backdoosan@gilbut.co.kr) | **디자인** • 강은경 | **제작** • 이준호, 손일순
영업마케팅 및 교재 문의 • 박성용(psy1010@gilbut.co.kr) | **영업관리** • 김명자 | **독자지원** • 윤정아, 최희창

전산편집 • 앤미디어 | **CTP 출력 및 인쇄** • 금강인쇄 | **제본** • 금강인쇄

▸ 길벗캠퍼스는 (주)도서출판 길벗의 IT대학교재 출판 브랜드입니다.
▸ 잘못된 책은 구입한 서점에서 바꿔 드립니다.

ISBN 979-11-407-0595-5 93000
(길벗 도서번호 060083)

정가 27,000원

머리말

여러분은 '데이터베이스' 과목에서 무엇을 배울 것을 기대하며, 무엇을 배워야 한다고 생각하시나요? '데이터베이스'하면 'DB(Data Base)', 'DBMS(Data Base Management System)', 'SQL(Structured Query Language)', 'Big Data', 'Oracle', 'MySQL', 'MS-SQL', 'Migration' 등 떠오르는 용어들이 많습니다. 이러한 여러 가지 용어들을 기반으로, '데이터베이스'를 학습하는 목적에 따라 일부 내용이 달라질 수 있고, 같은 내용이라도 학습의 깊이가 다를 수 있습니다. 따라서 '데이터베이스'에 대한 명확한 의미를 이해하고, 활용 목적을 정의하는 것은 아주 중요합니다.

본 교재에는 데이터베이스 기초 이론 내용과 AI 알고리즘에 사용되는 학습 데이터에 대한 데이터베이스 활용 내용을 포함하고 있습니다.

데이터베이스 기초 이론 내용은 '데이터베이스'의 의미를 이해하는데 도움을 주고자 하였습니다. '데이터베이스'로 저장된 데이터를 잘 활용하기 위해서는 데이터베이스 설계에 대한 이해가 중요하기 때문에, 데이터베이스 기초 이론 내용에 데이터베이스 설계 과정에 대한 설명을 포함하고 있습니다. 특히 관계형 데이터베이스를 기반으로 하는 데이터베이스 설계와 데이터베이스 활용을 중심으로 설명하였습니다.

AI 알고리즘에 사용되는 학습 데이터에 대한 데이터베이스 활용에서는 여러 가지 데이터베이스 활용 분야 중 학습 데이터에 대한 데이터베이스 활용 방법을 소개하였습니다. AI 알고리즘에 사용되는 학습 데이터는 여러 가지 형식으로 제공되지만, 정제된 데이터는 학습의 효율성을 높일 수 있습니다. 데이터베이스로 저장되어 관리되고 있는 데이터들은 이미 정제된 데이터로 간주되어 학습 데이터 전처리 과정에 도움을 줄 수 있습니다. 또한 데이터베이스를 연동하는 응용프로그램에 AI 알고리즘을 활용한 결과를 포함시킬 수 있습니다. 이러한 목적으로 데이터베이스를 활용하는데 도움을 주기 위하여 관계형 데이터베이스의 인터페이스인 SQL로 데이터베이스의 데이터를 학습 데이터로 활용하는 방법으로 소개하고, 파이썬 프로그래밍 언어와 접목시켜 적용하는 방법을 소개하고 설명하였습니다.

본 교재를 통해 '데이터베이스'에 대한 이해와 AI 알고리즘에서의 '데이터베이스' 활용에 대한 이해에 도움이 되길 바랍니다. 감사합니다.

저자 일동

차례

<5장> 파이썬과 SQL

<6장> 데이터 분석과 SQL

<7장> 비정형 데이터 다루기

<8장> 지도학습 (1)

<9장> 지도학습 (2)

<10장> 비지도학습

<11장> 파이썬과 웹 서비스

• 책 내용을 따라할 수 있는 실습 파일은 길벗 홈페이지를 통해 제공됩니다.

길벗 출판사 홈페이지(www.gilbut.co.kr) 검색란에 **'SQL'**, **'AI 알고리즘'**을 검색 → 해당 도서 자료실의 **'실습예제'** 항목 → **실습에 필요한 예제 소스** 내려받기

주차별(15주) 학습 진도표

주차별	챕터	주제	주차별 내용
1주	1장	Class Orientation 데이터베이스	수업 소개 및 안내 데이터베이스 개요 및 역할
2주	2장	데이터베이스 설계 (1)	데이터베이스 설계 원칙
3주	2장	데이터베이스 설계 (2)	데이터 모델링
4주	3장	관계형 데이터베이스 (1)	관계형 데이터베이스 개념
5주	3장	관계형 데이터베이스 (2)	관계형 데이터베이스 및 SQL 기초
6주	4장	SQL	MySQL Workbench를 사용한 SQL 기본과 쿼리 작성
7주	5장	파이썬과 SQL	파이썬과 MySQL 데이터베이스 연동
8주	중간고사		
9주	6장	데이터 분석과 SQL	데이터 분석을 위한 SQL 활용
10주	7장	비정형 데이터 다루기	비정형 데이터 다루기 및 SQL 활용
11주	8장	지도학습 (1)	지도학습 개요 및 분류 알고리즘 소개
12주	9장	지도학습 (2)	회귀 분석 등 지도학습 알고리즘 및 SQL 활용 및 학습
13주	10장	비지도학습	비지도학습 개요 및 군집화 등 알고리즘 및 SQL 활용 및 학습
14주	11장	파이썬과 웹 서비스	파이썬을 활용한 웹 서비스 연동
15주	기말고사		

| 1장 |

데이터베이스

학습 목표

- 데이터베이스와 데이터베이스 관리 시스템(DBMS)의 차이를 이해한다.
- 컴퓨터에서 데이터베이스의 의미와 중요성을 이해한다.
- 시스템 소프트웨어와 서버 시스템을 이해한다.
- 파일 시스템을 이해한다.

1 〉 데이터베이스 개요

'데이터베이스'라는 단어를 보면 떠오르는 단어들이 많다.

'DB(Data Base)', 'DBMS(Data Base Management System)', 'SQL(Structured Query Language)', 'Big Data', 'Oracle', 'MySQL', 'MS-SQL', 'Migration' 등 이 단어들은 모두 데이터베이스를 공부할 때 선택하는 책들의 제목으로 많이 사용되기도 한다. 그렇다면 이 중에서 데이터베이스를 공부하려면 우리는 무엇을 선택하여야 하며, 무엇을 배워야 하는가? 데이터베이스에 대한 기본 개념을 알아보면서 데이터베이스 학습에 대한 기초적 이해와 기준을 마련해 보자.

1.1 데이터베이스 학습 종류

데이터베이스하면 떠오르는 단어들은 다음과 같이 네 가지 주제로 분류하여 학습할 내용으로 선택할 수 있다.

학습 목적	학습 내용
데이터베이스 관리 시스템(DBMS) 개발	DB, DBMS
데이터베이스 생성 및 관리	DB, DBMS, SQL, Oracle, MySQL, MS-SQL, NoSQL 등
데이터베이스 교체	DB, DBMS, Migration
데이터베이스의 학습 알고리즘 이용	DB, DBMS, Big Data, Data 분석, 알고리즘

네 가지로 분류된 학습 목적에 따라 학습 내용을 정리해 보자.

데이터베이스 관리 시스템(DBMS) 개발

데이터베이스 관리 시스템(DBMS)을 개발하는 개발자가 되기 위해서는 'DB'와 'DBMS'에 대한 학습이 필요하다. 이는 'Oracle', 'MySQL'과 같은 데이터베이스 관리 시스템(DBMS)을 개발하기 위해 필요한 학습 내용이다. 이와 같이 데이터베이스 관리시스템 개발을 목적으로 데이터베이스를 학습한다는 것은 컴퓨터에 대한 모든 기반 지식을 포함하여 전문 시스템 프로그램 개발자가 되기 위한 데이터베이스 학습을 말하며, 프로그래밍 언어를 포함한 전문적 데이터베이스 학습이 필요하다.

데이터베이스 생성 및 관리

데이터베이스를 생성하고 관리하는 관리자가 되기 위해서는 데이터베이스 관리 시스템(DBMS) 개발자가 개발한 시스템을 사용하는 방법을 학습해야 한다. 데이터베이스 관리 시스템(DBMS)을 효과적으로 사용하는 방법을 배우려면 'DB', 'DBMS', 'SQL', 'Oracle', 'MySQL', 'NoSQL' 등을 학습해야 한다. 또한 데이터베이스 관리 시스템(DBMS)을 개발의 의도와 방향을 이해해야 잘 사용할 수 있다.

데이터베이스 관리에 대한 학습 내용을 살펴보면 마치 응용프로그램 사용법을 익히는 것처럼 보이기도 하고, 프로그래밍 언어를 배우는 것처럼 보이기도 하고, 윈도우, 유닉스, 리눅스 같은 운영체제를 배우는 것처럼 보이기도 하며, 컴퓨터 네트워크를 배우는 것처럼 보이기도 한다. 따라서 학습하다 보면 컴퓨터에 대한 전문 지식을 요구하는 내용이 많아 쉽게 시작했다가 어려워서 포기하는 경우가 많다.

데이터베이스 생성 및 관리자는 전문 시스템 개발자 정도의 학습을 요구하지 않지만, 컴퓨터에 대한 전반적인 내용을 알아야 하므로 컴퓨터 과학 분야에서도 1학년 과목이 아닌 2학년 또는 3학년 과목으로 배정된다.

'Oracle', 'MySQL', 'MS-SQL'은 데이터베이스 전문 응용프로그램이라고 간주할 수 있는데, 데이터베이스 전문 응용프로그램은 프로그램 실행을 자체적으로 수행하며, 자체적인 운영체제를 포함하고 있다고 생각할 수 있다. 이러한 응용프로그램은 컴퓨터 프로그래밍 언어가 컴퓨터에게 명령을 전달하는 언어인 것처럼, 데이터베이스를 컴퓨터처럼 동작하는 개체로 생각하여 데이터베이스에게 명령하는 언어를 사용한다. 또한 데이터베이스의 데이터의 양은 방대하기 때문에 물리적으로 하나의 하드디스크에 모두 저장할 수 없어 분리된 데이터베이스의 데이터들을 컴퓨터 네트워크 개념을 포함시켜 관리한다. 따라서 일반 응용프로그램보다 훨씬 복잡하고 어렵게 느껴지지만 학습 내용은 명령어와 명령어 기능 위주로 학습하므로 응용프로그램 기능을 배우는 것처럼 느낄 수 있을 것이다.

데이터베이스 교체

'Migration'은 '이주', '이동'의 뜻이다. 데이터베이스 관리 시스템(DBMS)은 여러 가지가 있기 때문에 데이터베이스 관리 시스템(DBMS)에 따라 데이터를 저장하는 방법과 사용하는 방법이 약간씩 다르다.

이것은 같은 문서이지만, 한글 프로그램으로 작성된 한글 파일과 워드 프로그램으로 작성된 워드 파일이 달라서 한글 파일을 워드 프로그램에서 실행시키거나, 워드 파일을 한글 프로그램에서 실행시키기 위해 해야 하는 작업과 비슷하다.

서로 다른 데이터베이스 관리 시스템(DBMS)으로 저장된 데이터를 통합하기 위해서는 데이터베이스 관리 시스템(DBMS) 교체가 이루어져야 하는데, 이는 전문적인 지식과 방법을 학습해야만 가능하다. 데이터베이스 교체 작업을 진행하려면 'DB', 'DBMS', 'Migration'에 대한 내용을 학습해야 한다. 최근에는 데이터베이스 관리 시스템(DBMS) 교체 전용 프로그램이 개발되어 상용화되고 있다.

데이터베이스의 학습 알고리즘 이용

특히 학습을 통해 특정 규칙을 찾거나, 결과를 도출하는 인공지능 알고리즘은 알고리즘 학습을 위한 대량의 데이터가 필요하다. 이때 데이터는 텍스트 기반의 다양한 방법으로 저장될 수 있다. 학습에 사용하기 위한 데이터가 특별히 데이터베이스 관리 시스템으로 저장된 데이터베이스가 아닌 이상 데이터베이스 분야에 포함되지 않는다.

컴퓨터의 활용이 확대됨에 따라 여러 분야의 데이터들이 생성되어 쌓이고 있다. 이러한 데이터들 안에서 인공지능 알고리즘에 사용할 수 있는 데이터의 추출, 사용할 수 있도록 하는 데이터 정제와 전처리는 학습 인공지능 알고리즘 분야에서 아주 중요하다. 이때 생성된 데이터들을 데이터베이스로 재저장하거나, 이미 데이터베이스 관리 시스템을 이용하여 생성된 데이터베이스를 활용하면 데이터의 추출, 정제, 전처리 과정에 도움을 받을 수 있다. 이때 데이터베이스를 활용하기 위해서는 'DB'와 'DBMS', 'SQL'의 기본 개념과 활용에 대한 이해가 필요하다.

모두 데이터베이스에 관한 내용이지만 우리가 어떠한 목적으로 학습하는지에 따라서 데이터베이스를 선택해야 한다.

각 분야별 학습 내용을 살펴보면 'DB'에 대한 내용은 모든 분야에서 기본적으로 학습해야 하는 것을 알 수 있다. 또한 'DBMS'는 데이터베이스 관리 시스템(DBMS) 개발자나, 데이터베이스 관리 시스템(DBMS) 사용자 모두 학습해야 하는 내용이다. 이때 모두 같이 알아야 하는 부분과 각자 전문적으로 알아야 하는 부분이 다르지만, 'DB'와 'DBMS'에 대한 기본적인 개념은 데이터베이스를 학습하는 모든 사람들은 알고 있어야 한다.

1.2 데이터베이스 용어와 사용자

데이터베이스에서 사용하는 용어들과 데이터베이스 사용자에 대한 종류와 특징을 알아보고, 데이터베이스 학습 내용을 정리해 보자.

데이터, 데이터베이스, 데이터베이스 관리 시스템(DBMS)

우리는 먼저 혼용해서 사용하는 '데이터', '데이터베이스', ' 데이터베이스 관리 시스템(DBMS)'을 구분하여 재정의해야 한다.

❶ **데이터** : 데이터베이스 입장에서 보았을 때 컴퓨터에 저장하여 처리하는 최소 단위이다.

❷ **데이터베이스** : **여러 사람이 공유하여 사용할 목적**으로 통합 관리되는 데이터의 집합이다. 데이터베이스는 데이터의 집합인데, 여러 사람이 공유하여 사용하는 조건을 갖도록 특별히 만들어 놓은 데이터의 집합이다. 지금부터 사용되는 **데이터베이스라는 용어는 데이터베이스 관리 시스템(DBMS)을 이용하여 저장된 데이터의 집합**으로 재정의하여 사용한다.

❸ **데이터베이스 관리 시스템(DBMS)** : **여러 사람이 공유하여 사용할 목적**으로 통합 관리되도록 데이터 집합을 만들어 주는 프로그램이다. DBMS는 Data Base Management System의 약자로 데이터베이스 관리 시스템(DBMS)이라고 번역할 수 있다. 데이터베이스 시스템, 데이터베이스 관리 시스템, DBMS는 모두 같은 말이다.

데이터, 데이터베이스, 데이터베이스 관리 시스템(DBMS)의 관계를 그림으로 표현하면 다음과 같다.

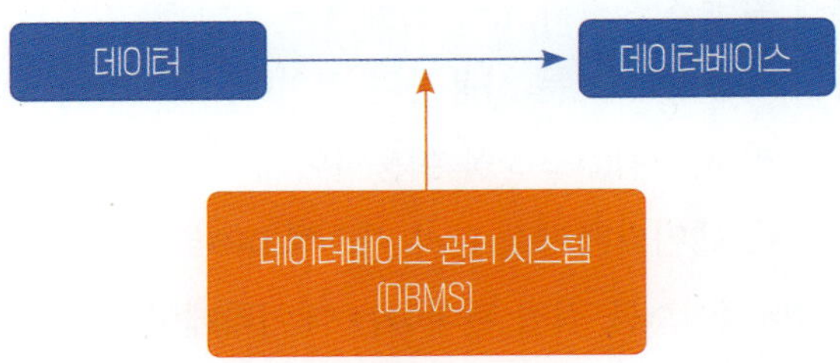

'데이터베이스 관리 시스템(DBMS)을 이용하여 많은 데이터를 여러 사람이 공유하여 사용할 수 있도록 저장한 데이터의 집합이 데이터베이스이다.'

비슷해 보이지만 전혀 다른 개념이라는 것을 이해해야 한다. 컴퓨터 데이터베이스를 학습한 사람은 반드시 이 세 가지를 구분해야 하며, 각각을 잘 이해하고 있어야 한다.

데이터베이스 사용자

데이터베이스에 관계된 사람들을 정리해 보면 다음 그림과 같다.

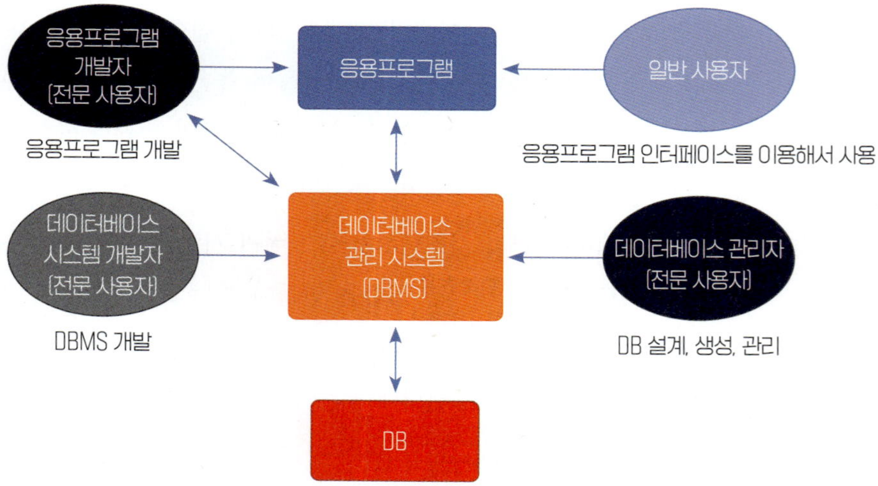

그림 1-1. 데이터베이스 관리 시스템(DBMS) 사용자

크게 일반 사용자와 전문 사용자로 나눌 수 있으며, 데이터베이스를 학습하고자 하는 사용자는 전문 사용자일 것이다. 데이터베이스 전문 사용자는 데이터베이스 관리 시스템(DBMS)을 이용하여 구축된 데이터베이스를 이용한 응용프로그램 개발자, 데이터베이스 관리 시스템(DBMS)을 이용하여 데이터베이스를 구축하고 데이터베이스를 직접 관리하는 데이터베이스 관리자, 데이터베이스를 구축하는 시스템인 데이터베이스 관리 시스템(DBMS)을 설계하고 개발하는 데이터베이스 관리 시스템(DBMS) 개발자로 구분된다.

❶ 일반 사용자

데이터베이스 관리 시스템(DBMS)이나, 구축된 데이터베이스의 구조와 데이터에 대해 알 필요가 없다. 데이터베이스 관리 시스템(DBMS)을 이용하여 구축된 데이터베이스를 이용하여 개발된 응용프로그램 사용법만 익히면 데이터베이스에 저장된 데이터를 사용할 수 있다.

❷ 전문 사용자

- 전문 사용자 중에 응용프로그램 개발자는 데이터베이스 관리 시스템(DBMS)을 이용하여 구축된 데이터베이스를 일반 사용자가 잘 사용할 수 있도록 응용프로그램을 개발하므로 데이터베이스뿐만 아니라 프로그래밍 언어도 잘 알고 있어야 한다. 학습 알고리즘과 데이터 분석에 데이터베이스로 저장된 데이터들을 이용하는 사용자도 데이터베이스 전문 사용자에 포함된다. 이 전문 사용자 중에서도 응용프로그램 개발자는 데이터베이스, 데이터베이스 관리 시스템(DBMS), SQL, 프로그래밍 언어, 네트워크 등에 대하여 잘 알고 있어야 한다.
- 전문 사용자 중 데이터베이스 관리자는 데이터베이스 관리 시스템(DBMS)을 이용하여 데이터베이스를 설계하고, 생성하고, 관리하는 사용자이다. 데이터베이스 관리자는 데이터베이스 관리 시스템(DBMS)의 동작을 잘 이해하고 있어야 하며, 데이터베이스 관리 시스템(DBMS)의 역할과 활용법과 데이터베이스 관리 시스템(DBMS)으로 구축하는 데이터베이스도 잘 이해하고 있어야 한다. 데이터베이스 관리자는 데이터베이스 관리 시스템(DBMS)을 구현하는 시스템 프로그래머가 아니기 때문에 데이터베이스 관리 시스템(DBMS) 내에서 데이터 처리에 대한 내용까지 깊게 알아야 할 필요는 없지만, 어떻게 만들어 졌고, 어떻게 동작하는지 이해하고 있어야 잘 활용할 수 있으므로 데이터베이스 관리 시스템(DBMS)에 대한 대략적 개념을 이해하고 있어야 한다. 데이터베이스는 여러 사람이 공유할 수 있도록 저장된 데이터 집합이기 때문에 보안과 사용자 관리가 굉장히 중요하다. 따라서 데이터베이스 관리자는 데이터베이스, 데이터베이스 관리 시스템(DBMS), SQL, 네트워크, 보안 등에 대하여 잘 알고 있어야 한다.
- 전문 사용자 중 데이터베이스 관리 시스템(DBMS) 개발자는 데이터베이스를 구축하는 프로그램을 개발하는 사용자이다. 데이터베이스 관리 시스템(DBMS)은 데이터의 저장과 처리 기능을 포함하고 있기 때문에 운영체제에서 데이터를 처리 하는 기법을 포함한다. SQL을 기반으로 하는 데이터베이스 관리 시스템(DBMS)은 SQL 명령어에 대한 정의와 처리도 함께 정의되어야

한다. 따라서 프로그래밍 언어를 구현하는 방법도 잘 알고 있어야 한다. 데이터베이스 관리 시스템(DBMS) 개발자는 컴퓨터 과학에 대한 전반적인 지식을 토대로 프로그래밍 언어, 데이터베이스, 데이터베이스 관리 시스템(DBMS), SQL, 데이터 처리, 입출력, 네트워크, 보안 등에 대하여 잘 알고 있어야 한다.

데이터베이스 학습 내용

위에 나열된 주제들과 관련된 책들을 보면 다음과 같은 내용들을 반드시 포함하며, 다음과 같은 내용들을 중심으로 설명하고 있다.

'데이터', '데이터베이스', '파일시스템', ' 데이터베이스 관리 시스템(DBMS)', '관계형 데이터베이스', '계층형 데이터베이스', '네트워크형 데이터베이스', '논리적 설계', '물리적 설계', '개념적 설계', '스키마', '모델링', '추상화', '무결성', '제약조건', 'SQL', '정규화', '관계대수' 등

이 내용들을 하나씩 정의하고 설명하면 아주 쉬운 개념들인데, 이 개념들이 합쳐져 데이터베이스의 이론 설명에 사용되면 정의가 명확해지지 않고 개념이 어려워진다. 또한, 학습서마다 같은 의미를 다른 단어로 표현하기도 하고, 각각의 주제에 따라 단어들을 조금씩 다르게 사용하기도 하여 학습자를 혼돈스럽게 한다. 이러한 현상은 데이터베이스 분야의 내용들이 영문으로 설명된 내용을 기반으로 번역하는 과정에서 번역자가 데이터베이스 사용자 중 어느 분야의 사용자인가에 따라 달라지기도 하고, 학습 목적에 따라 달라지기도 하기 때문에 발생한다.

본 교재에서는 앞에서 설명한 데이터베이스 학습 종류, 데이터베이스 사용자를 토대로 다음과 같이 데이터베이스 학습 내용과 사용자를 제한한다.

학습 내용은 '데이터베이스 관리 시스템(DBMS)을 사용하는 방법 학습'과 '데이터베이스를 학습 알고리즘에 이용하는 방법 학습'을 중심으로 내용을 구성하고, 사용하는 전문 사용자 중에 '데이터베이스 관리자'와 전문 사용자 중에 '응용프로그램 개발자'를 중심으로 내용을 구성하였다.

학습 내용에 맞추어 설명하면 데이터베이스 관리 시스템(DBMS)을 다음과 같이 세 가지 큰 정의로 표현할 수 있다.

- 데이터베이스 관리 시스템(DBMS)은 시스템 소프트웨어이다.
- 데이터베이스 관리 시스템(DBMS)은 파일 시스템의 단점 보완으로 개발된 시스템 소프트웨어이다.
- 데이터베이스 관리 시스템(DBMS)은 서버 시스템을 포함한다.

데이터베이스 관리 시스템(DBMS)의 세 가지 정의에 대한 이해를 돕기 위해 컴퓨터 과학 분야의 기본 개념인 시스템 소프트웨어, 파일 시스템, 서버 시스템에 대해 간단하게 정리하였다.

2 〉 컴퓨터

데이터베이스에서 많이 언급되는 단어들과 개념을 이해하기 위해서는 컴퓨터에서 다루는 개념인 '시스템 소프트웨어', '서버 시스템' 두 가지를 기본적으로 이해하고 있어야 한다. 컴퓨터의 기본 데이터 저장 방식인 '파일 시스템'의 이해를 통해 데이터베이스 관리 시스템(DBMS)의 특징을 이해할 수 있는데, 본장에서는 데이터베이스의 이해를 돕기 위해 컴퓨터에서 다루는 두 가지 개념과 컴퓨터의 기본 데이터 저장 방식인 '파일 시스템' 내용을 간단하게 소개한다.

2.1 시스템 소프트웨어

데이터베이스 관리 시스템(DBMS)**은 시스템 소프트웨어**이다. 데이터베이스 관리 시스템(DBMS)이 응용 소프트웨어 인지 시스템 소프트웨어인지 구분하지 못하는 경우가 많다. 이 정의를 이해하기 위해 시스템 소프트웨어를 알아보자.

시스템 소프트웨어

시스템 소프트웨어의 사전적 정의는 '응용 소프트웨어를 실행하기 위한 플랫폼을 제공하고 컴퓨터 하드웨어를 동작, 접근할 수 있도록 설계된 컴퓨터 소프트웨어'이다. 컴퓨터 시스템의 운영을 위한 모든 컴퓨터 소프트웨어에 대한 일반 용어이다(위키피디아).

이러한 정의를 토대로 데이터베이스 관리 시스템(DBMS)도 컴퓨터 하드웨어를 동작하고, 접근할 수 있도록 설계된 컴퓨터 소프트웨어라는 것을 알 수 있다.

시스템 소프트웨어에는 운영체제를 비롯하여 로더, 장치 드라이버, 프로그래밍 도구, 컴파일러, 링커, 유틸리티 등 여러 가지 컴퓨터 하드웨어를 동작하고 접근하는 컴퓨터 소프트웨어들이 포함된다. 데이터베이스 관리 시스템(DBMS)은 여러 가지 시스템 소프트웨어 중에서 운영체제의 구성 역할과 많은 유사점이 같기에 운영체제를 이해하는 것은 데이터베이스 관리 시스템(DBMS)을 이해하는 데 도움이 된다.

운영체제와 데이터베이스 관리 시스템(DBMS)

처리장치와 기억장치, 주변기기장치들은 각 장치들의 종류에 따라 한계를 가진다. 처리장치의 속도는 무한히 빠르지 않고, 기억장치의 크기도 무한하지 않다. 주변기기장치들도 장치들의 종류에 따라 그 기능이 무한하지 않다. 따라서 하드웨어의 동작과 접근을 정의하는 시스템 소프트웨어는 하드웨어 자원의 유한성에서 최대의 성능을 갖도록 개발되어야 한다.

❶ **역할** : 운영체제는 하드웨어를 관리하고, 하드웨어 자원의 유한성에서 최대의 성능을 갖도록 개발된 대표적인 시스템 소프트웨어이다.

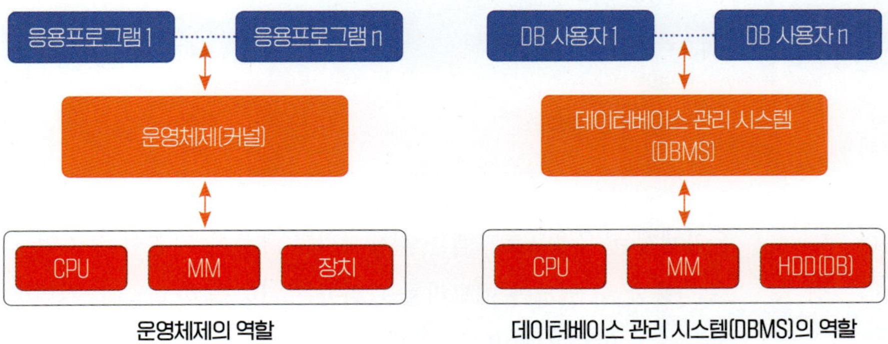

그림 1-2. 운영체제와 데이터베이스 관리 시스템(DBMS)의 역할

운영체제는 여러 가지 기능을 포함하고 있지만 가장 중요한 중앙처리장치(CPU), 주기억장치(MM), 보조기억장치(HDD), 기타 입출력 장치를 관리하는 기능을 한다. 이 포함한 부분을 커널(Kernel)이라고 하며 운영체제를 커널이라고 부르기도 한다.

그림 1-2에서도 보듯이 운영체제는 여러 응용프로그램이 하나의 하드웨어를 잘 사용할 수 있도록 관리해 주는 역할을 한다. 여기에서 운영체제가 하드웨어를 여러 응용프로그램 즉, 여러 사용자가 공용으로 사용할 수 있도록 해 주는 시스템 소프트웨어임을 알 수 있다.

데이터베이스의 역할을 비교해 보면, 운영체제와 같이 하드웨어와 저장된 데이터베이스를 여러 사용자가 공유해서 사용할 수 있도록 해 주는 시스템 소프트웨어임을 알 수 있다.

컴퓨터 시스템에서의 운영체제 역할과 데이터베이스에서의 데이터베이스 관리 시스템(DBMS) 역할이 같은 것을 알 수 있다. 실제로 데이터베이스 관리 시스템(DBMS)을 개발하는 여러 가지 기술이 운영체제 개발 기술에서 파생되었다.

❷ **기능** : 운영체제의 기능 중에서도 중요 기능 몇 가지를 정리하면 다음과 같다.

- 커널
  - 프로세스 관리
  - 프로그램 실행
  - 메모리 관리
  - 디스크 접근 및 파일 시스템
- 분산 시스템(네트워킹)
- 보안
- 사용자 인터페이스

운영체제는 응용프로그램을 실행시키고 유용한 자원인 주기억장치를 효율적으로 사용할 수 있도록 메모리를 관리하는 기능을 하고, 보조기억장치인 디스크에 접근하는 기능과 데이터를 저장하는 파일 시스템을 포함한 커널 기능이 있다.

우리가 일반적으로 사용하는 개인용 컴퓨터에서 사용되는 운영체제에서 네트워크는 컴퓨터 시스템에서 CPU와 주기억장치, 주기억장치와 보조기억장치, 응용프로그램과 운영체제, 기타 응용프로그램과 입출력 장치 등 모든 관계에 있어서 데이터의 입출력을 통신으로 간주하여 네트워크를 구현하기도 하고, 다른 기기들과의 외부 네트워크 통신도 함께 포함된다. 개인용 컴퓨터 외에 여러 사람이 함께 사용할 수 있도록 하는 서버 시스템을 위한 운영체제가 있다. 이와 같이 여러 사람이 하나의 하드웨어(CPU, MM, 장치)를 사용하는 서버 시스템의 운영체제에서는 사용자와 하드웨어의 관계를 모두 통신으로 간주하여 네트워크를 구현한다.

운영체제는 하나의 하드웨어를 여러 응용프로그램이 사용할 수 있도록 하고, 하나의 하드웨어를 여러 사람이 사용할 수 있게 하기 때문에 보안에 대한 기능은 반드시 필요하고 아주 중요하다.

운영체제는 두 가지 사용자 인터페이스를 지원한다. 윈도우즈와 같이 키보드 이외에 마우스를 사용하여 클릭, 드래그, 화면 터치 등의 입력을 받아 처리할 수 있는 기능을 갖는 그래픽 사용자 인터페이스와 키보드 입력만을 처리하는 텍스트 베이스 사용자 인터페이스 두 가지 사용자 인터페이스를 선택하여 구현한다.

데이터베이스 관리 시스템(DBMS)의 기능 중에서도 중요 기능 몇 가지를 정리하면 다음과 같다.

- 트랜젝션 관리
- 분산 데이터베이스(네트워킹)
- 무결성과 보안
- 질의 처리기
- 사용자 인터페이스

데이터베이스 관리 시스템(DBMS)의 기능을 살펴보면 중앙처리장치와 주기억장치, 보조기억장치인 HDD의 관리와 데이터 처리를 위한 기능은 트랜젝션 관리에 포함된다. 데이터베이스 관리 시스템(DBMS)의 트랜젝션 관리에서 운영체제처럼 중앙처리장치와 주기억장치의 효율성을 높이기 위한 기술이 포함된다. 운영체제에서는 프로세스 단위로 데이터가 처리되고, 데이터베이스 관리 시스템(DBMS)에서는 트랜젝션 단위로 데이터가 처리된다.

데이터베이스 관리 시스템(DBMS)은 기본적으로 엄청나게 많은 데이터를 저장할 때 사용된다. 따라서 여러 개의 보조기억장치 즉, 여러 개의 하드디스크에 저장된 데이터를 관리하는 기능을 반드시 포함한다. 이것이 분산 데이터베이스 기능이며, 네트워킹 기능에 포함된다.

무결성은 신뢰 있는 데이터베이스를 보장하는 기능이다. 데이터베이스 관리 시스템(DBMS)은 데이터베이스를 여러 사람이 공유할 수 있도록 하는 시스템이므로 데이터베이스에 대한 무결성과 보안은 가장 중요한 기능이다. 무결성은 이후에 다시 자세히 설명한다.

질의 처리기는 데이터베이스 관리 시스템(DBMS)의 사용자 인터페이스를 처리하는 기능이다. 데이터베이스 관리 시스템(DBMS)의 기본 사용자 인터페이스는 텍스트 베이스 유저 인터페이스이다. 텍스트 베이스 사용자 인터페이스를 가져가면, 데이터베이스 관리 시스템(DBMS)의 기능을 실행시키기 위한 명령어를 텍스트로 입력한다는 의미이다. 질의는 데이터베이스 관리 시스템(DBMS)의 기능을 포함한 데이터의 삽입, 삭제, 수정 등의 기능을 특정 명령어로 정의하여 데이터베이스의 데이터에 접근을 용이하게 해 주기 위하여 특별히 포함된 명령어이다. 이러한 명령어를 처리하기 위한 질의 처리기는 데이터베이스 관리 시스템(DBMS)에서만 사용되는 특별한 기능이다.

운영체제와 데이터베이스 관리 시스템(DBMS)을 역할과 기능으로 비교하면서 살펴보았다. 운영체제의 가장 중요한 기능은 데이터 처리라고 할 수 있고, 데이터베이스 관리 시스템(DBMS)의 가장 중요한 기능은 저장과 데이터 관리라고 할 수 있다. 운영체제는 응용프로그램을 더 빠르게 실행시키고, 응용프로그램의 요청에 대한 처리를 정확하고 빠르게 하는 것이 가장 큰 목적이라면, 데이터베이스 관리 시스템(DBMS)은 많은 데이터를 효율적으로 저장하고, 저장된 데이터를 빠르고 정확하게 관리하는 것이 가장 큰 목적이다.

운영체제 없이 데이터베이스 관리 시스템(DBMS)이 독립적으로 실행되지 않는다. 데이터베이스 관리 시스템(DBMS)은 데이터베이스에 특화된 소프트웨어이기 때문에 운영체제의 모든 기능을 포함하지 않는다. 따라서 컴퓨터 시스템에서 실행시키기 위해서는 운영체제가 필요하다. 하지만 데이터베이스 관리 시스템(DBMS)은 운영체제의 기능 중 보조기억장치 접근과 파일 시스템의 역할을 온전히 담당하고 있으며, 이때 독립적으로 중앙처리장치와 주기억장치, 보조기억장치를 운영한다.

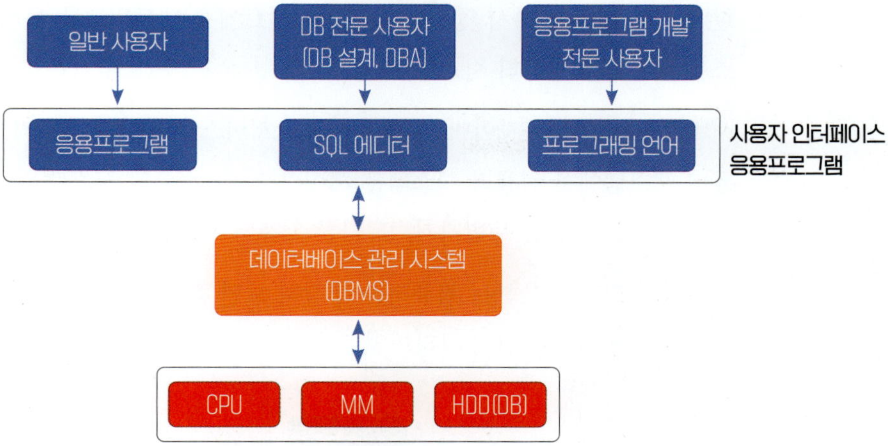

데이터베이스 관리 시스템(DBMS)은 그림에서 보듯이 데이터베이스를 사용하는 사용자에 따라 데이터베이스 관리 시스템(DBMS)을 사용할 수 있도록 도와주는 여러 가지 응용프로그램을 포함한다. 이는 사용자에 따라 특정 응용프로그램을 포함하기 때문에 응용프로그램처럼 생각될 수 있지만 시스템 소프트웨어이다.

2.2 서버 시스템

데이터베이스 관리 시스템(DBMS)은 서버 시스템이다. 'SQL 서버', 'Oracle 서버', 'MySQL 서버' 등으로 데이터베이스 관리 시스템(DBMS)을 서버 시스템이라고 말한다. 데이터베이스 관리 시스템(DBMS)은 컴퓨터 운영체제의 기술에 기반하여 개발되었고, 시스템 프로그램으로 하드웨어 관리에 대한 기능을 포함한다. 데이터베이스 관리 시스템(DBMS)을 이해하기 위해 컴퓨터의 서버 시스템을 알아보자.

서버와 클라이언트

서버(Server)는 네트워크를 통해 정보나 서비스를 제공하는 컴퓨터 시스템이다. 이때 서버에 정보나 서비스를 요청하여 제공받는 주체를 클라이언트(Client)라고 한다. 즉, 서버를 다시 정의하면 클라이언트에게 네트워크를 통해 정보나 서비스를 제공하는 컴퓨터 시스템이다.

서버는 서비스 제공자이며, 클라이언트는 서비스 사용자라고 생각할 수 있다. 컴퓨터 시스템에서 컴퓨터 시스템은 서버가 되고, 컴퓨터 시스템을 사용하는 사용자는 인간을 포함한 주변기기, 또 다른 컴퓨터 시스템 등이 될 수 있다.

이처럼 우리가 사용하는 컴퓨터를 생각해 보면 컴퓨터가 서버이고, 컴퓨터를 사용하는 사용자인 본인이 클라이언트가 된다.

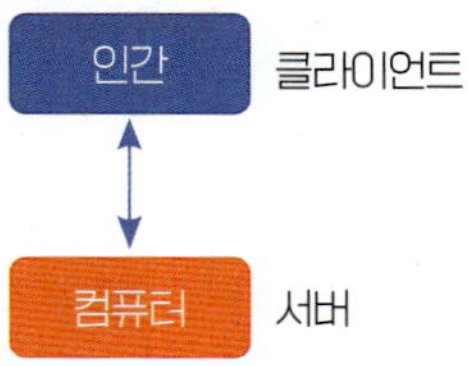

대부분 컴퓨터는 인간이 사용하고 있다고 생각하지만, 사실 컴퓨터의 중앙처리장치나 주기억장치 입장에서 보면, 사용자는 인간이 아니라 주변기기나 응용프로그램들이 된다. 컴퓨터에 정보나 서비스를 요청 즉 입력하면, 그 결과를 출력장치를 통해 정보나 서비스를 제공하기 때문이다. 따라서 컴퓨터 자체의 입·출력의 활동 자체를 네트워크로 표현한다. 이때 주변기기나 응용프로그램들을 클라이언트로, 컴퓨터 시스템을 서버로 정의할 수 있다.

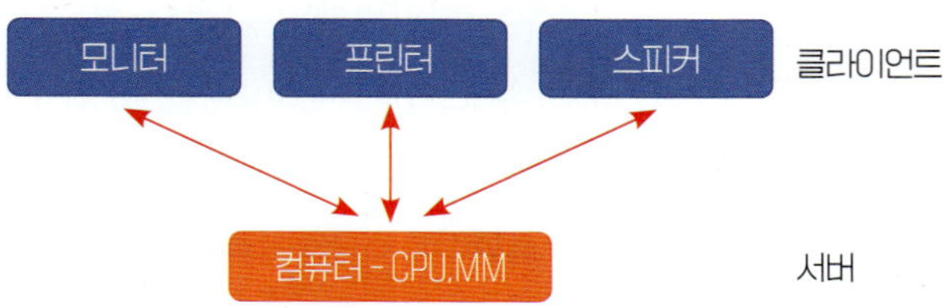

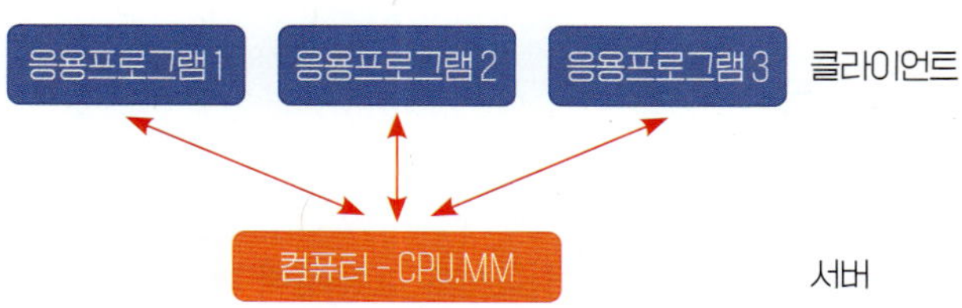

따라서 서버와 클라이언트의 관계에서 입력과 출력, 서비스 요청과 서비스 제공 등의 내용을 우리는 모두 네트워크라고 정의한다. 네트워크는 연결되어 있다는 개념이므로, 일반적으로 생각하는 데이터 통신만 네트워크가 아니다.

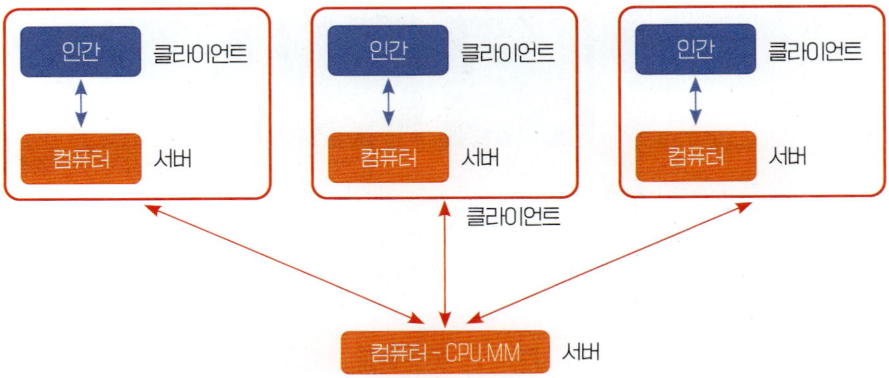

개념적으로는 우리가 사용하는 모든 컴퓨터는 서버의 역할을 한다고 할 수 있다. 우리가 컴퓨터에서 작업할 때 여러 개의 응용프로그램을 동시에 실행시킬 수 있는 것은 컴퓨터에서 실행 중인 운영체제가 서버 시스템으로써의 기능을 가지고 있기 때문이다.

하지만 일반적으로 컴퓨터 활용이 다양해지면서 컴퓨터를 사용하는 인간을 중심으로 개인용 컴퓨터와 서버 컴퓨터를 구분하여 정의한다. 이와 같이 재정의된 서버 컴퓨터의 역할을 구현해 주는 서버 시스템은 개인용 컴퓨터 전용 운영체제가 아닌 서버 전용 운영체제를 의미한다.

서버의 하드웨어는 일반 컴퓨터와 크게 다르지 않다. 하지만 개인용 컴퓨터와 서버 전용 컴퓨터로 구분했을 때, 서버 전용 컴퓨터의 하드웨어는 일반 컴퓨터에 비해 용량이 크고 속도가 빠른 하드웨어를 지향한다.

서버 시스템

서버 시스템은 서버와 클라이언트의 네트워크를 구현해 주는 프로그램이다. 모든 운영체제는 서버 시스템의 기능을 포함하며, 운영체제의 중요 기능 중 분산 시스템 기술은 서버·클라이언트 관리를 목적으로 개발되는 운영체제의 기능을 구현한 프로그램이다.

본 교재에서는 일반적으로 재정의된 서버 전용 운영체제를 기반으로 설명한다.

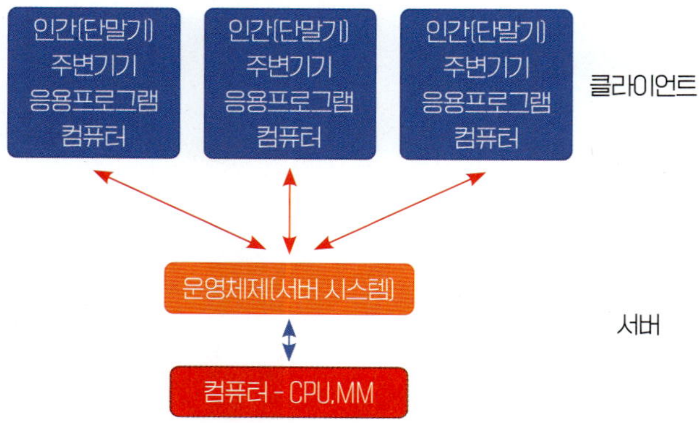

그림에서 보듯이 서버 시스템은 기본적으로 여러 클라이언트의 요청에 대해 서비스를 제공해 주어야 한다. 하나의 시스템을 동시에 여러 클라이언트가 사용할 수 있는 환경을 만들어 주어야 한다. 이때 클라이언트는 입출력 장치만 주어진 단말기, 주변기기, 응용프로그램, 컴퓨터 등이 될 수 있다.

서버 시스템의 가장 큰 역할은 모든 클라이언트에게 서버에 요청한 서비스를 빠르고 정확하게 전달해 주는 것이다. 이때 컴퓨터 하드웨어인 중앙처리장치와 주기억장치를 최대한 효율적으로 사용해야 한다. 클라이언트마다 요청하는 서비스가 다르고, 또 서비스를 제공하는데 걸리는 시간이 모두 다르기 때문에 서버 시스템이 클라이언트의 요청을 잘 스케쥴링 하여 서비스를 전달해야 한다.

잠깐만요

스케쥴링(Scheduling)은 다중 프로그래밍을 가능하게 하는 운영체제의 동작 기법이다. 운영체제는 프로세스들에게 중앙처리장치와 주기억장치 등의 자원 배정을 적절히 함으로써 시스템의 성능을 개선할 수 있다(위키피디아).

다중프로그래밍(Multi-programming)은 중앙처리장치 작업과 입출력 작업을 병행하여, 여러 개의 프로세스나 프로그램이 동시에 수행될 수 있도록 하는 기술이다(위키피디아).

잠깐만요

컴퓨터에서 시스템이라는 용어는 일반적으로 하드웨어를 연상한다. 컴퓨터 시스템의 구성요소는 하드웨어, 소프트웨어 등으로 정의하고 있기 때문에 시스템에 대한 용어가 분야마다 다르게 사용되고 있어 그 의미가 명확하지 않다. 본 교재에서 '시스템'은 역할을 하는 프로그램을 의미하는 용어로 사용되고 있다.

- **서버** : 서비스를 제공하는 주체 – 하드웨어
- **서버 시스템** : 서버의 역할을 수행할 수 있도록 하는 프로그램 – 운영체제

서버 시스템은 컴퓨터를 서버의 역할을 하는 컴퓨터로 사용할 수 있도록 환경을 제공하는 프로그램이다. 프린터 제어나 파일 관리 등 네트워크 전체를 감시·제어하거나, 메인 프레임이나 공중망을 통한 다른 네트워크와의 연결, 데이터·프로그램·파일 같은 소프트웨어 자원이나 모뎀·팩스·프린터 공유, 기타 장비 등 하드웨어 자원을 공유할 수 있도록 도와주는 역할을 한다.

컴퓨터를 사용할 때 네트워크와 통신은 가장 기본 기능이 되었다. 네트워크와 통신에서 개인용 컴퓨터는 하나의 클라이언트가 된다. 따라서 개인용 컴퓨터에서 실행되는 운영체제는 네트워크와 통신 분야에서 클라이언트의 기능을 제공하며, 개인용 컴퓨터가 클라이언트로 서버에 접속하여 여러 가지 서비스를 제공받을 때 접속하는 서버 컴퓨터에서 실행되는 운영체제는 서버 전용 운영체제를 실행시켜야 한다.

대표적인 서버 전용 운영체제에는 유닉스, 리눅스, 솔라리스 등이 있으며, 마이크로소프트 사에서도 윈도우즈 기반의 서버 전용 운영체제인 '윈도우 서버 2019'를 출시하고 있다.

서버 시스템과 데이터베이스 관리 시스템(DBMS)

데이터베이스 관리 시스템(DBMS)은 기본적으로 하나의 데이터베이스를 여러 사용자가 공유할 수 있도록 하는 기능을 포함하므로 서버 시스템의 기능을 포함한다고 할 수 있다. 따라서 데이터베이스 관리 시스템을 '데이터베이스 서버 시스

템'이라고 하며, 데이터베이스로 저장된 데이터를 접근하고 삽입, 수정, 삭제 등의 데이터 관리에 대한 클라이언트 요청을 처리하여 정확한 결과를 제공하는 기능이 반드시 포함된다.

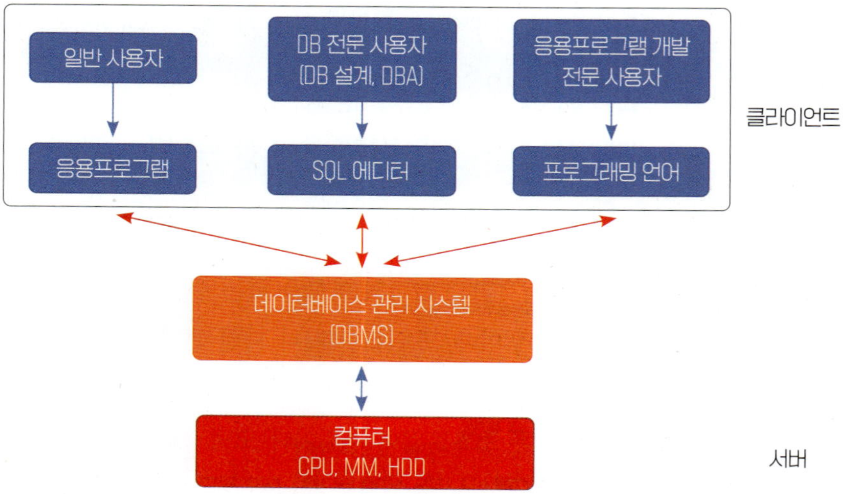

데이터베이스 관리 시스템(DBMS)에서 관리하는 데이터베이스는 방대한 데이터 양에 따라 물리적으로 분리되어 저장되며, 지역적으로 다를 수 있어 데이터베이스 관리 시스템(DBMS)은 네트워크와 데이터 통신의 기능과 관리를 포함한다.

2.3 파일 시스템

컴퓨터에 데이터 집합을 저장하는 기본 방법은 '파일 시스템'이다. 모든 운영체제는 보조기억장치에 데이터를 저장하고 관리하는 기능을 갖는 파일 시스템을 포함한다. 운영체제에 포함된 파일 시스템은 다음과 같이 두 가지로 정의된다.

- 보조기억장치 관리
- 데이터 저장

데이터베이스 관리 시스템(DBMS)은 파일 시스템의 단점을 보완하여 개발되었다. 이 정의 속에서 사용된 파일 시스템은 운영체제에 포함된 파일 시스템은 데이터 저장의 역할을 정의한 파일 시스템이다. 각각의 운영체제마다 저장하고 관리하는 방식에 차이가 있다.

파일 시스템을 각각의 역할로 나누어 간단하게 알아보고, 데이터베이스 관리 시스템(DBMS)과 비교해 보자.

보조기억장치 관리

파일 시스템으로 데이터를 저장하든, 데이터베이스 관리 시스템(DBMS)으로 데이터를 저장하든 우리는 데이터를 보조기억장치에 저장하기 위해서는 보조기억장치에 데이터를 저장할 수 있는 환경을 만들어야 한다. 파일 시스템의 역할 중 보조기억장치 관리를 알아보자.

운영체제는 하드웨어를 관리한다. 이때 보조기억장치 관리도 포함되며, 보조기억장치를 초기화하고 사용할 수 있도록 정의하는 기능을 포함한다. '볼륨(Volume)', '디스크(Disk)', '파티션(Partition)', '포맷(Format)' 등은 운영체제에서 보조기억장치를 정의하고 환경을 만들어 줄 때 사용되는 용어이다. 이것은 운영체제에서 지원하는 기능이므로, 데이터베이스 관리 시스템(DBMS)도 운영체제에서 보조기억장치를 사용할 수 있도록 환경을 정의해 주어야 데이터를 저장할 수 있다.

- **디스크(Disk)** : 하드웨어
- **파티션(Partition)** : 디스크 공간을 논리적인 별도의 데이터 영역으로 분할
- **볼륨(Volume)** : 파일 시스템으로 포맷된 디스크의 저장 영역
- **포맷(Format)** : 하드웨어 초기화

디스크는 하드웨어를 말하며, 고정 디스크(HDD, SSD)와 이동식 디스크(USB, 외장 HDD, 광디스크 CD)로 구분한다. 이러한 하드웨어에 데이터를 저장하고, 저장된 데이터를 찾기 위해서 파일 시스템은 볼륨, 파티션의 개념을 포함시킨다. 파티션은 디스크의 공간은 효율적으로 사용하기 위하여 논리적인 단위로 데이터가 저장될 영역을 분할하여 관리하는 것을 말한다. 분할된 각각의 파티션 영역을

볼륨이라고 정의하며, 각 볼륨은 특정 이름을 부여한다. 우리가 잘 알고 있는 C, D 드라이브가 각각 하나의 볼륨이다.

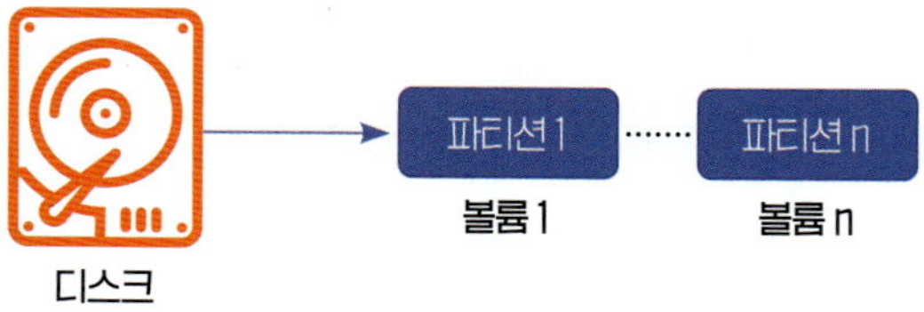

볼륨으로 정의된 디스크에 데이터를 저장하기 위하여 초기화해야 하는데, 이것을 포맷이라고 한다. 포맷은 데이터의 저장 방식을 정의하는 과정으로 포맷 형식은 운영체제마다 다르다. 몇 가지 포맷 형식을 소개하면 다음과 같다.

- **윈도우즈 운영체제의 포맷 형식** : FAT 16, FAT 32, NTFS
- **리눅스 운영체제의 포맷 형식** : Ext3, Ext4, xfs, nfs, ios9660, swap

잠깐만요

많은 자료와 교재 등에서 포맷 형식을 파일 시스템의 종류로 정의하고 소개한다. 여기서 사용한 파일 시스템은 운영체제에서 정의한 파일 시스템의 역할 중 보조기억장치 관리 역할에서의 '파일 시스템'으로 재정의하여, 데이터베이스 관리 시스템(DBMS)과의 비교에서 사용되는 '파일 시스템'과 구분하길 바란다.

❶ **FAT(File Allocation Table) 형식** : 구조가 간단하여 현재에도 많이 사용되고 있다. 윈도우 95, 윈도우 98, 윈도우 NT, 윈도우 2000 등에서 사용되었으며, 대부분의 마이크로소프트 계열 운영체제에서 호환이 된다는 장점이 있다. FAT16은 하나의 파티션으로 최대 2GB 밖에 설정할 수 없고, FAT32는 하나의 파티션으로 최대 2TB까지 지원하도록 하여 FAT16을 보강한 포맷 형식이다. 하지만 FAT 형식은 보안이나 암호화 및 압축 기능들을 지원하지 않고, 대용량 볼륨의 효율성이 떨어진다는 단점이 있다.

잠깐만요

FAT의 종류에는 크게 FAT12, FAT16, FAT32로 나뉘는데, 뒤의 숫자는 최대 표현 가능한 클러스터의 수를 비트 수로 나타낸 것이다. 예를 들어, FAT12는 최대 2^12개의 클러스터를 표현할 수 있다.

❷ **NTFS(Windows NT File System) 형식** : NT 운영체제만을 위해서 만들어진 NT 전용 포맷 형식이며, 현재 윈도우에서 흔히 사용된다. NTFS는 대용량 디스크를 지원하고, 보안과 암호화를 지원하며, 파일과 폴더를 압축할 수 있는 기능도 포함한다. 파일 접근 속도를 최적화하였고, 무제한의 디스크 공간을 관리할 수 있다. 그러나 저용량 디스크 관리에서는 오히려 FAT 형식보다 느릴 수 있고 다른 운영체제에서 호환이 불가능하다.

❸ **EXT(Extended File System) 형식** : 리눅스에서 사용되는 포맷 형식이다. 종류로는 Ext, Ext2, Ext3, Ext4가 있으며 숫자가 높을수록 더 나중에 나온 것이다. 현재는 Ext3이 보편적으로 많이 사용되고 있다. Ext는 리눅스 초기에 사용되었으며 호환성이 없다. Ext2는 Ext3 전에 가장 많이 사용되었으며, 안정성과 호환성이 좋고 속도가 빠르다. 리눅스 파일 시스템의 대부분의 기능을 제공한다. Ext3은 Ext2를 기반으로 개발되었으며, 시스템이 비정상적으로 종료 되었을 경우 파일 시스템을 복구하는 기능을 지원하고 있기 때문에 현재 가장 많이 사용되고 있는 형식이다.

디스크, 파티션, 볼륨을 정의하고 포맷을 하는 방법은 윈도우즈 운영체제에서 제공하는 파일 탐색기와 명령 프롬프트와 디스크 관리 프로그램을 이용하면 쉽게 사용할 수 있다.

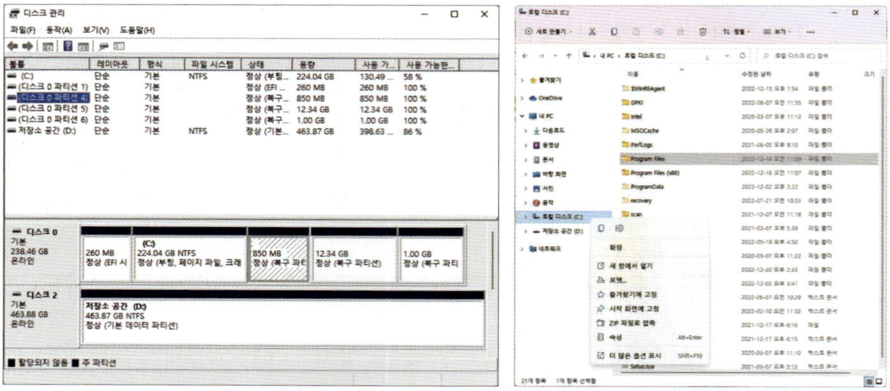

그림 1-3. 윈도우즈에서 제공하는 디스크 관리 프로그램

디스크 관리 프로그램을 실행시켜 디스크의 파티션을 정의하고 볼륨을 정의할 수 있다. 이때 각각의 운영체제마다 정의 가능한 파티션의 개수와 볼륨의 개수를 잘 확인하고 정의해야 한다. 이름은 사용자가 편한 영문자로 정의할 수 있다. 디스크 관리 프로그램에서 포맷 형식을 지정하여 포맷할 수 있으며, 파일 탐색기에서 각 볼륨을 선택하고 마우스 오른쪽 버튼을 클릭하면 간단하게 포맷 기능을 실행시킬 수 있다.

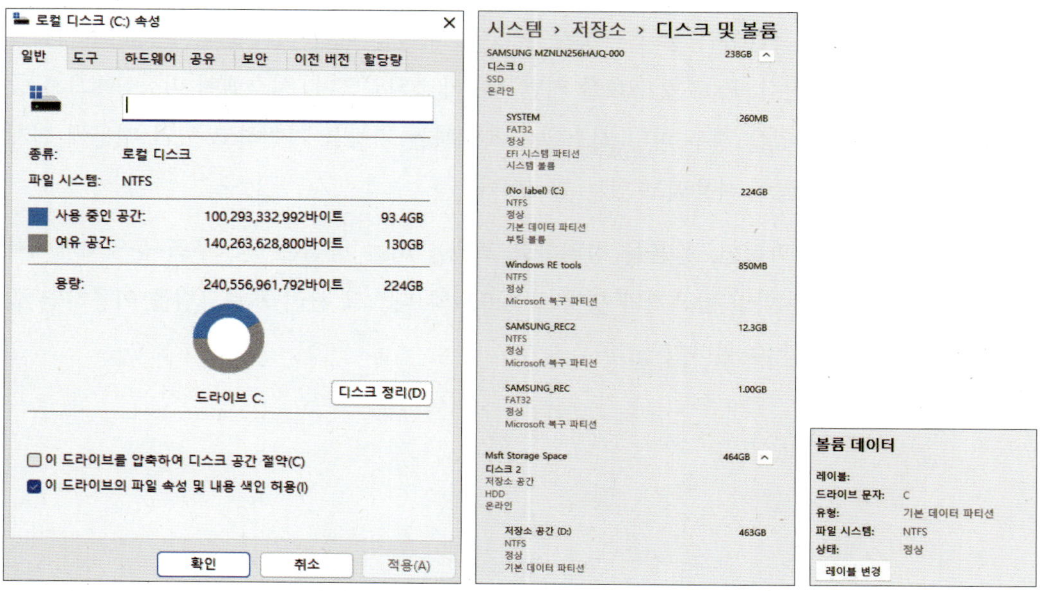

그림 1-4. 윈도우즈에서 제공하는 디스크 상태 확인

윈도우즈에서 제공하는 디스크 상태를 확인해 보면, 볼륨의 이름, 크기, 사용 중인 공간과 여유 공간 등 여러 가지 상태를 확인할 수 있다. 한 시스템에 정의된 볼륨별 상태를 확인할 수 있고, 볼륨 하나의 간단한 정보도 알 수 있다. 그림 1-4를 살펴보면 물리적인 보조기억장치로 SSD 하드디스크와 HDD 하드디스크 2개가 있으며, SSD 하드디스크는 총 5개의 파티션으로 분할되어 있는 것을 확인할 수 있다. 이때 4개의 파티션은 특정 용도로 사용되도록 분할되었으며, 실제 디스크 0의 한 파티션은 기본 데이터 파티션이 'C'라는 볼륨 이름으로 정의되어 일반 사용자가 파일 시스템으로 저장하는 데이터들이 저장되는 공간으로 정의되어 있는 것을 알 수 있다. HDD 하드디스크인 디스크 2는 특별한 파티션으로 분할하지 않고 디스크 전체를 하나의 볼륨으로 정의한 것을 알 수 있다. 이때 디스크 2의 볼륨의 이름은 'D'로 정의되어 있다.

각 볼륨마다 초기화된 포맷 형식이 나와 있는데, 디스크 0의 'SYSTEM' 볼륨과 'SAMSUNG_REC' 볼륨은 FAT32 형식으로 초기화되어 있고 나머지는 NTFS 형식으로 초기화되어 있다. 교재에 사용된 보기는 모두 윈도우즈 11 운영체제 환경의 보조기억장치 정보이다. 따라서 시스템마다 환경이 다를 수 있지만, 모두 디스크, 파티션, 볼륨, 포맷의 형식은 정의되어 있다.

데이터 저장

운영체제에서 정의하는 파일 시스템의 또 하나의 역할은 컴퓨터에서 데이터를 쉽게 찾고, 관리할 수 있도록 보관 또는 조직하는 체제를 정의하는 것이다.

예전에는 컴퓨터를 사용하는데 그렇게 많은 데이터가 저장되지 않았기 때문에 데이터를 저장하는 특정한 방법이 필요하지 않았다. 점점 저장되는 데이터가 많아지면서 그 데이터를 관리하지 않으면 파일을 읽고 쓰는 데에 많은 자원을 사용하게 되고, 다른 작업들을 할 때 부하가 걸리게 되었다. 그래서 파일 시스템이 각각의 방법을 사용하여 효율적으로 파일을 관리할 필요가 생겼다.

잠깐만요

파일 시스템(File System)이라는 용어는 컴퓨터에서 사용되기 이전에 종이 문서들을 저장하고 검색하는 방식을 정의하는 데 사용되었다. 1961년에 파일 시스템은 컴퓨터에 저장된 데이터에 적용하여 사용되었다.

운영체제에서 제공하는 파일 시스템은 컴퓨터에서 작업한 모든 내용은 파일의 형식으로 저장한다. 파일 시스템에서 제공하는 사용자 지정 형식은 이미 윈도우 운영체제 환경에 익숙한 사용자들은 모두 잘 알고 있다. '드라이버(Driver)', '디렉토리(Directory)', '폴더(Folder)', '파일(File)', '경로(Path)' 등은 파일 시스템을 이용하여 데이터를 저장하는 사용자 지정 형식에 포함된 내용이다.

일반 사용자라면 디렉토리를 만드는 방법, 디렉토리를 관리하는 방법, 파일을 만드는 방법 등을 운영체제가 제공하는 그래픽 사용자 인터페이스를 적용한 프로그램인 파일 탐색기를 이용하는 방법으로 잘 알고 있다. 파일은 '파일 이름', '.', '확장자'로 이루어져 있고, 확장자는 파일을 생성한 응용프로그램에 따라 달라진다. 파일이 저장된 위치는 경로로 표현하며 각각의 폴더들을 '/'로 구분하여 표현한다. 텍스트 베이스 사용자 인터페이스의 파일 시스템으로 저장된 데이터를 확인하고자 하면 윈도우즈 운영체제에서 제공하는 명령 프롬프트 프로그램을 실행시키고, 파일 시스템에서 제공하는 텍스트 명령어를 사용하여 저장된 파일을 확인하고 실행시킬 수 있다. 이러한 사용 방법을 알고 있다는 것은 파일 시스템을 사용하는 방법을 알고 있다는 의미이다. 파일 탐색기 사용법이나 명령 프롬프트는 운영체제에서 파일 시스템을 사용할 수 있도록 제공하는 사용자 프로그램이다.

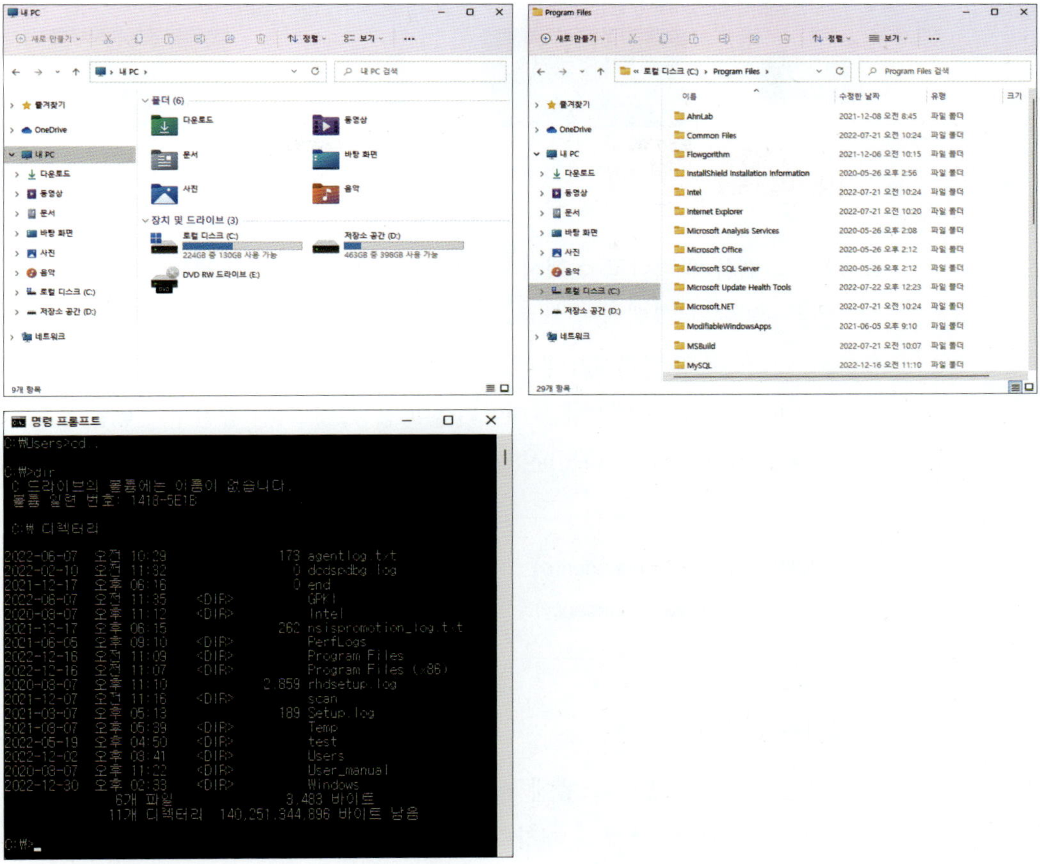

그림 1-5. 윈도우즈 운영체제의 파일 시스템 사용 프로그램 - 파일 탐색기, 명령 프롬프트

파일 시스템과 데이터베이스 관리 시스템(DBMS)

운영체제에서 제공하는 파일 시스템은 파일을 저장하고 삽입, 삭제, 수정 등의 관리 기능을 원활히 수행하기 위한 목적으로 개발되었다. 파일 시스템으로 데이터가 저장된 데이터베이스는 파일 형식으로 저장되어 파일 시스템의 관리 방법으로 관리된다. 데이터베이스 관리 시스템(DBMS)으로 데이터가 저장된 데이터베이스는 테이블(관계형 데이터베이스 관리 시스템(DBMS)일 때) 형식으로 저장되어 데이터베이스 관리 시스템(DBMS)의 관리 방법으로 관리된다. 따라서 각각의 시스템은 저장 방법과 사용 방법, 관리 방법이 다르다.

응용프로그램을 관리하고 실행시키는 기능을 갖는 운영체제에서 제공하는 파일 시스템은 응용프로그램 중심으로 관리된다. 운영체제 입장에서 운영체제를 사용하는 사용자는 운영체제가 관리하는 응용프로그램이라고 생각할 수 있다. 파일 시스템이 저장하고 관리하는 데이터들이 응용프로그램 중심이기 때문에 파일 시스템으로 저장된 데이터베이스는 다음과 같은 문제점을 가진다.

- 데이터 종속성(Data Dependency)
- 데이터 중복성(Data Redundancy)

❶ 데이터 종속성

데이터 종속성은 파일 시스템에 저장되는 각 데이터가 응용프로그램에 종속됨을 의미한다. 파일 시스템에 저장되는 데이터는 응용프로그램에서 생성된 것이다. 데이터 종속성은 파일 저장 형식에서 응용프로그램마다 확장자가 다르게 저장되기 때문에 쉽게 알 수 있다. 즉, 확장자가 다른 파일은 생성한 응용프로그램이 다르다는 의미로, 저장된 데이터는 반드시 만들어진 응용프로그램에서만 실행 가능하고 데이터 간의 호환성이 떨어진다. 응용프로그램을 사용자라고 했을 때 여러 사용자가 하나의 파일을 함께 사용할 수 없게 된다고 설명할 수 있다.

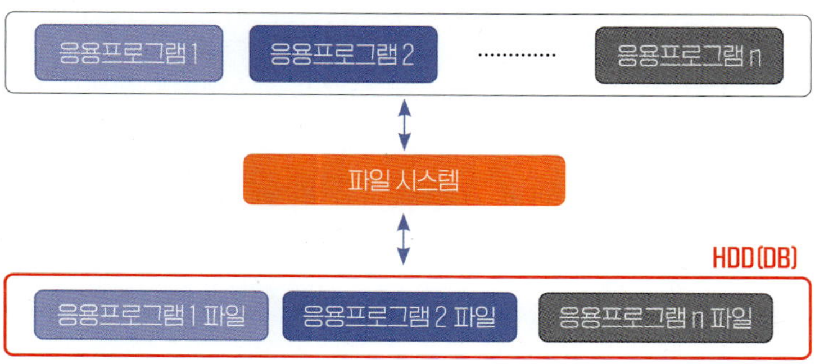

❷ 데이터 중복성

데이터 중복성은 보조기억장치에 데이터가 중복 저장되는 현상을 말한다. 데이터는 응용프로그램에 종속되어 있기 때문에 같은 데이터라도 다른 응용프로그램에서 사용하기 위해서는 응용프로그램에 종속된 데이터들로 각각 저장해야 한다. 데이터의 중복성은 저장된 데이터를 관리하는데 있어서 문제점을 갖게 된다. 데이터 수정 시 중복으로 저장된 모든 데이터를 각각 수정해야 하기에 일부 데이터가 수정되지 않거나 잘못 수정될 수도 있다. 또한, 수정뿐만 아니라 삽입, 삭제도 마찬가지로 문제가 생길 수 있다.

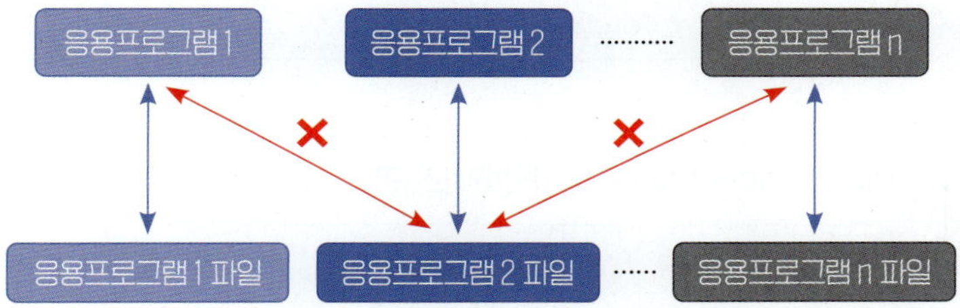

예를 들어, 표를 작성할 수 있는 응용프로그램은 한글 프로그램, 워드 프로그램, 엑셀 프로그램 등 다양하다. 같은 학생 성적표를 각 응용프로그램으로 모두 작성하여 저장하였다고 가정해 보자. 실행시키는 응용프로그램을 다양화하기 위하여 같은 학생 성적표가 여러 파일로 중복되어 저장되었으며, 이때 학생의 성적을 수정하게 되면 세 개의 파일 모두를 각각 수정해야 하고, 새로운 학생이 삽입되거나 기존의 학생이 삭제되어도 세 개의 파일 모두에서 삽입과 삭제 처리를 해야 한다.

파일 시스템은 데이터의 종속성과 데이터의 중복성으로 여러 사용자가 공유할 수 있도록 저장된 데이터들의 집합인 데이터베이스를 만들어 주지 못한다. 이러한 파일 시스템의 문제점을 보완하여 데이터베이스를 만들어 주는 데이터베이스 관리 시스템(DBMS)이 개발되었다.

연습 문제

연습 01 데이터베이스 사용자를 구분하여 설명해 보자.

연습 02 데이터, 데이터베이스, 데이터베이스 관리 시스템을 각각 정의해 보자.

연습 03 다음 문장을 완성해 보자.

"(　　　　　)을 이용하여 많은 데이터를 여러 사람이 공유하여 사용할 수 있도록 저장한 데이터의 집합이 (　　　　　　　　)이다."

연습 문제

연습 04 데이터베이스 관리 시스템을 컴퓨터 과학 분야의 기본 이론을 바탕으로 정의해 보자.

연습 05 데이터베이스 관리 시스템에서 보완한 파일시스템의 문제점을 나열하고 각각을 설명해 보자.

| 2장 |

데이터베이스 설계

학습 목표

- 데이터 모델과 데이터베이스 설계의 의미를 이해한다.
- 데이터 모델의 종류와 데이터 모델 정의 방법을 이해한다.
- 데이터베이스 설계의 단계를 이해한다.
- 데이터베이스 관리 시스템(DBMS)의 역할을 이해한다.

1 〉 데이터 모델

데이터베이스 설계를 이해하기 위해 먼저 데이터 모델을 알아보자. 데이터 모델 이론을 기반으로 데이터베이스를 설계하는 단계를 이해하기 위해 데이터베이스의 기본 정의를 정리하고 데이터 모델 이론을 정리해 보자.

1.1 데이터베이스

데이터베이스의 정의와 특징을 정리해 보자.

〈1장〉의 내용을 바탕으로 데이터, 데이터베이스, 데이터베이스 관리 시스템(DBMS)의 의미를 다음과 같이 간단하게 정리할 수 있다.

- **데이터** : 저장하여 보관하는 자료
- **데이터베이스** : 공유하여 사용, 관리할 수 있는 데이터의 집합
- **데이터베이스 관리 시스템(DBMS)** : 데이터베이스 생성, 관리 프로그램

데이터베이스는 여러 사람이 공유하여 사용하는 조건을 갖도록 특별히 만들어 놓은 데이터의 집합이며, **데이터베이스 관리 시스템**(DBMS)**을 이용하여 저장된 데이터의 집합**으로 재정의하였다(파일 시스템으로 저장한 데이터의 집합은 데이터베이스의 정의에 따라 데이터베이스라고 할 수 없다.).

데이터베이스는 다음과 같은 특징을 갖는다.

- 실시간 접근 가능
- 데이터 관리(삽입/삭제/수정)
- 동시 공유 가능

데이터베이스 관리 시스템(DBMS)을 이용하여 저장된 데이터는 데이터베이스이므로 언제든지 접근하여 저장된 데이터를 사용할 수 있어야 한다. 삽입, 삭제, 수정 등의 데이터 관리가 가능하여 데이터가 지속적으로 변화될 수 있으며, 여러 사용자(다양한 사용자가 접근할 때 사용하는 응용프로그램, 다양한 사용자가 접근할 때 사용하는 컴퓨터 시스템 등)가 동시에 접근하여 사용할 수 있는 동시 공유 가능한 특징을 갖는다.

데이터베이스의 특징의 의미를 데이터베이스 예제를 통해 알아보기 위해 다음과 같이 생성된 제품 데이터베이스가 있다고 가정하자.

데이터베이스	제품 데이터베이스
저장된 데이터	제품 이름, 제품 가격, 재고 수량 고객 이름, 고객 전화번호 제품 구매일, 제품 구매 수량 거래처 이름, 거래처 전화번호, 납품 가격

제품 데이터베이스는 어떤 프로그램으로 생성해야 할까?

엑셀, 파워포인트, 한글, 워드, 메모장 등의 프로그램은 모두 운영체제에서 실행되는 응용프로그램이다. 이와 같은 응용프로그램으로 저장된 데이터는 운영체제에 포함되어 데이터를 저장하고 관리하는 파일 시스템에 의하여 저장된 것이므로 데이터베이스가 아니라 저장된 파일이다. 따라서 우리가 정의한 특징을 갖는 데이터베이스라고 할 수 없다.

MySQL, Oracle, MS-SQL, Maria DB 등 데이터베이스 생성 전용 데이터베이스 관리 시스템(DBMS) 프로그램으로 저장해야 한다.

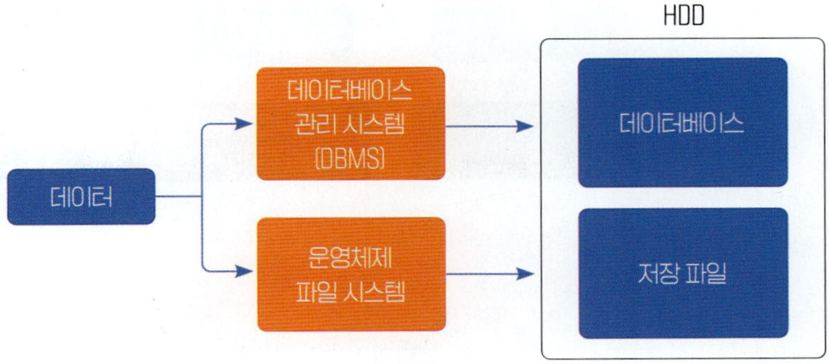

제품 목록 데이터베이스에 저장된 데이터들을 실시간으로 동시에 접근한다는 것은 무슨 의미인가?

3명이 동시에 제품 목록 데이터베이스에 접속하여 데이터를 접근한다고 생각해 보자.

- 첫 번째 사용자는 제품 생산자로 납품 가격을 수정하고 있다.
- 두 번째 사용자는 제품 판매자로 판매된 제품의 재고량을 수정하고 있다.
- 세 번째 사용자는 제품 구매자로 제품의 가격과 구매 가능한 재고량을 확인하고 있다.

데이터베이스는 3명의 사용자에게 모두 정확한 데이터를 제공해야 하며, 저장된 데이터는 항상 일치해야 한다. 세 번째 사용자는 최신 정보를 확인할 수 있어야 하며, 첫 번째 사용자와 두 번째 사용자가 수정한 제품 가격과 재고량을 세 번째 사용자가 확인할 수 있어야 한다.

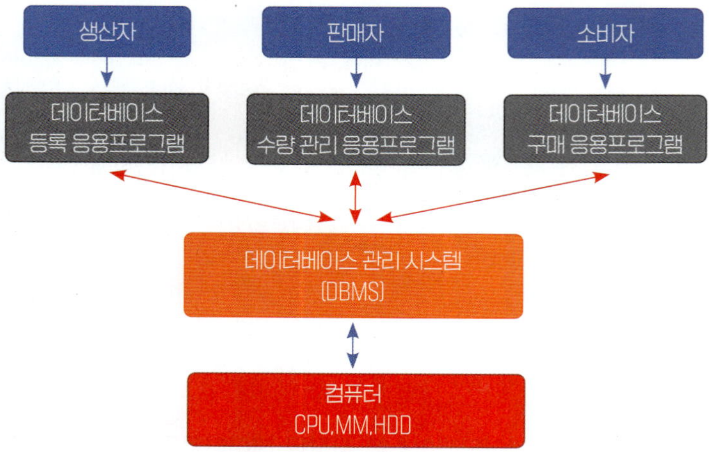

이와 같이 데이터베이스 관리 시스템(DBMS)에 의해 생성된 데이터베이스이므로 저장된 데이터들은 모두 실시간 접근 가능하며, 여러 사용자가 동시에 접근하여 확인할 수 있어야 한다. 또한, 데이터의 실시간 삽입, 삭제, 수정이 가능해야 한다. 데이터베이스 관리 시스템(DBMS)은 이러한 데이터베이스의 특징을 모두 만족시키도록 데이터베이스 생성 기능을 제공해야 한다.

1.2 데이터 모델

데이터베이스를 만들기 위하여 데이터베이스 설계 과정을 거친다. 데이터베이스 설계에 관련된 용어를 먼저 정리해 보자.

'데이터 모델', '데이터베이스 모델', '데이터 설계', '데이터베이스 설계', '데이터 모델링', '데이터베이스 모델링' 등 여러 가지 용어로 많은 교재와 학습서에서 혼용하여 사용한다. 〈1장〉에서 살펴본 바와 같이 데이터베이스는 사용자에 따라 데이터베이스를 바라보는 관점과 학습 내용 학습의 전문성이 각각 다르다. 따라서 학습자의 관점에서 설명할 때와 참고하는 외국 서적을 번역하는 사람들에 따라 선택되어 작성되므로 '데이터'와 '데이터베이스' 두 용어를 혼용에서 사용하는 것을 알 수 있다. 주로 '데이터'는 원론적인 내용을 다룰 때 주로 사용되며, '데이터베이스'는 응용적인 내용을 다룰 때 주로 사용된다.

'데이터 모델', '데이터베이스 모델', '데이터 설계', '데이터베이스 설계', '데이터 모델링', '데이터베이스 모델링'은 추상적 표현과 행동적 표현 두 가지로 구분할 수 있다.

데이터 모델 종류

데이터 모델(Data Model)은 데이터의 관계, 접근과 그 흐름에 필요한 처리 과정에 관한 추상화된 모형이다. 데이터 모델을 구성하는 작업을 데이터 모델링(Data Modeling)이라고 한다. 즉, 데이터 모델을 정의된 추상화된 모형이라고 한다면, 모형을 만드는 과정을 데이터 모델링이라고 하는 것이다. 따라서 데이터 모델에 관한 학습서는 이론을 바탕으로 설명하지만, 데이터 모델링에 관한 학습서는 데이터 모델을 만드는 과정과 데이터 모델을 만들 때 도움 주는 프로그램을 사용하는 방법을 설명한다. 데이터 모델에 대한 이론적 지식을 이해하는 것은 데이터 모델링을 배울 때 중요한 역할을 하기에 데이터 모델링에 관한 학습서는 반드시 가장 앞에 데이터 모델에 대한 이론적 설명을 포함해야 한다.

데이터 모델은 현실세계에서 공유가 불가능한 데이터를 공유가 가능한 데이터베이스로 변경해 주는 추상화된 과정이다.

잠깐만요

데이터를 공유한다는 것은 동시에 같은 것을 읽고 수정, 삭제, 삽입 등의 관리를 한다는 것이다. 예를 들어, 도서관의 책을 생각해 보자. 도서관의 책은 여러 사람이 함께 볼 수 있도록 공유된다. 이는 많은 책들이 모여져 있으므로 데이터의 집합 의미에서 책 데이터베이스라고 생각할 수 있다. 여러 사람이 함께 볼 수 있어 공유된다고 생각할 수도 있지만, 실제로 여러 사람이 동시에 같은 책을 볼 수 없고 책의 내용을 수정하는 작가와 제작하는 출판사, 독자 모두가 동시에 공유하는 것은 아니다. 엑셀 파일로 저장된 성적 자료를 생각해 보자. 같은 내용을 여러 파일로 저장하여 다른 컴퓨터에서도 확인할 수 있지만, 하나의 엑셀 파일의 성적을 변경했을 때 다른 컴퓨터에서 보고 있는 엑셀 파일에 저장된 성적은 수정되지 않은 것을 알 수 있다. 이러한 것은 데이터가 공유되었다 할 수 없고, 데이터베이스라고 할 수도 없다.

현실세계의 데이터는 우리가 가지고 있는 모든 자료, 정보를 말한다. 컴퓨터가 아닌 실제로 가지고 있는 것(책, 그림, 음악 CD 등) 또는 파일 시스템으로 저장된 파일(워드 파일, 엑셀 파일, 파워포인트 파일, 사진 파일, 동영상 파일, 음악 파일 등)을 말한다.

데이터 모델의 종류는 다음과 같이 개념적 데이터 모델, 논리적 데이터 모델, 물리적 데이터 모델 세 가지가 있다. 데이터베이스를 만들기 위해서는 다음과 같은 단계적 데이터 모델을 정의해야 한다.

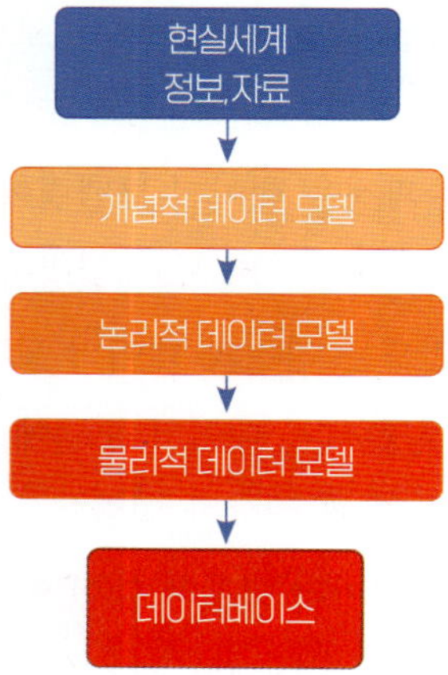

그림 2-1. 단계적 데이터 모델의 종류

개념적 데이터 모델

현실세계의 정보나 자료에서 데이터베이스로 만들어지기 위해 정리된 데이터 모델이다. 개념적 데이터 모델에는 데이터베이스의 필요에 따라 공유될 데이터가 정리되어 있어야 하며, 각 데이터의 속성과 데이터들 간의 관계가 정의되어 있어야 한다.

개념 데이터 모델링 방법을 통하여 개념적 데이터 모델을 정의하는데, 대표적인 개념 데이터 모델링 방법은 개체(Entity)-관계(Relationship) 방법이다. 이는 저장할 데이터들의 특징을 분석하여 개체로 정의하고, 각각의 개체들을 관계로 정의하는 방법으로 데이터베이스를 구축하는 가장 첫 번째 과정이다. 또한, 구축될 데이터베이스에 대한 현실세계의 정보와 자료를 잘 이해하고 있는 사람들과 데이터베이스 전문 개발자가 함께 정의해야 하는 모델이므로, 개체-관계 방법은 정리된 데이터들의 속성과 관계를 그림으로 표현하여 가독성을 높였다.

잠깐만요

개체-관계는 영어로 Entity-Relationship을 번역한 것으로 약자로 E-R이라고 한다. 그리고 개체-관계 모델을 E-R 다이어그램이라고 하며, 약자로 ERD라고 한다. ERD를 그릴 때 도움을 주는 프로그램이 여러 가지 있다. 개체를 영문 그대로 '엔티티'라고도 하며, 개체, 'entity', '엔티티'는 모두 같은 말이다.

논리적 데이터 모델

정리된 개념적 데이터 모델을 기반으로 정리된 개체-관계에서 '관계'에 대한 정의 방법을 정리한 모델이다. 이는 논리적 데이터 모델에서 정리하는 '관계'에 대한 정의 방법에 따라 계층형 데이터 모델(Hierarchical data model), 네트워크형 데이터 모델(Network data model), 관계형 데이터 모델(Relationship data model), 비관계형 데이터 모델(NoRelationship data model) 등이 있다.

물리적 데이터 모델

개념적 데이터 모델과 논리적 데이터 모델에서 정의한 개체와 관계를 컴퓨터 저장 장치에 어떻게 저장할 것인지 정의하는 모델 논리적 데이터 모델의 종류마다 각각의 특징에 맞게 정의된다. 물리적 데이터 모델에서는 물리적 기억 장치 저장 방법과 컴퓨터로 처리하는 모든 동작에 대한 정의와 물리적 저장 장치나 컴퓨터를 조작할 수 있는 인터페이스에 대한 정의 등 두 가지 목적으로 정의된다.

데이터 모델 구성요소

각 데이터 모델은 개념적 데이터 모델, 논리적 데이터 모델, 물리적 데이터 모델과 같은 세가지 구성요소를 갖는다. 이 모델 각각의 수준에서 세 가지 구성요소를 모두 정의해야 한다.

- 구조(Structure)
- 연산(Opteration)
- 제약조건(Constraint)

❶ **구조**(Structure) : 데이터베이스에서 저장할 데이터들의 특징을 표현하는 개체와 개체의 형태, 개체의 관계를 정의한 것이다.

❷ **연산**(Opteration) : 각각의 개체들에 포함된 데이터들에 적용 가능한 연산에 대한 정의이다. 예를 들어, 수천 명의 학생 데이터에서 남학생만 찾고 싶다면, 남학생 조건에 대한 연산과 찾기 연산이 필요하다. 이와 같이 연산은 개체, 관계를 통해서 저장된 데이터들 자체를 처리하는 작업에 대한 정의와 조작 기법이다.

❸ **제약조건**(Constraint) : 데이터베이스의 특징에서 여러 사람이 동시에 데이터베이스에 접근하여 데이터를 찾고, 삽입하고, 삭제하고, 수정하는 일을 수행하는 것에 있어서 제공되는 데이터가 반드시 정확하고 문제가 없어야 하는 무결성 특징을 보장하기 위한 요소이다. 모든 데이터베이스는 저장된 데이터들에 대하여 무결성이 보장되어야 하며, 무결성이 보장되도록 저장해야 한다. 즉, 제약조건은 무결성이 보장되도록 데이터베이스를 만들기 위해 필요한 요소이다.

잠깐만요

무결은 결점이 없다는 의미이다. 데이터베이스에 저장된 데이터가 무결하다는 것은 데이터베이스에서 어떤 데이터를 확인했을 때 그 데이터가 반드시 정확하고, 문제가 없다는 의미이다.

2 〉 데이터베이스 설계

데이터베이스 설계(DataBase Design)는 데이터베이스의 상세한 자료 모형을 만드는 과정으로, 이론적으로 정의된 데이터 모델을 기반하여 데이터베이스를 단계적으로 만드는 방법이다.

2.1 데이터베이스 설계 단계

앞에서 살펴본 '제품 데이터베이스'는 처음부터 어떻게 만들어졌을까를 생각해 보자. 다음과 같은 요소들을 고려해야 한다.

데이터베이스	제품 데이터베이스
저장된 데이터	제품 이름, 제품 가격, 재고 수량 고객 이름, 고객 전화번호 제품 구매일, 제품 구매 수량 거래처 이름, 거래처 전화번호, 납품 가격

다음과 같은 질문들에 대한 답을 찾기 위한 과정이 데이터베이스 설계이다.

- 제품 데이터베이스에 어떤 데이터를 저장할까?
- 데이터를 어떻게 저장할까?
- 데이터를 어떻게 찾을까?
- 데이터를 어떻게 빨리 찾을까?
- 데이터의 무결성은 어떻게 정의할까?
- 컴퓨터 하드웨어의 효율성을 어떻게 높일까?
- 한정된 주기억장치를 효율적으로 사용할까?
- 어떤 데이터베이스 관리 시스템(DBMS)을 선택해야 할까?

데이터 모델을 기반으로 데이터베이스 설계를 하기 위하여 다음과 같은 단계를 거친다. 데이터베이스 설계 단계를 그림으로 정리하면 다음과 같다.

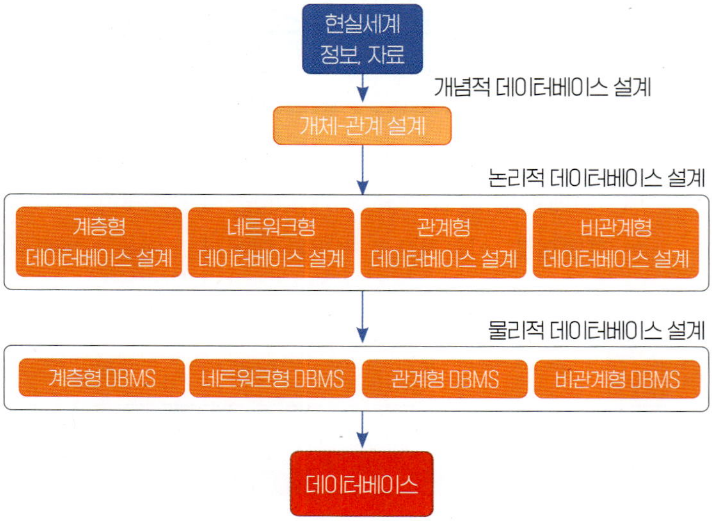

그림 2-2. 데이터베이스 설계 단계

스키마와 사상

데이터베이스 설계를 이해하기 위하여 우리는 '스키마(Schema)'와 '사상(Mapping)'에 대한 개념을 정리해 보자.

스키마

스키마(Schema)는 '구조(Structure)'를 말하며, 데이터베이스 설계를 통해 나온 데이터베이스 구조를 스키마라고 정의한다. 데이터베이스 설계는 데이터 모델을 기반으로 하므로 스키마는 각 데이터 모델의 결과 구조이다. 이때 스키마는 각 모델인 개념적 데이터 모델, 논리적 데이터 모델, 물리적 데이터 모델에 기인하지 않고, 외부 스키마, 개념 스키마, 내부 스키마로 정의하여 사용한다.

개념적 데이터 모델의 결과 구조는 '외부 스키마', 논리적 데이터 모델의 결과 구조는 '개념 스키마', 물리적 데이터 모델의 결과는 '내부 스키마'로 정리할 수 있다.

데이터 모델과 데이터베이스 설계, 구조, 스키마의 관계를 정리하면 다음과 같다.

개념적 모델 – 개념적 설계 – 개념 구조 – 외부 스키마
논리적 모델 – 논리적 설계 – 논리 구조 – 개념 스키마
물리적 모델 – 물리적 설계 – 물리 구조 – 내부 스키마

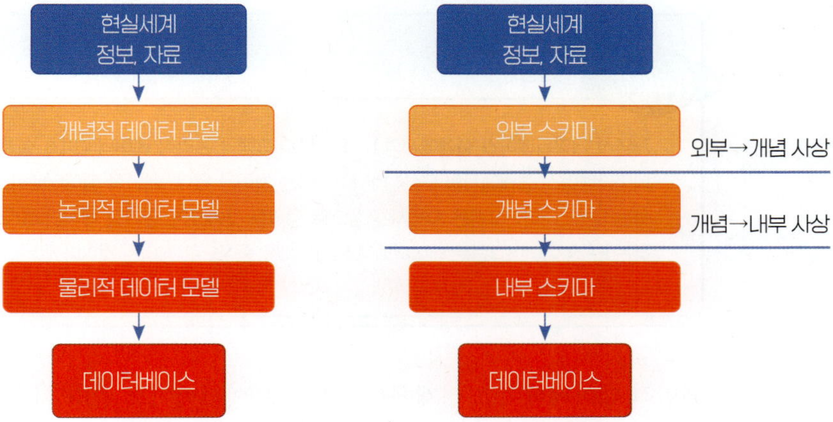

그림 2-3. 데이터 모델과 스키마

사상

사상(Mapping)은 세가지로 나누어진 데이터베이스 스키마들의 상호 변환을 하는 과정이다. 개념적 설계를 통해 정의된 개체-관계 구조인 외부 스키마를 논리적 설계를 통하여 개체-네트워크 관계 구조인 개념 스키마로 재구성하는 것을 '사상한다.'라고 표현한다. 사상은 데이터베이스 스키마 변환에서 두 번 이루어지며, 사상은 반드시 각 스키마에서의 '독립성'을 보장해야 한다.

'독립성'은 사상을 통해 스키마들의 상호 변환이 이루어졌어도 각각 스키마의 변경을 독립적으로 할 수 있는 특징이다. 즉, 외부 스키마에서 사상된 개념 스키마는 외부 스키마에 영향을 주지 않고 구조적으로 변경될 수 있다. 마찬가지로 개념 스키마에서 사상된 내부 스키마도 개념 스키마에 영향을 주지 않고 구조적으로 변경될 수 있다.

개념적 데이터베이스 설계 단계

E-R 다이어그램

개념적 데이터베이스 설계(외부 스키마 생성)를 하는 방법 중 가장 보편적으로 알려진 설계 방법은 개체(Entity)-관계(Relationship) 설계이다. 약자로 E-R 다이어그램이라고도 하며, 데이터베이스 외부 스키마를 정의하는 단계이다.

잠깐만요

개념적 데이터베이스 설계에서의 E-R 다이어그램과 논리적 데이터베이스 설계 방법 중 관계형 데이터베이스 설계에서의 E-R 다이어그램은 차이가 있다. 개념적 데이터베이스 설계에서 작성하는 E-R 다이어그램은 사용자 중심으로 정의된 것이라면, 관계형 데이터베이스 설계에서 작성하는 E-R 다이어그램은 데이터베이스 개발자를 중심으로 정의된 것이다.

개념적 데이터베이스 설계에서는 특정 데이터베이스 관리 시스템(DBMS)을 고려하지 않고, 사용자 중심으로 데이터베이스를 추상적으로 정의한다. 다음은 제품 데이터베이스의 E-R 다이어그램의 예시다.

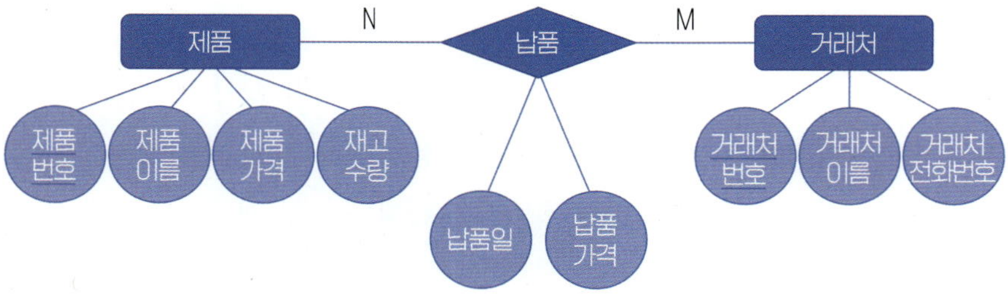

그림 2-4. 제품-거래처 E-R 다이어그램

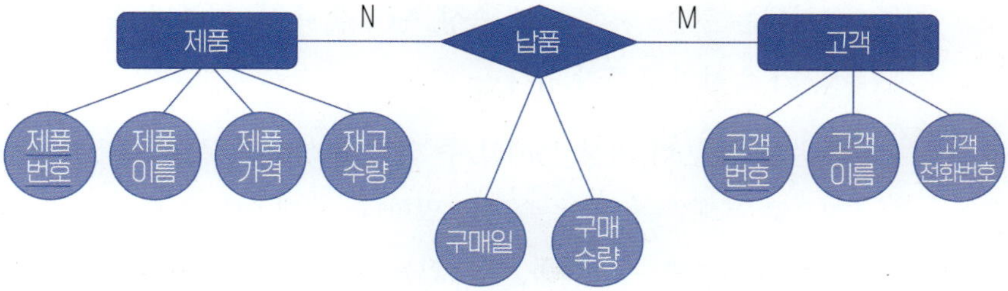

그림 2-5. 제품-고객 E-R 다이어그램

개념적 데이터베이스 설계 단계에서 E-R 다이어그램에서 정해진 기호를 사용할 수 있다. 대표 기호 몇 가지와 의미를 다음과 같이 정리할 수 있다.

기호	의미	기호	의미
	개체		관계
	속성		키 속성

개념적 데이터베이스 설계 E-R 다이어그램에서 사용되는 속성과 관계를 정리해 보자.

속성

개체를 정의하기 위하여 각 개체별 속성(Attribute)을 정의할 수 있다. 속성은 개체의 특징을 분석하여 저장하고자 하는 데이터들을 정의한다. 제품-거래처 E-R 다이어그램에서 제품 개체는 제품 번호, 제품 이름, 제품 가격, 재고 수량 네 개의 속성으로 정의된다.

그림 2-6. 개체와 속성

속성에는 단순 속성, 복합 속성, 단일값 속성, 다중값 속성, 유도 속성, 저장 속성, 키 속성의 종류가 있다.

단순 속성은 더 이상 분해할 수 없는 속성이며, 복합 속성은 여러 개의 단순 속성으로 분해할 수 있는 속성을 말한다. 고객 이름을 단순 속성이 아닌 복합 속성으로 정의하면, 성, 이름, 닉네임을 모두 따로 저장하여 정의할 수 있다. 단일값 속성은 각 속성에 대해 저장되는 값이 반드시 하나인 것을 말한다. 다중값 속성은 각 속성에 대해 저장되는 값이 여러 개인 것을 말한다. 고객 전화번호 속성에 전화번호 하나만 저장하게 할 것인지, 아니면 집, 회사, 모바일 등 여러 개의 전화번호를 하나의 속성에 저장할지 정의할 수 있다.

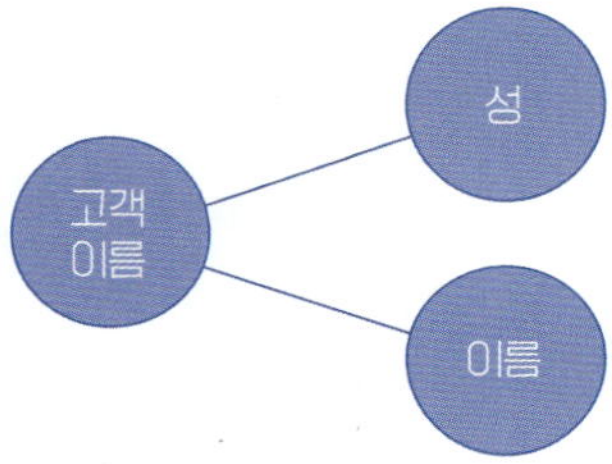

그림 2-7. 복합 속성

단일값 속성	값	다중값 속성	값
고객 전화번호	000-0000-0000	고객 전화번호	111-1111, 010-0000-1111

그림 2-8. 단일값 속성, 다중값 속성

유도 속성은 다른 속성으로부터 유도되어 결정되는 경우를 말한다. 고객이 구매할 때 총 구매 가격을 제품 가격으로부터 유도될 수 있다. 이때 유도 속성은 일반적으로 저장하지 않지만 저장된 속성으로부터 유도된다. 이것을 저장 속성이라고 한다. 고객 전화번호에 지역번호가 포함되어 있을 때, 지역번호로 고객의 지역을 알 수 있고 지역별 판매량도 구할 수 있다. 이때 지역이라는 속성도 저장할 필요 없이 저장된 고객 전화번호 속성으로부터 유도될 수 있으므로 유도 속성이라고 할 수 있다.

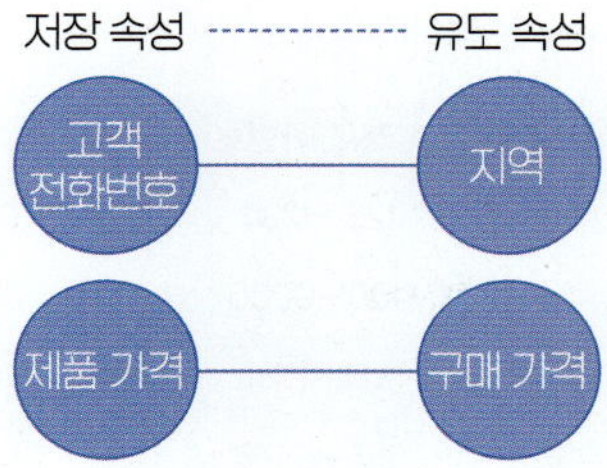

그림 2-9. 저장 속성, 유도 속성

키 속성은 데이터베이스 무결성을 보장하기 위하여 정의하는 속성이다. 데이터베이스에 저장된 데이터는 반드시 무결해야 한다.

무결성

고객 개체에 대한 무결성을 생각해 보자. 고객 개체는 고객 이름과 고객 전화번호 속성으로 정의되어 있고, 각 속성들에 포함된 실제 저장된 데이터는 각각 11개씩 저장되어 있다.

❶ **고객 이름으로 고객 전화번호를 찾을 때** : 최무선 고객 이름으로 찾은 전화번호는 두 개가 될 수 있다. 111-1111의 전화번호를 갖는 최무선 고객을 찾았지만, 222-2222의 전화번호를 갖는 최무선 고객이 결괏값으로 보인다면 이 데이터베이스는 '무결성이 낮아진다.', '무결성이 없다.'라고 한다.

❷ **수정/삭제를 할 때** : '문익점' 고객 데이터의 동명이인의 '문익점'도 있고, 구매할 때마다 새로운 고객으로 추가되어 구매횟수에 따라서 같은 고객 데이터가 중복되어 저장될 수 있다. 이러한 경우 555-5555의 전화번호를 갖는 문익점의 전화번호를 수정하면, 저장된 모든 555-5555 전화번호를 갖는 문익점 고객 데이터를 반드시 변경해야 한다. 이때 데이터가 수정되지 않을 수도 있는데, 데이터가 중복 저장되면 수정 삭제 관리에 대한 무결성이 낮아질 수 있다. 물론 '문익점' 키워드로 먼저 확인하고 수정 오류가 생기지 않도록 할 수 있지만, 이것은 인간이 또 다른 프로그램에서 작업해야 하는 일이므로 데이터베이스에서는 기본 기능에 대해서 문제가 발생하지 않도록 설계해야 한다. 추가 작업으로 무결성을 높이는 것이 아니라 데이터베이스 설계 시 무결성이 높도록 설계해야 하는 것이다.

표 2-1. 무결성이 낮은 데이터베이스

고객 이름	고객 전화번호
김춘추	123-1234
장영실	000-0000
최무선	111-1111
문익점	555-5555
정몽주	333-3333
황희	444-4444
문익점	777-7777
조식	888-8888
최무선	222-2222
문익점	555-5555
성삼문	999-9999

다음과 같이 고객 번호라는 속성을 하나 추가하여 고객들을 유일하게 구분하도록 정의하고 데이터를 저장하면, 고객 이름과 고객 전화번호 데이터의 무결성을 높일 수 있다. 4번 문익점과 7번 문익점을 구분되며 중복되는 문익점을 저장하지 않도록 하였다. 이러한 무결성을 높이는 역할을 하는 속성을 '키 속성'이라고 한다.

표 2-2. 무결성이 높은 데이터베이스

고객 번호	고객 이름	고객 전화번호
1	김춘추	123-1234
2	장영실	000-0000
3	최무선	111-1111
4	문익점	555-5555
5	정몽주	333-3333
6	황희	444-4444
7	문익점	777-7777
8	조식	888-8888
9	최무선	222-2222
10	성삼문	999-9999

키 속성에 다음과 같은 특징을 갖도록 하여 데이터베이스의 무결성을 높인다.

유일성(중복 불가)
Not Null(모든 데이터에 대해 반드시 있어야 함)

Not Null 특징은 고객 번호 속성의 데이터는 모두 저장되어야 한다는 특징이다. 따라서 고객 번호를 키 속성으로 정의하면 새로운 고객이 생겨 고객 데이터를 저장할 때, 이미 사용된 고객 번호를 입력할 수 없고 고객 번호 없이 고객 이름과 고객 전화번호를 데이터베이스에 저장할 수 없다(에러 발생!).

관계

개념적 데이터베이스 설계 단계에서 정의하는 관계(Relationship)는 개체들 사이의 연관성을 표현하는 개념이다. 개체는 저장되는 데이터를 중심으로 정의하기에 '명사'로 표현되는 경우가 일반적이고, 관계는 어떻게 저장하고 어떤 기준으로 찾을 것인지를 중심으로 정의하기에 '동사'로 표현되는 경우가 일반적이다.

제품 데이터베이스를 구현할 업체의 요구사항을 살펴보면 다음과 같다.

'회사가 가지고 있는 기본 정보에는 제품에 대한 정보와 제품을 납품하는 납품업체에 대한 정보, 제품을 구매하는 사용자에 대한 정보를 가지고 있다. 회사에는 100종류의 제품 목록이 있으며, 각 제품 목록에는 제품 이름, 제품 가격에 대한 정보를 가지고 있고, 각 제품은 50여 개의 업체로부터 납품을 받는다. 납품업체에 대한 업체 이름, 전화번호, 주소 정보를 가지고 있다. 사용자는 회사 제품을 구매한 고객으로, 구매 내역과 고객의 이름, 전화번호 정보만 가지고 있다. 현재 보유하고 있는 고객 정보는 10만 개 정도이다. 이 정보들을 중심으로 데이터베이스를 구축하여 회사 제품관리, 납품업체 관리, 고객관리를 편리하게 하고 싶다.'

요구사항에서 회사가 가지고 있는 기본 정보 중 저장하여 관리하고자 하는 데이터를 결정하고, 그 데이터들의 특징별로 구분하여 개체와 속성으로 정의한다. 정의된 제품 개체와 고객 개체에서는 사용자가 제품을 구매하므로 '구매'라는 관계를 정의할 수 있다. 또한, 정의된 제품 개체와 거래처 개체에서는 거래처가 제품을 납품하므로 '납품'이라는 관계를 정의할 수 있다.

앞의 예시와 같이 개체는 '제품', '고객', '거래처'라는 명사로, 관계는 '구매하다', '납품하다'와 같은 동사로 표현하였다.

제품 개체, 고객 개체, 거래처 개체에 대한 관계를 다이어그램으로 표현하면 다음과 같다.

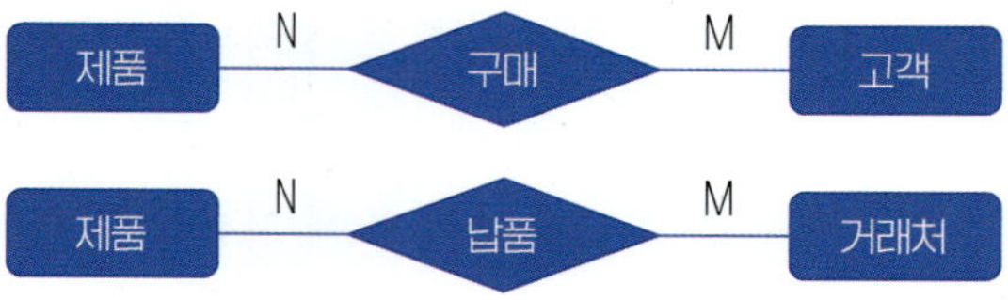

그림 2-10. 개체-관계

인스턴스와 카디날리티

카디날리티(Cardinality)는 '인스턴스 크기'이다.

데이터는 기억장치에 저장되는 모든 값 하나하나를 의미하며, 인스턴스(Instance)는 데이터베이스에 저장된 데이터들 전체를 의미한다. 요구사항에서 고객 정보가 10만 개 있다고 하였으므로, 고객 데이터베이스의 인스턴스의 크기인 카디날리티는 10만이 된다. 이때 저장되는 데이터는 고객 번호, 고객 이름, 고객 전화번호 각각에 저장된 값들이므로 정확하게 알 수 없다. 다만, 고객 번호는 키 속성이므로 Not Null 특징으로 10만 개의 고객 번호 데이터가 저장될 것이고, 고객 이름이 없는 사용자 정보가 없다면 10만 개의 고객 이름 데이터가 저장될 것이다. 고객 전화번호는 전화번호 정보가 없는 고객이 있을 수 있으므로 정확하게 몇 개의 데이터가 저장될지 알 수 없다.

저장되는 데이터와 데이터베이스에서 정의하는 인스턴스를 고객 개체에 대한 예로 살펴보면 다음 그림과 같다.

그림 2-11. 데이터, 카디날리티, 인스턴스

관계 유형

관계 유형에서 사용되는 카디날리티는 '0', '1', 'N'이다. 카디날리티가 '0'이라는 것은 개체가 정의되어 데이터베이스로 만들어졌지만 아직 실제 데이터가 저장되지 않은 상태를 말한다. 카디날리티가 'N'이라는 것은 정의된 데이터베이스에 저장된 인스턴스의 크기가 2개 이상인 것을 의미한다.

관계가 정의된 개체는 각 개체에 저장된 데이터로 관계가 있는 데이터를 찾을 수 있고, 수정, 삭제가 가능하다는 의미이다. 데이터베이스에서 정의하는 관계 유형에는 일대일 관계, 일대다 관계, 다대다 관계가 있다. 각각을 카디날리티로 표현하면 1:1, 1:N, N:M으로 표현할 수 있다. 각 관계 유형을 알아보자.

❶ 일대일(1:1) 관계

관계가 정의된 두 객체 사이에 연결되는 인스턴스가 반드시 1개인 관계이다. 고객 개체와 제품 개체를 일대일 관계로 정의하면 다음과 같은 데이터베이스가 생성된다. 고객은 반드시 한 개의 제품만 구매할 수 있고, 제품도 반드시 한 명의 고객에게만 판매된다는 의미이다.

고객

고객 번호	고객 이름	고객 전화번호
1	김춘추	123-1234
2	장영실	000-0000
3	최무선	111-1111
4	문익점	555-5555
5	정몽주	333-3333

제품

고객 번호	제품 이름	제품 가격	재고 수량
1001	모니터	100,000	89
1002	키보드	5,000	80
1003	마우스	7,000	77
1004	카메라	10,000	90
1005	스피커	8,000	29
1006	외장하드	20,000	39
1007	프린터	30,000	68
1008	메인보드	20,000	57
1009	DVD	15,000	12

고객 번호	고객 이름	고객 전화번호	고객 번호	제품 이름	제품 가격	재고 수량
1	김춘추	123-1234	1001	모니터	100,000	89
2	장영실	000-0000	1009	DVD	15,000	12
3	최무선	111-1111	1006	외장하드	20,000	39
4	문익점	555-5555	1002	키보드	5,000	80
5	정몽주	333-3333	1004	카메라	10,000	90

일대일 관계의 의미를 표현하면 다음과 같다.

- '1명의 고객이 구매할 수 있는 제품은 1개이다.'
- '1개의 제품을 구매한 고객은 1명이다.'

'사용자가 제품을 구매한다.'는 의미를 데이터베이스에서 표현하면 구매한 사용자에 고객 번호가 부여되고, 고객 이름과 고객 전화번호가 저장되는 것을 말한다. 일대일 관계로 정의하면 한명의 고객 인스턴스와 한 개의 제품이 연결되도록 저장된다.

일대일 관계를 데이터베이스에 적용하면 다음과 같다.

- '1명의 고객 인스턴스와 1개의 제품 인스턴스가 저장된다.'
- '1개의 제품 인스턴스와 1명의 고객 인스턴스가 저장된다.'
- '1명의 고객 인스턴스로 1개의 고객 인스턴스를 찾을 수 있다.'
- '1개의 제품 인스턴스로 1명의 고객 인스턴스를 찾을 수 있다.'

고객 번호	고객 이름	고객 전화번호	고객 번호	제품 이름	제품 가격	재고 수량
1	김춘추	123-1234	1001	모니터	100,000	89
1	김춘추	123-1234	1002	키보드	100,000	89
2	장영실	000-0000	1009	DVD	15,000	12
3	최무선	111-1111	1006	외장하드	20,000	39
4	문익점	555-5555	1002	키보드	5,000	80
5	정몽주	333-3333	1004	카메라	10,000	90

고객 개체와 제품 개체를 일대일 관계로 정의하면, '김춘추' 고객은 '모니터'만 구매할 수 있고 '키보드'를 구매할 수 없다. '김춘추' 고객이 '키보드'를 구매하면 다음과 같은 데이터베이스가 생성되어야 하는데, 이러한 데이터베이스는 키 속성의 특징 중 유일성에 위배되므로 생성될 수 없다.

❷ 일대다(1:N) 관계

관계가 정의된 두 개체 중 카디날리티가 1인 개체에 연결되는 상대 인스턴스가 2개 이상인 관계이다. 일대다 관계는 어떤 개체를 '1'로 정의하는지에 따라 데이터베이스의 형태가 다르게 생성된다. 고객 개체를 '1'로 정의하고, 제품 개체를 'N'으로 정의하여 고객 개체와 제품 개체를 일대다 관계로 정의하면 다음과 같은 데이터베이스가 생성된다. 고객은 여러 개의 제품을 살 수 있지만, 하나의 제품은 반드시 한 명의 고객만 존재한다.

일대다 관계의 의미를 표현하면 다음과 같다.

- 고객:제품 == 1:N(고객 개체가 1일 때)
- '1명의 고객이 구매할 수 있는 제품은 N개이다.'
- '1개의 제품은 반드시 1명의 고객만 존재한다.'

일대다 관계를 데이터베이스에 적용하여 다시 정리하면 다음과 같다.

- 고객:제품 == 1:N(고객 개체가 1일 때)
- '1개의 제품 인스턴스에 대해 N 명의 고객 인스턴스가 저장된다.'
- '1명의 고객으로 N개의 제품 인스턴스를 찾을 수 있다.'

고객

고객 번호	고객 이름	고객 전화번호
1	김춘추	123-1234
2	장영실	000-0000
3	최무선	111-1111
4	문익점	555-5555
5	정몽주	333-3333

제품

고객 번호	제품 이름	제품 가격	재고 수량
1001	모니터	100,000	89
1002	키보드	5,000	80
1003	마우스	7,000	77
1004	카메라	10,000	90
1005	스피커	8,000	29
1006	외장하드	20,000	39
1007	프린터	30,000	68
1008	메인보드	20,000	57
1009	DVD	15,000	12

중복 가능

제품 번호	제품 이름	제품 가격	재고 수량	고객 번호	고객 이름	고객 전화번호
1001	모니터	100,000	89	1	김춘추	123-1234
1004	카메라	10,000	90	1	김춘추	123-1234
1003	마우스	7,000	77	2	장영실	000-0000
1006	외장하드	20,000	39	2	장영실	000-0000
1008	메인보드	20,000	57	2	장영실	000-0000

제품 개체를 '1'로 정의하고, 고객 개체를 'N'으로 정의하여 제품 개체와 고객 개체를 일대다 관계로 정의하면 다음과 같은 데이터베이스가 생성된다.

하나의 제품을 여러 명의 고객이 구매할 수 있지만, 한 명의 고객은 반드시 하나의 제품만 구매할 수 있다.

제품

고객 번호	제품 이름	제품 가격	재고 수량
1001	모니터	100,000	89
1002	키보드	5,000	80
1003	마우스	7,000	77
1004	카메라	10,000	90
1005	스피커	8,000	29
1006	외장하드	20,000	39
1007	프린터	30,000	68
1008	메인보드	20,000	57
1009	DVD	15,000	12

고객

고객 번호	고객 이름	고객 전화번호
1	김춘추	123-1234
2	장영실	000-0000
3	최무선	111-1111
4	문익점	555-5555
5	정몽주	333-3333

중복 가능

고객 번호	고객 이름	고객 전화번호	제품 번호	제품 이름	제품 가격	재고 수량
1	김춘추	123-1234	1001	모니터	100,000	89
2	장영실	000-0000	1007	프린터	30,000	68
3	최무선	111-1111	1007	프린터	30,000	68
5	정몽주	333-3333	1007	프린터	30,000	68
4	문익점	555-5555	1001	모니터	100,000	89

일대다 관계의 의미를 표현하면 다음과 같다.

- 제품:고객 == 1:N(제품 개체가 1일 때)
- '1개의 제품을 구매할 수 있는 고객은 N명이다.'

일대다 관계를 데이터베이스에 적용하여 다시 정리하면 다음과 같다.

- 제품:고객 == 1:N(제품 개체가 1일 때)
- '1명의 고객 인스턴스에 대해 N개의 제품 인스턴스가 저장된다.'
- '1개의 제품 인스턴스로 N명의 고객을 찾을 수 있다.'

❸ 다대다(N:N) 관계

관계가 정의된 두 개체 모두 카디날리티가 1인 개체에 연결되는 상대 인스턴스가 2개 이상인 관계이다. 다대다 관계는 어떤 개체를 '1'로 정의하는지에 상관없이 적용될 수 있다. 고객 개체와 제품 개체를 다대다 관계로 정의하면 다음과 같은 데이터베이스가 생성된다. 고객은 여러 개의 제품을 살 수 있고, 제품은 여러 명의 고객에게 판매될 수 있다.

제품

고객 번호	제품 이름	제품 가격	재고 수량
1001	모니터	100,000	89
1002	키보드	5,000	80
1003	마우스	7,000	77
1004	카메라	10,000	90
1005	스피커	8,000	29
1006	외장하드	20,000	39
1007	프린터	30,000	68
1008	메인보드	20,000	57
1009	DVD	15,000	12

고객

고객 번호	고객 이름	고객 전화번호
1	김춘추	123-1234
2	장영실	000-0000
3	최무선	111-1111
4	문익점	555-5555
5	정몽주	333-3333

중복 가능

고객 번호	고객 이름	고객 전화번호	제품 번호	제품 이름	제품 가격	재고 수량
1	김춘추	123-1234	1001	모니터	100,000	89
1	김춘추	123-1234	1004	카메라	10,000	90
2	장영실	000-0000	1007	프린터	30,000	68
3	최무선	111-1111	1003	마우스	7,000	77
3	최무선	111-1111	1007	프린터	30,000	68
4	문익점	555-5555	1001	모니터	100,000	89
5	정몽주	333-3333	1005	스피커	8,000	29
5	정몽주	333-3333	1007	프린터	30,000	68

다대다 관계의 의미를 표현하면 다음과 같다.

- '1명의 고객이 구매할 수 있는 제품은 N개이다.'
- '1개의 제품을 구매한 고객은 N명이다.'

다대다 관계를 데이터베이스에 적용하여 다시 정리하면 다음과 같다.

- '고객 인스턴스가 중복되어 저장될 수 있다.'
- '제품 인스턴스가 중복되어 저장될 수 있다.'
- '1명의 고객 인스턴스로 N개의 제품을 찾을 수 있다.'
- '1개의 제품 인스턴스로 N명의 고객 인스턴스를 찾을 수 있다.'

다대다 관계의 결과 데이터베이스에서 키 속성으로 정의된 고객 번호와 제품 번호가 중복되어 저장되는 것을 볼 수 있다. 이것은 키 속성의 유일성 특징에 위배되어 불가능하다. 이것은 개체 정의에서 개체 무결성이 관계의 유형과 생기는 충돌이다. 개념적 데이터베이스 설계 단계에서는 개체와 관계의 유형을 따로 정의한다. 관계의 유형으로 발생하는 개체 무결성에 대한 문제는 논리적 데이터베이스 설계 단계에서 다시 정의되며, 논리적 데이터베이스 설계 단계의 종류에 따라 각각 다르게 해결하고 있다.

논리적 데이터베이스 설계 단계

E-R 다이어그램

논리적 데이터베이스 설계 단계는 개념적 데이터베이스 설계 단계에서 정의된 개체와 관계를 기반으로 개체와 관계를 어떻게 저장할지 정의하는 단계이다. 논리적 데이터베이스 설계 단계는 여러 가지 방법이 개발되었는데 여기에서는 다음과 같은 요소를 고려하여 설계한다.

- 기억장치 자원의 효율성
- 인스턴스 탐색 효율성

기억장치 자원의 효율성은 저장되는 정보들이 최대한 중복되지 않도록 정의하여, 기억장치 공간을 최소화하는 것을 말한다. 여기에서 의미하는 기억장치의 공간은 보조기억장치를 의미한다. 하드디스크 같은 보조기억장치는 보관을 목적으로 하므로 중복 저장되어 보관된다면 보조기억장치의 효율성이 떨어지게 된다.

인스턴스 탐색 효율성은 데이터베이스에서 원하는 인스턴스나 데이터를 빠르고 정확하게 찾는 것을 말한다. 관계를 어떻게 정의하여 표현하는가에 따라 인스턴스 탐색 효율성을 높일 수 있다.

대표적인 방법에는 계층형 데이터베이스 모델, 네트워크형 데이터베이스 모델, 관계형 데이터베이스 모델, 비관계형 데이터베이스 모델이 있다. 논리적 데이터베이스 설계 단계에서 생성하는 개념 스키마도 개체와 관계에 대한 모델이므로 E-R 다이어그램으로 표현할 수 있다. 대표적인 방법의 모델들을 살펴보자.

❶ **계층형 데이터베이스 모델**(Hierarchical data model) : 데이터베이스로 저장될 개체들의 관계를 상하 종속적인 관계로 정의한다. 계층형 데이터베이스 모델에서는 데이터베이스의 논리적 구조가 트리 형태로 표현되어 개념적 데이터베이스 모델에서 정의한 개체를 '노드'로 표현하고, 관계를 '링크'로 표현하여 재정의한다. 하나의 부모는 여러 개의 자식을 가질 수 있지만 자식은 단 하나의 부모만 가질 수 있다. 상하 종속적인 관계로 정의되기 때문에 개체들은 부모와 자식의 관계를 가지며, 한 방향으로 종속성이 정의된다. 따라서 자식 노드로 정의된 개체들끼리는 관계를 가질 수 없고, 반드시 부모 노드로 정의된 개체를 통해 데이터를 접근할 수 있도록 정의한다. 계층형 데이터베이스 모델은 관계 유형 중 다대다 관계는 정의할 수 없고, 데이터베이스 설계가 단순하여 구현하기 쉽다는 장점을 갖는다.

계층형 데이터베이스 모델을 표현한 그림 2-12는 정확한 논리적 데이터베이스 설계 단계 결과인 개념 스키마가 아닌 계층형 구조를 추상적으로 노드와 링크를 표현한 것이다.

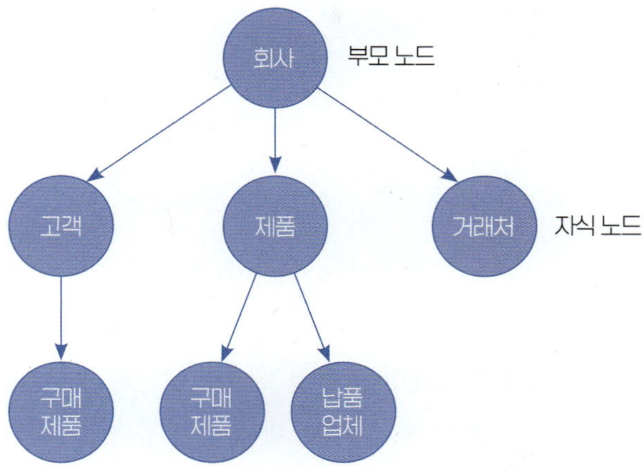

그림 2-12. 계층형 데이터베이스 모델(E-R 다이어그램)

❷ **네트워크형 데이터베이스 모델** : 데이터베이스로 저장될 개체들의 관계를 네트워크 형태로 정의한다. 네트워크형 데이터베이스 모델에서는 데이터베이스의 논리적 구조가 그래프 형태로 표현되어 개념적 데이터베이스 모델에서 정의한 개체를 오너와 멤버로 정의하는데, 이때 계층형 데이터베이스 모델에서 정의할 수 없었던 자식 노드들끼리의 관계를 네트워크로 연결하여 관계를 정의할 수 있도록 하였다. 계층형 데이터베이스 모델에서 정의할 수 없었던 다대다 관계를 네트워크형 데이터 모델에서 정의할 수 있다. 개체들끼리의 관계를 정의할 수 있어 부모 노드를 거치지 않아도 접근할 수 있는 방법이 다양하게 제공되지만, 오히려 정의되는 관계가 복잡해져 설계가 복잡하고 구현이 어렵다는 단점을 갖는다.

네트워크형 데이터베이스 모델을 표현한 그림 2-13은 정확한 논리적 데이터베이스 설계 단계 결과인 개념 스키마가 아닌 네트워크형 구조를 추상적으로 오너, 멤버, 관계를 표현한 것이다.

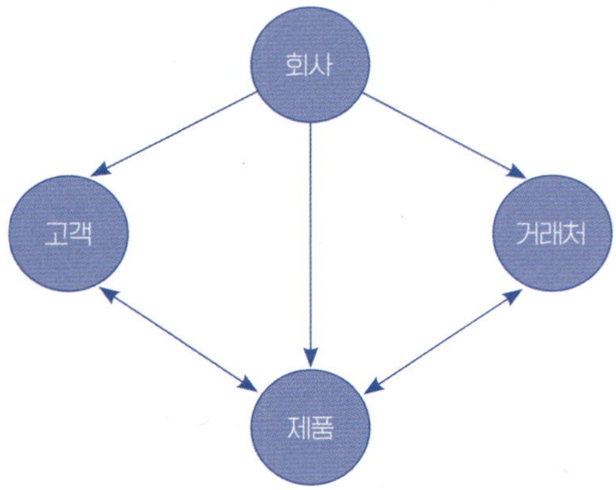

그림 2-13. 네트워크형 데이터베이스 모델(E-R 다이어그램)

❸ **관계형 데이터베이스 모델** : 개체와 관계 모두 테이블(Table)로 정의한다. 부모-자식 관계, 오너-멤버 관계 같은 종속관계가 아닌 '연결'의 의미로 관계를 표현한다. 따라서 관계를 '참조'로 표현하며, A 개체와 B 개체가 관계가 있다면, 'A 테이블은 B 테이블을 참조한다.'라고 정의한다. 관계형 데이터베이스 모델에서는 개체와 관계를 모두 테이블로 정의하기 때문에 많은 테이블이 정의된다. 관계형 데이터 모델은 데이터베이스 관리가 효율적이고, 데이터베이스 종류와 상관없이 보편적으로 적용하여 데이터베이스를 구축할 수 있어 가장 많이 사용되는 모델이다.

관계형 데이터베이스 모델을 표현한 그림 2-14는 실제 제품 데이터베이스를 관계형 데이터베이스 모델로 표현한 E-R 다이어그램이다.

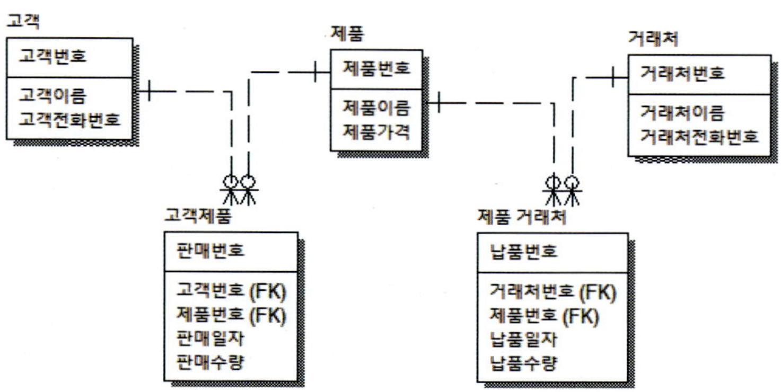

그림 2-14. 관계형 데이터베이스 모델(E-R 다이어그램)

❹ **비관계형 데이터베이스 모델** : 관계형 데이터베이스 모델의 단점을 보완하여 개발된 모델이다. 관계형 데이터베이스 모델은 개체와 관계 모두를 테이블로 정의하기 때문에 굉장히 많은 테이블을 생성해야 하고 각 테이블을 연결해야 한다. 이와 같이 관계형 데이터베이스 모델의 복잡한 관계 정의의 단점을 보완한 비관계형 데이터베이스 모델은 정보의 특징에 유연하게 데이터베이스를 생성할 수 있다.

비관계형 데이터베이스 모델은 데이터베이스를 생성하려는 정보들에 따라 유연하게 정의할 수 있는 기능을 제공한다. 게이밍, 광고기술, IoT와 같은 정보에 대한 데이터베이스에 적용하면 효율적인 방법인 '키값' 설계 방법, 일반적인 정보에 대한 데이터베이스 설계에 적합한 '문서' 설계 방법, 네트워킹, 사기 감지 등의 복잡하게 연결된 정보들에 대한 데이터베이스 설계에 적합한 '그래프' 방법, 실시간 분석이나 빠른 탐색을 원하는 데이터베이스 설계에 적합한 '인메모리' 설계 방법 등이 있으며, 설계된 데이터베이스에서 데이터를 검색할 수 있도록 지원해주는 '검색' 기능도 지원한다. 데이터베이스 설계 시 '키', '문서', '그래프', '인메모리', '검색'을 적절하게 잘 사용하여 최적의 데이터베이스를 설계할 수 있다.

잠깐만요

비관계형 데이터베이스 모델은 NoSQL이라고도 한다. 이는 관계형 데이터베이스 모델에서 사용하는 인터페이스인 SQL을 사용하지 않기 때문에 붙여진 이름이다. SQL을 사용하려면 관계형 데이터베이스의 테이블과 참조 형태가 잘 정의되어 있어야 하는데, 이때 테이블 정의와 참조에 대한 정의가 너무 복잡하고 어렵다. 이러한 데이터베이스 설계의 복잡성 단점을 보완하고 설계를 단순화시킨 모델이지만 SQL 인터페이스를 사용하지 않기 때문에, 오히려 컴퓨터 초보자들이 데이터베이스의 인터페이스를 이해하고 사용하기 어려울 수 있다.

본 교재는 관계형 데이터베이스를 기반으로 하므로 계층형 데이터베이스 모델, 네트워크형 데이터베이스 모델, 비관계형 데이터베이스 모델에 대해서는 간단한 개념 소개만 하였다.

논리적 데이터베이스 설계 방법 중 관계형 데이터베이스에 대한 데이터베이스 모델과 설계 방법에 대하여 〈3장〉에서 자세히 다루었다.

물리적 데이터베이스 설계 단계

데이터베이스 관리 시스템(DBMS)

물리적 데이터베이스 설계 단계는 논리적 데이터베이스 설계 각각의 방법마다 다르게 설계한다. 물리적 데이터베이스 설계 단계는 각각의 논리적 데이터베이스 설계 방법마다 논리적 데이터베이스 설계 단계에서 생성된 개념 스키마를 저장하기 위하여 변환하는 스키마 저장 인터페이스와 실제 기억장치에 저장하는 방법을 정의한다.

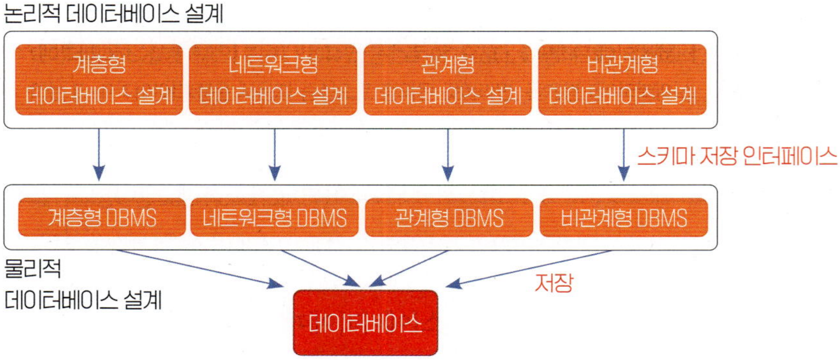

물리적 데이터베이스 설계 단계는 컴퓨터로 문제를 해결하는 단계와 비슷하다. 다음 그림처럼 컴퓨터를 문제를 해결하고자 할 때 알고리즘을 설계하고, 설계된 알고리즘을 컴퓨터로 실행하기 위하여 여러 가지 프로그래밍 언어 중 문제에 적합한 언어를 선택하여 표현한 후(웹 페이지를 만들 때는 웹 페이지 만들기에 적합한 언어를 사용하며, 게임을 만들 때는 게임 만들기에 적합한 언어를 사용한다.), 컴파일러마다 다른 방식으로 저장과 처리를 실행한다. 이와 같이 물리적 데이터베이스 설계 단계에서도 개념 스키마를 생성할 때 사용했던 방법으로 저장하기 위하여 각각의 데이터베이스 관리 시스템(DBMS)을 사용하여 저장과 처리를 실행한다. 이때 각 데이터베이스 관리 시스템(DBMS)은 서로 다른 스키마 표현 방법을 제공한다.

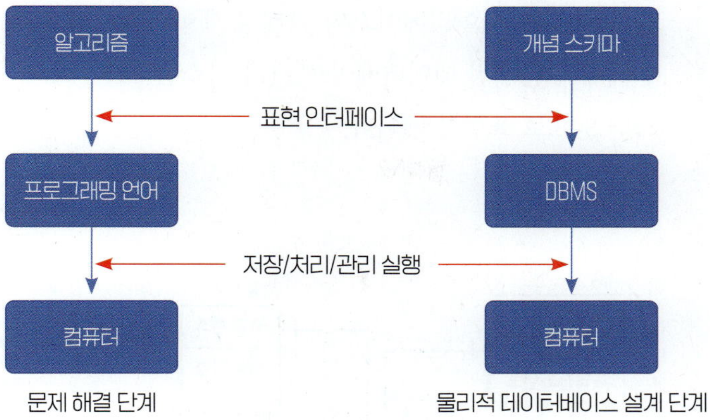

데이터베이스 관리 시스템(DBMS)은 표현 인터페이스와 저장, 처리, 관리를 실행하는 기능을 제공한다. 물리적 데이터베이스 설계 단계에서는 데이터베이스 관리 시스템(DBMS)의 두 가지 기능을 모두 정의해야 하는 내용을 포함하기 때문에 데이터베이스 관리 시스템(DBMS) 개발자에게 필요한 내용과 사용자에게 필요한 내용이 구분된다. 본 교재에서는 사용자 중심의 물리적 데이터베이스 설계 단계를 정리하였다.

데이터베이스 관리 시스템(DBMS) 사용자가 물리적 데이터베이스 설계 단계에서 정의하는 것은 데이터베이스 관리 시스템(DBMS)에서 제공하는 표현 인터페이스를 이용하여 개념 스키마를 내부 스키마로 표현하는 것이다. 각 논리적 데이터베이스 설계 방법을 제공하는 대표적인 데이터베이스 관리 시스템(DBMS)을 정리하면 다음과 같다.

논리적 데이터베이스 설계 방법	물리적 데이터베이스 설계 방법	
	DBMS	표현 인터페이스
계층형 데이터베이스	IMS	SQL(IMSql)
네트워크형 데이터베이스	DBTG, EDTG, TOTAL	CODASYL 데이터 모델(DBTG)
관계형 데이터베이스	Oracle, MySQL, MS-SQL, Informix, IBM DB2, MariaDB	SQL
비관계형 데이터베이스	MonggoDB, DynamoDB, Cassandra, Couchbase	프로그래밍 언어 호환

다음은 제품 데이터베이스의 관계형 데이터베이스 개념 스키마를 물리적 설계 단계에서 관계형 데이터베이스 관리 시스템(DBMS)에서 제공하는 표현 인터페이스인 SQL로 표현한 예이다.

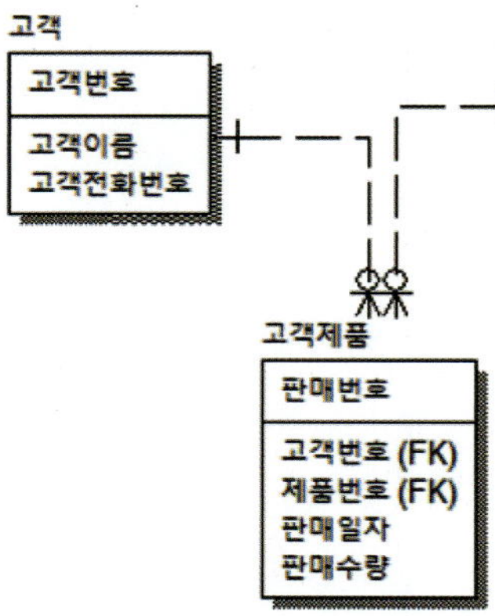

관계형 데이터베이스 개념 스키마

```
Create table user(
 user_id int(11) not null,
 user_name varchar(100) not null,
 user_telno varchar(50) null,
 primary key(user_id),
);

Create table product(
 pro_id int(11) not null,
 pro_name varchar(100) not null,
 pro_price int(20) null,
 primary key(pro_id),
);

Create table user_product(
 sal_no int(11) not null,
 user_id int(11),
 pro_id int(11),
 sal_date date,
 sal_count int(11),
 primary key(sal_no),
 foreign key(pro_id) reference product,
 foreign key(user_id) reference user,
)
```

SQL 표현

다음은 지금까지 살펴본 데이터베이스 설계 단계를 단계별 결과 스키마로 표현한 것이다. 다음 제품 데이터베이스 설계 과정은 논리적 설계 단계와 물리적 설계 단계에서 관계형 데이터베이스 설계 방법을 이용하였으며, 물리적 설계 단계에서는 사용자 중심의 인터페이스 결과를 예로 보이고 있다. 현실 세계의 정보를 컴퓨터에 저장하고 관리할 수 있도록 데이터베이스 설계 과정을 거친다.

잠깐만요

위키피디아에서 데이터베이스 설계에 대한 설명을 살펴보면, 데이터베이스 설계(Database Design)는 데이터베이스의 상세한 자료 모델을 생성하는 과정이다. 이 과정에서 물리 자료 모델은 물리적인 기억장치에 저장하기 위한 모든 파라미터를 포함한다. 물리적인 기억장치에 저장하기 위한 표현 방법은 프로그래밍 언어를 사용할 수도 있지만, 데이터베이스에서는 주로 데이터베이스 관리 시스템이 제공하는 표현 방법인 SQL을 사용한다. 물리적 설계 단계는 데이터베이스 관리 시스템 개발자의 관점에서는 실제 데이터의 저장과 관리(삽입, 삭제, 수정, 접근)를 위한 설계이지만, 전문 사용자의 관점에서는 인터페이스를 통하여 저장과 관리를 위한 표현이다.

표 2-3. 데이터베이스 설계 과정(관계형 데이터베이스 모델)

단계	내용
정보 – 현실세계	• 회사가 가지고 있는 기본 정보에는 제품에 대한 정보와 제품을 납품하는 납품업체에 대한 정보, 제품을 구매하는 사용자에 대한 정보를 가지고 있다. • 회사에는 100종류의 제품 목록이 있으며, 각 제품 목록에는 제품 이름, 제품 가격에 대한 정보를 가지고 있다. • 제품은 50여 개의 업체로부터 납품을 받는다. 납품업체에 대한 업체 이름, 전화번호, 주소 정보를 가지고 있다. • 사용자는 회사 제품을 구매한 고객으로, 구매내역과 고객의 이름, 전화번호 정보만 가지고 있다. 현재 보유하고 있는 사용자 정보는 10만 개 정도이다. • 정보들을 중심으로 데이터베이스를 구축하여 회사 제품 관리, 납품업체 관리, 고객 관리를 편리하게 하고 싶다.
개념 설계 – 외부 스키마 E-R 다이어그램 외부 · 개념 사상	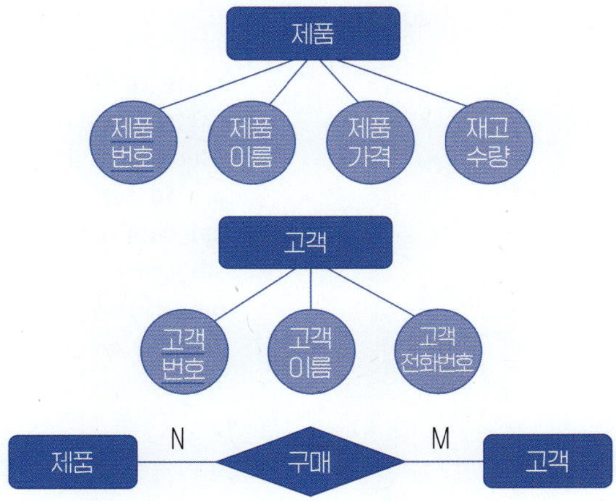
논리 설계 – 관계형 – 개념 스키마 E-R 다이어그램 개념 · 내부 사상	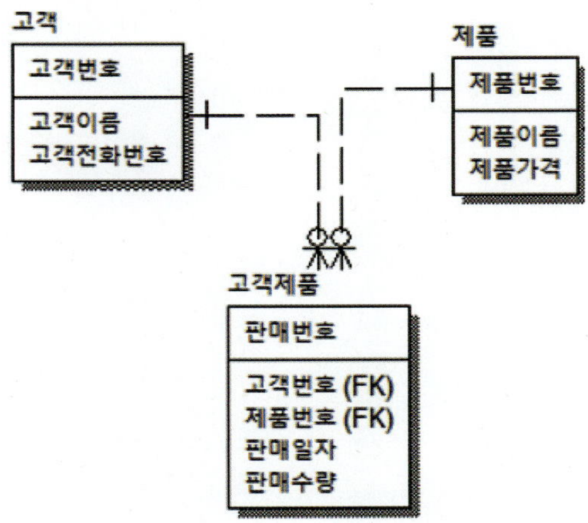

물리 설계 - 관계형 - 내부 스키마(사용자 중심) SQL 표현	Create table user(user_id int(11) not null, user_name varchar(100) not null, user_telno varchar(50) null, primary key(user_id),); Create table product(pro_id int(11) not null, pro_name varchar(100) not null, pro_price int(20) null, primary key(pro_id),); Create table user_product(sal_no int(11) not null, user_id int(11), pro_id int(11), sal_date date, sal_count int(11), primary key(sal_no), foreign key(pro_id) reference product, foreign key(user_id) reference user,)

연습 문제

연습 01

데이터베이스의 특징 3가지를 설명해 보자.

연습 02

데이터베이스 모델의 종류를 나열하고, 각각을 설명해 보자.

연습 03

데이터 모델의 구성요소를 나열하고, 각각을 설명해 보자.

연습 문제

연습 04

다음 문장을 완성해 보자.

“ (   )는 데이터베이스 설계를 통해 생성된 데이터베이스 구조를 말한다. 개념적 데이터 모델의 결과 구조를 (   )로 정의할 수 있으며, 물리적 데이터 모델의 결과 구조를 (   )로 정의할 수 있다.”

연습 05

‘사상’에 대해 설명해 보자.

| 3장 |

관계형 데이터베이스

학습 목표

- 관계형 데이터베이스 설계를 이해한다.
- 관계형 데이터베이스 설계의 구조 정의를 이해한다.
- 관계형 데이터베이스 설계의 연산 종류를 이해한다.
- 관계형 데이터베이스 설계의 제약 조건을 이해한다.
- 관계형 데이터베이스 관리 시스템(DBMS)을 이해한다.
- MySQL과 Workbench 설치 방법을 이해한다.

1 〉 관계형 데이터베이스 설계

관계형 데이터베이스 모델은 데이터베이스 관리가 효율적이고, 데이터베이스 종류와 상관없이 보편적으로 적용하여 데이터베이스를 구축할 수 있어 가장 많이 사용되는 모델이다.

데이터 모델의 구성요소는 구조, 연산, 제약조건이다. 개념 모델, 논리 모델, 물리 모델 모두 구성요소를 정의해야 한다. 데이터베이스 설계는 정의된 데이터 모델을 기반으로 하기 때문에 데이터 모델의 세 가지 구성요소인 구조, 연산, 제약조건을 모두 정의해야 한다.

이번 장에서는 논리 모델 방법 중에서도 관계형 데이터베이스를 중심으로 구조, 연산, 제약조건을 살펴본다.

- **관계형 데이터베이스 구조** : 관계형 데이터베이스에서 정의하는 구조와 구조를 정의하기 위해 사용하는 명칭, 구조를 정의하는 방법을 알아본다.
- **관계형 데이터베이스 연산** : 관계형 데이터베이스에서 정의하는 연산의 종류와 의미를 알아본다.
- **관계형 데이터베이스 제약조건** : 관계형 데이터베이스에서 정의하는 제약조건의 종류와 역할을 알아본다.

1.1 관계형 데이터베이스 구조

데이터 모델의 구성요소 중 '구조'에 대해 알아보자.

관계형 데이터베이스에서 정의하는 구조를 알아보기 위하여 먼저 개체와 관계를 정의하는 방법을 알아보자. 관계형 데이터베이스는 개념 설계에서 정의한 개체와 개체가 갖는 속성, 관계를 표현하기 위하여 다음과 같은 용어로 재정의한다.

릴레이션

릴레이션(Relation)=테이블(Table)

관계형 데이터베이스에서 모든 개체는 '릴레이션(Relation)=테이블(Table)'로 정의된다. 릴레이션은 테이블과 같은 의미이므로 어떤 단어를 사용해도 상관없다. 본 교재에서는 정의 단어를 '릴레이션'으로 사용하겠다. 릴레이션은 릴레이션 이름, 릴레이션 스키마, 릴레이션 인스턴스로 구성된다.

릴레이션(TABLE) 이름

고객 릴레이션 = 고객 테이블

고객 번호	고객 이름	고객 전화번호
1	김춘추	123-1234
2	장영실	000-0000
3	최무선	111-1111
4	문익점	555-5555
5	정몽주	333-3333
6	황희	444-4444
7	문익점	777-7777
8	조식	888-8888
9	최무선	222-2222
10	성삼문	999-9999

속성(COLUMN)
릴레이션 스키마
튜플(RECORD)
데이터
릴레이션 인스턴스

릴레이션 스키마는 릴레이션 구조와 같은 의미이지만, 데이터베이스 구조에서 사용되는 '구조'와 구분하기 위하여 릴레이션에서는 스키마 용어를 일반적으로 사용한다.

릴레이션 스키마는 릴레이션을 구성하는 속성들이다. '고객 릴레이션'의 스키마는 '고객 번호', '고객 이름', '고객 전화번호'이다.

릴레이션 인스턴스는 고객 릴레이션에 저장된 데이터 전체를 의미한다.

잠깐만요

제품 데이터베이스에서 데이터베이스 스키마가 무엇인지 질문했을 때 구체적인 조건이 없다면 일반적으로 관계형 데이터베이스를 기본으로 관계형 데이터베이스 E-R 다이어그램을 답변으로 제시한다. 이때 고객 릴레이션에 대한 스키마가 무엇인지 물어보면, 고객 릴레이션을 정의하고 있는 고객 릴레이션의 속성들을 답변으로 제시한다. 스키마는 무엇의 구조인지 잘 이해하고 정의해야 한다.

속성=열=필드

속성의 개수=치수(Degree)=3

튜플=행=레코드

튜플의 개수=인스턴스 크기 카디날리티(Cardinaliy)=10

고객 번호	고객 이름	고객 전화번호
1	김춘추	123-1234
2	장영실	000-0000
3	최무선	111-1111
4	문익점	555-5555
5	정몽주	333-3333
6	황희	444-4444
7	문익점	777-7777
8	조식	888-8888
9	최무선	222-2222
10	성삼문	999-9999

도메인

- 속성(Attribute) = 열 = 필드(Field)
- 튜플(Tuple) = 행 = 레코드(Record), 도메인(Domain)

릴레이션은 속성과 튜플로 구성된다. 속성(Attribute)은 '열', '필드(Field)'라고도 하며, 릴레이션 스키마를 정의하는 요소이다. 튜플(Tuple)은 '행', '레코드(Record)'라고도 하며, 릴레이션 인스턴스에 포함된 릴레이션 스키마로 정의된 데이터의 묶음이다.

속성의 개수를 '차수(Degree)'라고 하며, 고객 릴레이션의 차수는 '3'이다. 튜플의 개수는 릴레이션 인스턴스의 크기와 같고 '카디날리티(Cardinality)'라고 하며, 고객 릴레이션의 카디날리티는 '10'이다.

도메인(Domain)은 각 속성에 저장된 데이터들의 저장 형식을 말한다. 예를 들어, '1', '2', '3' 등 고객 번호 속성에 저장된 데이터는 모두 같은 도메인을 갖고 숫자 도메인 형식으로 저장된다. '김춘추', '장영실' 등 고객 이름 속성에 저장된 데이터는 문자 도메인 형식으로 저장된다. '123 - 1234', '000 - 0000' 등 고객 전화번호 속성에 저장된 데이터는 문자 도메인 형식으로 저장된다.

릴레이션 특징과 정규화

릴레이션 스키마와 릴레이션 인스턴스의 특징을 가지기 위해 정의하는 요소인 키(Key)와 정규화(Normalization)를 알아보자.

릴레이션 특징

관계형 데이터베이스 구조를 정의할 때 다음과 같은 여러 가지 특징을 갖는다.

릴레이션 스키마의 특징

- 릴레이션에 정의된 속성의 순서는 중요하지 않다.
- 릴레이션에 포함된 튜플의 순서는 중요하지 않다.
- 릴레이션 이름, 속성 이름은 중복될 수 없다.

릴레이션 인스턴스의 특징

- 한 릴레이션에 포함된 모든 튜플은 다르다.
- 릴레이션은 시간에 따라 변한다.
- 릴레이션에는 원자값이 저장되어야 한다.

릴레이션 스키마에 대한 특징을 하나씩 살펴보자.
릴레이션에 포함된 속성들의 순서와 상관없이 같은 릴레이션 스키마로 정의된다. 튜플의 순서는 기억장치에 저장되는 순서이다. 저장된 릴레이션의 튜플을 출력하면 저장된 순서로 출력된다.

릴레이션 이름과 한 릴레이션에 정의되는 속성의 이름은 중복될 수 없다. 한 데이터베이스에서 같은 릴레이션 이름을 갖도록 설계할 수 없으며, 한 릴레이션에 포함된 속성들의 이름은 모두 달라야 한다. 다른 릴레이션의 속성 이름과의 중복은 상관없다.

릴레이션 인스턴스에 대한 특징을 하나씩 살펴보자.

한 릴레이션에 포함된 모든 튜플은 다르다는 특징을 유일하게 구분할 수 있는 속성이 반드시 하나 이상 포함되어야 한다. 튜플을 유일하게 구분하는 속성을 키 속성이라고 하며, 모든 릴레이션에는 키 속성이 하나 이상 반드시 있어야 한다.

릴레이션의 튜플은 삽입, 삭제, 수정 등 데이터베이스 조작을 통해 시간에 따라 변한다. '릴레이션은 시간에 따라 변한다.'는 것은 '릴레이션 튜플의 개수가 변한다.', '릴레이션 카디날리티의 크기가 변한다.'와 같은 의미이다. 릴레이션이 시간에 따라 변하기 때문에 무결성을 유지하기 위하여 여러 가지 제약 조건이 필요하다.

속성에 저장되는 데이터는 더 이상 쪼갤 수 없는 원자값을 저장해야 한다. 즉, 원자값은 하나의 속성에 저장되는 데이터의 개수가 1개라는 의미이다.

릴레이션의 특징이 포함된 관계형 데이터베이스를 생성하기 위하여 키(Key)의 정의와 릴레이션 정규화가 필요하다.

키

키(key)는 릴레이션의 '한 릴레이션에 저장된 모든 튜플은 다르다.'는 특징을 정의하기 위해 사용된다. 관계형 데이터베이스 설계에서 키 속성을 정의하는 것은 아주 중요하다. 관계형 데이터베이스에서 '키'는 다음과 같은 두 가지 역할을 한다.

- 릴레이션의 튜플을 유일하게 구분하는 역할
- 릴레이션 간의 관계를 정의하는 역할

릴레이션의 튜플을 유일하게 구분하는 역할의 키를 '기본 키(Primary Key)'라고 하며, 릴레이션 간의 관계를 정의하는 역할의 키를 '외래 키(Foreign Key)'라고 한다.

❶ 기본 키

기본 키(Primary Key)는 가장 적은 개수의 속성으로 정의되어야 한다는 '최소성'과 튜플을 유일하게 구분해야 한다는 '유일성' 특징을 갖는다.

모든 릴레이션이 '주민등록번호'나 '학번'같은 명확한 기본 키 속성을 가지지 않는다. 관계형 데이터베이스 설계에서는 여러 가지 속성들 중에서 키의 특징을 갖도록 하는 기본 키 속성을 결정하기 위해 다음과 같은 키의 종류와 방법을 제안한다.

관계형 데이터베이스에서 정의할 수 있는 키는 수퍼 키, 후보 키, 대체 키, 기본 키가 있다.

'수퍼 키'는 릴레이션을 구성하는 속성 중에서도 유일하게 튜플을 구분할 수 있는 속성들의 집합이다. 수퍼 키는 키의 특징 중 유일성은 만족하나, 최소성을 만족하지 못하는 키이다.

수퍼 키 중에서 최소성을 만족하도록 다시 선택한 속성들을 '후보 키'라고 한다.

다음과 같은 고객 릴레이션이 있다고 가정해 보자.

고객

고객 번호	고객 이름	고객 전화번호	고객 주민번호	고객 주소
1	김춘추	123-1234	9999-9999	서울
2	장영실	000-0000	8888-8888	대전
3	최무선	111-1111	7777-7777	대구
4	문익점	555-5555	2222-2222	부산
5	정몽주	333-3333	3111-3111	서울

수퍼 키는 유일성을 갖는 속성들의 집합이므로, 고객 릴레이션에서 다음과 같이 여러 가지 수퍼 키를 정의할 수 있다.

수퍼 키 (고객 번호, 고객 이름, 고객 전화번호, 고객 주민번호, 고객 주소)
(고객 이름, 고객 전화번호, 고객 주민번호)
(고객 이름, 고객 전화번호, 고객 주소)
…

수퍼 키로 선정된 속성들의 집합들에서 공통적으로 가장 많이 포함된 속성만을 찾아 최소성 특징을 갖도록 후보 키를 선정한다. 유일성과 최소성을 갖도록 다시 정의한 후보 키는 다음과 같이 찾을 수 있다.

후보 키 (고객 번호, 고객 주민번호)

후보 키 속성들 중에서 기본 키 속성을 결정할 수 있다. 이때 기본 키 속성으로 결정되지 않은 다른 속성들은 대체 키가 된다. 대체 키는 후보 키가 두 개 이상일 때 기본 키로 선정되지 않은 후보 키를 의미하며, 보조 키라고도 한다.

기본 키 (고객 번호)
대체 키 (고객 주민번호)

그림 3-1. 수퍼 키, 후보 키, 기본 키, 대체 키

잠깐만요

하나 이상의 속성으로 정의된 기본 키를 '복합 키'라고 한다.

❷ 외래 키

외래 키(Foreign Key)는 릴레이션의 관계를 정의하는 역할을 하는 '키'이다. 관계형 데이터베이스 설계에서는 관계가 릴레이션 스키마에 포함되며, 외래 키 속성으로 정의된다. 다음 고객 릴레이션에는 제품을 구매한 고객의 정보와 제품에 대한 정보가 함께 저장되도록 설계되었다. 단, 다음 예제의 데이터베이스는 한

명의 고객이 반드시 하나의 제품만 구매할 수 있고, 한 번만 구매할 수 있는 조건으로 설계된 데이터베이스이다.

고객

고객 번호	고객 이름	고객 전화번호	고객 주민번호	고객 주소	제품 이름	제품 가격
1	김춘추	123-1234	9999-9999	서울	모니터	10,000
2	장영실	000-0000	8888-8888	대전	모니터	10,000
3	최무선	111-1111	7777-7777	대구	프린터	8,000
4	문익점	555-5555	2222-2222	부산	마우스	1,500
5	정몽주	333-3333	3111-3111	서울	모니터	10,000

제품

제품 번호	제품 이름	제품 가격
1001	모니터	10,000
1002	카메라	18,000
1003	프린터	8,000
1004	마우스	1,500
1005	스피커	2,500

중복 저장

고객

외래 키

고객 번호	고객 이름	고객 전화번호	고객 주민번호	고객 주소	제품 번호
1	김춘추	123-1234	9999-9999	서울	1001
2	장영실	000-0000	8888-8888	대전	1001
3	최무선	111-1111	7777-7777	대구	1003
4	문익점	555-5555	2222-2222	부산	1004
5	정몽주	333-3333	3111-3111	서울	1001

제품

제품 번호	제품 이름	제품 가격
1001	모니터	10,000
1002	카메라	18,000
1003	프린터	8,000
1004	마우스	1,500
1005	스피커	2,500

고객이 제품을 구매하면 고객 릴레이션에 고객 정보와 제품 정보를 고객 릴레이션에 저장된다. 이때 다른 고객이 같은 제품을 구매하여 고객 릴레이션의 제품 이름과 제품 가격이 중복되어 저장되는 것을 알 수 있다. 따라서 고객 릴레이션에 포함된 제품 이름 속성과 제품 가격 속성 대신에 제품 번호 속성을 고객 릴레이션 스키마에 추가하여 중복을 최소화할 수 있다. 고객 릴레이션 스키마에 추가된 제품 번호 속성으로 제품 릴레이션에 저장된 제품 이름과 제품 가격 정보를 찾을 수 있다. 속성값으로 다른 릴레이션에 저장된 정보를 찾을 수 있는 것을 관계형 데이터베이스에서는 '두 릴레이션의 관계'로 정의하며, 찾을 때 사용되는 속성을 '외래 키'라고 한다.

릴레이션 정규화

무결성이 높은 릴레이션은 삽입, 삭제, 수정 등의 조작으로 릴레이션에 저장된 값이 변하여도 문제가 발생하지 않는 것을 의미한다. 무결성이 낮아 릴레이션 조작으로 생기는 문제를 **이상**(Anomaly) **현상**이라고 한다.

이상 현상에는 수정 이상, 삽입 이상, 삭제 이상이 있다. **수정 이상**은 릴레이션에 저장된 데이터를 수정할 때 발생하는 이상 현상이며, **삽입 이상**은 릴레이션에 저장된 데이터를 삽입할 때 발생하는 이상 현상, **삭제 이상**은 릴레이션에 저장된 데이터를 삭제할 때 발생하는 이상 현상으로 중복 저장한 데이터가 있거나, 릴레이션의 스키마가 잘못 설계되었을 때 발생할 수 있다.

릴레이션 정규화(Normalization)는 이러한 이상 현상이 생기지 않기 위해 릴레이션 스키마를 설계하는 과정이다. 또한 릴레이션 정규화는 릴레이션에 저장되는 튜플의 중복을 최소화하는 과정이다. 릴레이션 정규화를 통해 릴레이션 스키마가 확정되는데, 확정된 릴레이션 스키마를 **정규형**(Normal Form, NF)이라고 한다.

릴레이션 정규화는 데이터베이스의 무결성을 높이고, 기억장치의 저장 공간의 효율성을 높이기 위한 과정이다.

릴레이션 정규화에는 제1 정규화, 제2 정규화, 제3 정규화, BCNF 정규화, 제4 정규화, 제5 정규화가 있다. 각각의 정규화는 1부터 5까지 순서대로 이루어지며, 순서가 높아질수록 릴레이션에서 발생하는 이상 현상이 적어져 무결성이 높아진다. 제1 정규화된 릴레이션을 제1 정규형이라고 하고, 제2 정규화된 릴레이션을 제2 정규형이라고 하며, 제1 정규형 릴레이션은 제2 정규형 릴레이션보다 무결성이 높다고 할 수 있다. 다음은 정규형의 관계를 그림으로 나타낸 것이다.

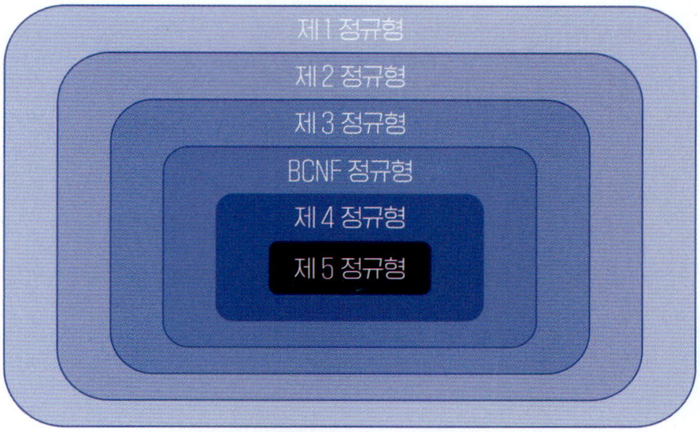

그림 3-2. 정규형 관계

일반적으로 가장 많이 고려되는 세 가지 정규형을 간단하게 살펴보자. 다음은 제1 정규형, 제2 정규형, 제3 정규형의 의미를 정리한 표이다.

정규형	정규화	의미
제1 정규형(1NF)	제1 정규화되었다.	릴레이션에 속한 모든 도메인에 저장된 데이터는 원자값이다.
제2 정규형(2NF)	제2 정규화되었다.	1NF고 한 릴레이션에 속한 모든 속성들은 각각 키 속성으로 유일하게 구분되어야 한다.
제3 정규형(3NF)	제3 정규화되었다.	2NF고 릴레이션에 속한 모든 속성들의 관계가 같아야 한다.

제1 정규형은 1NormalForm을 줄여서 1NF라고 하며, '제1 정규화가 되었다.'고 할 수 있다. 1NF는 릴레이션에 속한 모든 도메인에 저장된 데이터가 원자값인 릴레이션이다. 다음 예제에서 고객 릴레이션에 포함된 구매 제품 속성 도메인에 저장된 데이터를 보면, 한 도메인에 두 개의 데이터가 함께 포함되어 있는 것을 알 수 있다. 이렇게 정의되어 있는 릴레이션은 제1 정규화가 필요하며, 제1 정규화를 마치고 나면 모든 도메인의 값이 원자값인 1NF 릴레이션이 생성된다.

고객 번호	고객 이름	고객 전화번호	구매 제품	납품업체명
1	김춘추	123-1234	모니터, 카메라	가업체, 나업체
2	장영실	000-0000	프린터	다업체
3	최무선	111-1111	마우스, 프린터	라업체, 다업체
4	문익점	555-5555	모니터	가업체
5	정몽주	333-3333	스피커, 프린터	마업체, 다업체

원자값이 아님 - 제1 정규화 필요

제1 정규화

고객 번호	고객 이름	고객 전화번호	제품 이름	납품업체명
1	김춘추	123-1234	모니터	가업체
1	김춘추	123-1234	카메라	나업체
2	장영실	000-0000	프린터	다업체
3	최무선	111-1111	마우스	라업체
3	최무선	111-1111	프린터	다업체
4	문익점	555-5555	모니터	가업체
5	정몽주	333-3333	스피커	마업체
5	정몽주	333-3333	프린터	다업체

제1 정규형(1NF)

그림 3-3. 제품 데이터베이스 초기 릴레이션과 1NF 릴레이션

제2 정규형은 '제2 정규화 되었다.'고 할 수 있다. 2NF는 1NF고 한 릴레이션에 속한 모든 속성들은 각각 키 속성으로 유일하게 구분되어야 한다. 다음 예제에서 고객 번호를 키 속성으로 정의했을 때, 키 속성으로는 다른 속성의 값들을 유일하게 구분해 주어야 한다. 다음 고객 릴레이션의 경우 고객 번호로 고객 이름, 고객 전화번호는 유일하게 구분된다. 즉, '1' 값으로 고객 이름은 '김춘추'만 유일하게 찾아주며, '1' 값으로 '123-1234'만 유일하게 찾아준다. 하지만 고객 번호로 제품 이름은 유일하게 구분되지 못해 '1' 값으로 '모니터'와 '카메라'를 동시에 찾는 것을 알 수 있다. 이러한 경우 구매 제품 속성은 키 속성으로 값을 유일하게 구분하지 못하며, 제2 정규화가 필요하다. 제2 정규화를 마치고 나면 릴레이션이 나누어져 2NF 릴레이션이 생성된다.

고객 번호 (기본 키)로 고객이름, 고객 전화번호만 유일하게 구분
제품 이름은 유일하게 구분하지 못함

고객 번호	고객 이름	고객 전화번호	제품 이름	납품업체명
1	김춘추	123-1234	모니터	가업체
1	김춘추	123-1234	카메라	나업체
2	장영실	000-0000	프린터	다업체
3	최무선	111-1111	마우스	라업체
3	최무선	111-1111	프린터	다업체
4	문익점	555-5555	모니터	가업체
5	정몽주	333-3333	스피커	마업체
5	정몽주	333-3333	프린터	다업체

제2 정규화

고객 번호	고객 이름	고객 전화번호
1	김춘추	123-1234
2	장영실	000-0000
3	최무선	111-1111
4	문익점	555-5555
5	정몽주	333-3333

제품 번호	제품 이름	납품업체명
1001	모니터	가업체
1002	카메라	나업체
1003	프린터	다업체
1004	마우스	라업체
1005	스피커	마업체

제2 정규형 (2NF)

2NF에서 생성된 릴레이션은 데이터베이스에서는 모든 데이터가 유일해야 하는 특징을 가지므로, 각각 다음과 같은 릴레이션으로 확정된다.

고객

고객 번호	고객 이름	고객 전화번호
1	김춘추	123-1234
2	장영실	000-0000
3	최무선	111-1111
4	문익점	555-5555
5	정몽주	333-3333

제품

제품 번호	제품 이름	제품 가격
1001	모니터	가업체
1002	카메라	나업체
1003	프린터	다업체
1004	마우스	라업체
1005	스피커	마업체

제3 정규형은 '제3 정규화 되었다.'고 할 수 있다. 3NF는 2NF고 한 릴레이션에 속한 모든 속성들의 관계가 같아야 한다. 다음 예제에서 고객 릴레이션은 제2 정규화로 정규화가 완료되었다. 제2 정규화의 생성된 새로운 릴레이션을 보면 고객 번호와 제품 이름은 '구매'라는 관계로 연결되는 속성이며, 제품 이름과 납품 업체명은 '납품'이라는 관계로 연결되는 속성임을 알 수 있다. 이러한 경우 제3 정규화가 필요하며, 제3 정규화를 마치고 나면 릴레이션이 나누어져 3NF 릴레이션이 생성된다.

고객 번호	고객 이름	고객 전화번호
1	김춘추	123-1234
2	장영실	000-0000
3	최무선	111-1111
4	문익점	555-5555
5	정몽주	333-3333

→ 정규화 완료

제품 번호	제품 이름	납품업체명
1001	모니터	가업체
1002	카메라	나업체
1003	프린터	다업체
1004	마우스	라업체
1005	스피커	마업체

서로 관계가 다른 속성들이 한 릴레이션에 포함됨

→ 제3 정규화

제품 번호	제품 이름
1001	모니터
1002	카메라
1003	프린터
1004	마우스
1005	스피커

납품업체명
가업체
나업체
다업체
라업체
마업체

제3 정규형 (3NF)

3NF에서 생성된 릴레이션은 데이터베이스에서 모든 데이터가 유일해야 하는 특징을 만족하고 있으므로 확정된다. 이때 업체 이름이 같은 업체가 없으므로 키 속성의 역할을 할 수 있지만, 이후에 같은 이름의 업체가 들어올 수 있으므로 일반적으로 키 속성을 업체 이름과 같은 속성으로 지정하지 않는다. 따라서 업체 번호 키 속성을 하나 추가하여 다음과 같은 릴레이션으로 확정할 수 있다.

고객

고객 번호	고객 이름	고객 전화번호
1	김춘추	123-1234
2	장영실	000-0000
3	최무선	111-1111
4	문익점	555-5555
5	정몽주	333-3333

제품

제품 번호	제품 이름
1001	모니터
1002	카메라
1003	프린터
1004	마우스
1005	스피커

거래처

업체 번호	납품업체명
2001	가업체
2002	나업체
2003	다업체
2004	라업체
2005	마업체

그렇다면 다시 처음으로 돌아가 최초 릴레이션은 어떻게 정의된 것일까? 최초 릴레이션은 개념적 데이터베이스 설계에서 정의한 1:N(일대다) 관계와 N:N(다대다) 관계에서 생긴 것이다.*

정규화하기 전 최초 릴레이션과 제1 정규화를 마친 1NF 릴레이션을 다시 한번 살펴보자.

표 3-1. 제품 데이터베이스 초기 릴레이션과 1NF 릴레이션

고객 번호	고객 이름	고객 전화번호	구매 제품	납품 업체명
1	김춘추	123-1234	모니터, 카메라	가업체, 나업체
2	장영실	000-0000	프린터	다업체
3	최무선	111-1111	마우스, 프린터	라업체, 다업체
4	문익점	555-5555	모니터	가업체
5	정몽주	333-3333	스피커, 프린터	마업체, 다업체

고객 번호	고객 이름	고객 전화번호	제품 이름	납품 업체명
1	김춘추	123-1234	모니터	가업체
1	김춘추	123-1234	카메라	나업체
2	장영실	000-0000	프린터	다업체
3	최무선	111-1111	마우스	라업체
3	최무선	111-1111	프린터	다업체
4	문익점	555-5555	모니터	가업체
5	정몽주	333-3333	스피커	마업체
5	정몽주	333-3333	프린터	다업체

개념적 데이터베이스 설계에서 생성된 객체를 모두 하나의 릴레이션으로 생성하는 것이 아니라, 하나의 릴레이션에 포함시킨 후 관계형 데이터베이스 설계에서

체크 포인트

* 반대로 실제 현실세계의 정보를 보고 개념적 데이터베이스 설계에서 관계를 정의할 수도 있다.

정의한 릴레이션과 속성의 특징에 맞도록 정규화 과정을 거쳐 릴레이션을 생성하는 것이다.**

개념적 데이터베이스 설계에서 정의한 고객 객체, 제품 객체, 거래처 객체의 관계를 다음과 같이 정의했기 때문에 그림과 같은 제품 데이터베이스 최초 릴레이션이 생성되는 것이다.

제품 객체와 고객 객체의 관계는 N:M(다대다) 관계로 정의되었으므로, 제품 데이터베이스의 최초 릴레이션에 보면, 한명의 고객이 여러 개의 제품을 구매하여 구매제품에 구매한 모든 제품 이름이 포함되었고, 1NF에서는 고객이 제품을 구매할 때마다 튜플로 저장되는 것이다.*** 1NF 릴레이션은 중복 데이터가 많고, 하나의 릴레이션에 포함된 튜플의 유일성도 보장되지 않으므로, 데이터베이스에 저장된 데이터들이 무결하다고 할 수 없다.****

이와 같이 개념적 데이터베이스 설계에서 정의된 외부 스키마를 바탕으로 높은 무결성과 낮은 반복성을 갖는 데이터베이스를 논리적 데이터베이스 설계에서 정의해야 한다. 여러 가지 논리적 데이터베이스 설계 종류 중 하나인 관계형 데이터베이스에서는 정규화 과정을 통해 데이터의 반복을 줄이고 무결성을 높이는 릴레이션 스키마를 생성할 수 있다.

하지만 생성된 고객 릴레이션, 제품 릴레이션, 거래처 릴레이션에는 초기 릴레이션에 포함된 정보인 어떤 고객이 어떤 제품을 샀는지, 제품을 납품한 업체가 누구인지에 대한 정보가 저장되지 않은 것을 알 수 있다.

체크 포인트

** 개념적 데이터베이스 설계에서 정의한 개체가 관계형 데이터베이스 설계에서 반드시 릴레이션으로 정의되는 것이 아니다.

*** 릴레이션 스키마로 정의된다는 의미는 릴레이션에 저장할 수 있다는 의미이다.

**** 삽입, 삭제, 수정 시 문제가 발생한다.

관계형 데이터베이스에서는 이러한 관계에 대한 정보를 새로운 릴레이션으로 정의하여 생성한다. 고객과 제품은 '구매하다'는 관계를 갖고, '구매하다' 관계에서는 '언제', '얼마나'라는 새로운 정보가 포함된다. 관계에서 생성된 릴레이션은 다음과 같다.

표 3-2. 관계에서 생성된 구매 릴레이션과 납품 릴레이션

구매

납품 번호	제품 번호	업체 번호	납품 일자	납품 수량
4001	1004	2004	2021.4.6	30
4002	1001	2001	2021.10.15	100
4003	1005	2005	2021.11.24	100
4004	1003	2003	2022.3.5	20
4005	1002	2002	2022.3.21	35
4006	1001	2001	2022.2.15	15
4007	1005	2005	2022.5.6	15

납품

구매 번호	고객 번호	제품 번호	구매 일자	구매 수량
3001	1	1001	2022.7.4	1
3002	1	1002	2022.7.4	1
3003	2	1003	2022.9.1	1
3004	3	1004	2022.9.29	5
3005	3	1003	2022.1.24	2
3006	4	1001	2022.2.22	2
3007	5	1005	2022.1.5	1
3008	5	1003	2022.10.17	1

잠깐만요

정규화의 함수적 종속관계 표현

정규화는 속성들의 관계를 간단하게 수식화하기 위하여 함수적 종속관계로 정의한다. '유일하게 구분할 수 있다.'를 '함수 종속이다.'라고 표현하며, 기호로는 '—〉'로 표현할 수 있다. 본문 예시에서 고객 번호 속성과 고객 이름 속성은 함수 종속 관계이며, 고객 번호가 키 속성이고, 고객 이름이 일반 속성이므로, 일반 속성은 키 속성에 함수적으로 종속되어 있다고 한다. 따라서 제2 정규화는 모든 속성이 키 속성에 함수적 종속관계인지 확인하는 과정이며, 2NF 릴레이션에 속한 모든 속성은 키 속성에 함수 종속관계이다.

고객 번호	고객 이름	고객 전화번호	제품 이름	납품업체명
1	김춘추	123-1234	모니터	가업체
1	김춘추	123-1234	카메라	나업체
2	장영실	000-0000	프린터	다업체
3	최무선	111-1111	마우스	라업체
3	최무선	111-1111	프린터	다업체
4	문익점	555-5555	모니터	가업체
5	정몽주	333-3333	스피커	마업체
5	정몽주	333-3333	프린터	다업체

제2 정규화

고객 번호	고객 이름	고객 전화번호
1	김춘추	123-1234
2	장영실	000-0000
3	최무선	111-1111
4	문익점	555-5555
5	정몽주	333-3333

제품 번호	제품 이름	납품업체명
1001	모니터	가업체
1002	카메라	나업체
1003	프린터	다업체
1004	마우스	라업체
1005	스피커	마업체

제2 정규형 (2NF)

고객 번호 (기본 키)로 고객 이름, 고객 전화번호만 유일하게 구분
제품 이름은 유일하게 구분하지 못함

고객 이름은 고객 번호에 함수적으로 종속되어 있다.

고객 번호 → 고객 이름

고객 전화번호는 고객 번호에 함수적으로 종속되어 있다.

고객 번호 → 고객 전화번호

제품 이름과 납품업체 이름은 고객 번호에 함수적으로 종속되어 있지 않다.

2NF 릴레이션에서 생기는 서로 관계가 다른 속성들에 대한 문제는 함수적 종속관계로 '이행적 함수관계'로 표현한다. 따라서 제3 정규형은 이행적 함수관계를 확인하고 제거하는 과정이며, 3NF 릴레이션에 속한 모든 속성에는 이행적 함수관계가 존재하지 않는다.

정규화 완료

고객 번호	고객 이름	고객 전화번호
1	김춘추	123-1234
2	장영실	000-0000
3	최무선	111-1111
4	문익점	555-5555
5	정몽주	333-3333

제품 번호	제품 이름	납품업체명
1001	모니터	가업체
1002	카메라	나업체
1003	프린터	다업체
1004	마우스	라업체
1005	스피커	마업체

서로 관계가 다른 속성들이 한 릴레이션에 포함됨

제3 정규화

제품 번호	제품 이름	납품업체명
1001	모니터	가업체
1002	카메라	나업체
1003	프린터	다업체
1004	마우스	라업체
1005	스피커	마업체

제3 정규형 (3NF)

납품업체 이름 속성은 제품 번호 속성과 제품 이름 속성에
이행적 함수 종속관계를 갖는다.

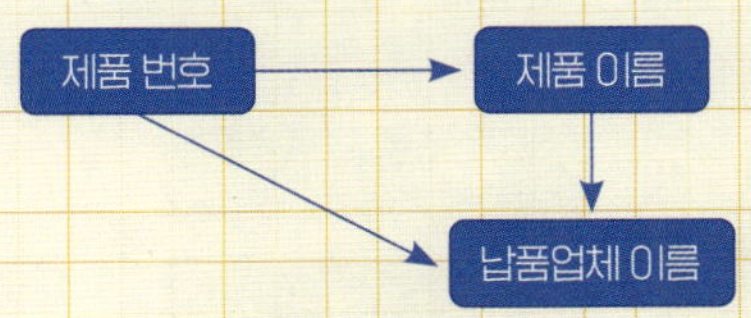

관계형 데이터베이스 E-R 다이어그램

정규화를 통해 생성된 제품 데이터베이스의 릴레이션을 E-R 다이어그램으로 표현하면 다음과 같다. 관계형 데이터베이스 E-R 다이어그램은 릴레이션 스키마와 관계로 표현된다.

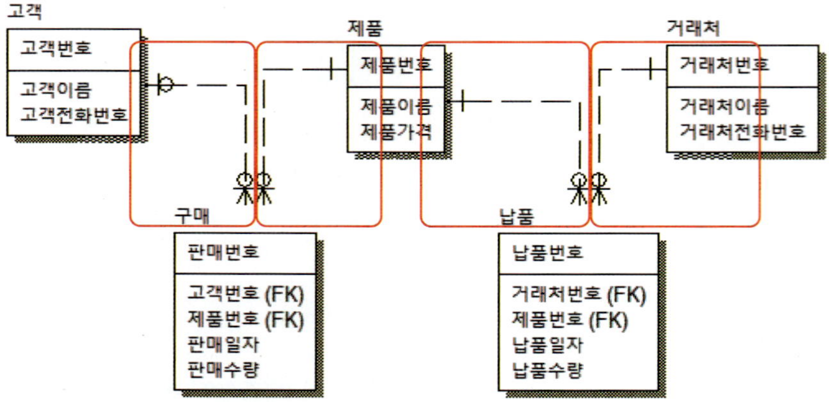

그림 3-4. 제품 데이터베이스 관계형 E-R 다이어그램

관계형 데이터베이스 E-R 다이어그램 표현

관계형 데이터베이스 E-R 다이어그램은 릴레이션과 관계로 구성된다. 각각의 표현 방법을 알아보자.

❶ 릴레이션

릴레이션은 릴레이션 이름, 릴레이션 기본 키, 릴레이션 일반 속성으로 표현한다. 사각 박스 위에 릴레이션 이름을 정의하고, 사각 박스는 두 부분으로 나누어져 위쪽에는 릴레이션 기본 키 속성을 정의한다. 사각 박스 아랫부분은 릴레이션에 포함되는 일반 속성들을 정의할 수 있다.

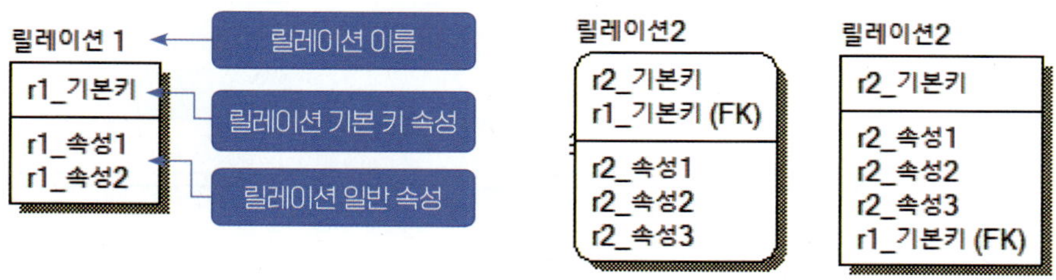

그림 3-5. 릴레이션 E-R 다이어그램

기본 키는 한 개 이상으로 정의할 수 있다. 관계에서 생성되는 외래 키 속성은 속성 이름 옆에 '(FK)'가 포함되며, 이는 'Foreign Key'의 약자로 외래 키인 것을 의미한다.

❷ 관계

관계형 데이터베이스 설계에서 관계를 E-R 다이어그램으로 표현할 때 다음과 같은 기호를 사용한다.

- **가로선(----------)** : 관계가 있는 릴레이션 연결(점선/실선)
- **세로선(|)** : 관계 릴레이션에 포함된 튜플 1개
- **꺾음 기호(〈)** : 관계 릴레이션에 포함된 튜플 2개 이상(여러 개)
- **동그라미(O)** : 관계 릴레이션에 포함된 외래 키 속성의 NOT NULL 조건
  관계 릴레이션에 포함된 튜플의 부재

가로선(--) 기호는 관계가 있는 릴레이션을 연결한 선이며, 점선과 실선이 있다. 릴레이션이 가로선으로 연결되면 반드시 외래 키가 생성된다. 이때 외래 키의 정의에 따라 점선은 약한 관계, 실선은 강한 관계를 표현할 수 있다. 릴레이션에 포함된 외래 키를 일반 속성으로 정의하면 약한 관계라고 하고, 외래 키를 기본 키로 정의하면 강한 관계라고 한다. 외래 키를 일반 속성으로 정의한다는 것은 중복이 가능하여 NULL 값을 저장할 수 있도록 조건을 정의할 수 있다. 이러한 것을 데이터의 '제약조건이 약하다.'라고 표현하여 약한 관계라고 정의한다. 외래 키를 기본 키로 정의한다는 것은 기본 키 제약조건으로 유일성과 NOT NULL 제약조건이 포함되기 때문에 데이터의 '제약조건이 강하다.'라고 표현하여 강한 관계로 정의한다.

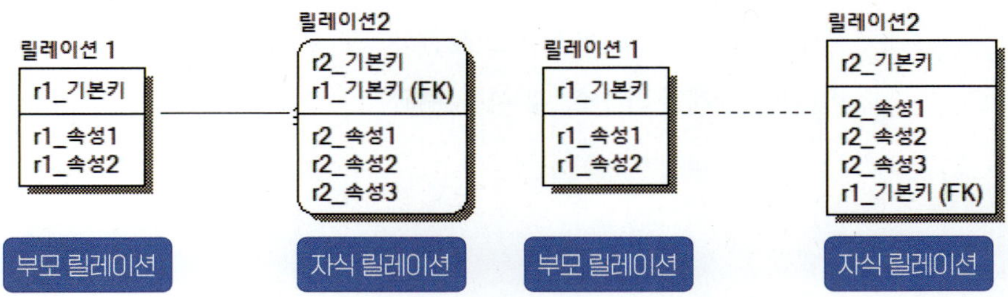

이때 외래 키는 반드시 한쪽에만 릴레이션에만 정의해야 한다. 또한 외래 키 제약조건으로 관계선에 연결된 릴레이션에서 기본 키로 정의된 속성을 외래 키로 정의할 수 있다. 관계형 데이터베이스에서 모든 관계는 '주-종'의 관계로 정의되며 '부모-자식'의 관계로 표현하기도 한다. 이때 외래 키가 포함된 릴레이션이 '자식 릴레이션'이되고, 기본 키로 정의하여 포함하고 있는 릴레이션이 '부모 릴레이션'이 된다.

부모 릴레이션과 자식 릴레이션은 다음과 같은 특징을 갖는다.

부모 릴레이션의 기본 키로는 자식 릴레이션에 포함된 튜플을 찾을 수 없다. 반드시 자식 릴레이션에 포함된 외래 키 속성으로 외래 키 속성을 기본 키로 가지고 있는 릴레이션의 연결된 튜플을 찾을 수 있다. 따라서 부모 릴레이션에서 찾는 튜플은 유일해야 한다.

세로선(|) 기호는 '1'을 의미한다. 관계 릴레이션에 포함된 튜플 1개를 의미한다. 릴레이션이 관계가 있다는 것은 저장된 튜플로 다른 릴레이션에 저장된 튜플을 찾을 수 있다는 의미이므로 '튜플 1개로 찾을 수 있는 튜플의 수', '튜플 1개로 찾을 수 있는 튜플의 수가 1개' 등 두 가지 의미로 정의한다.

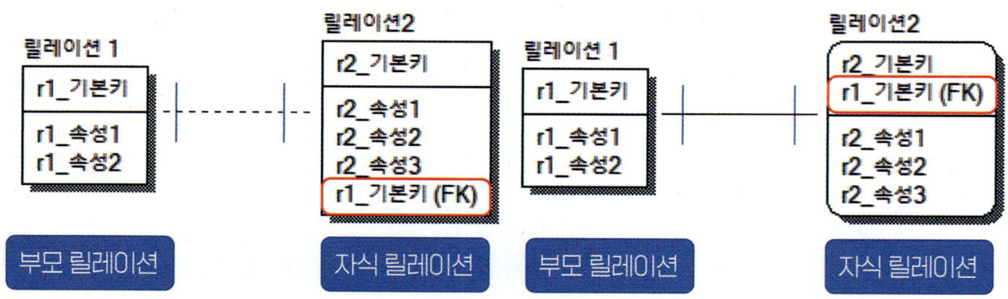

꺾음(〈) 기호는 관계 릴레이션에 포함된 튜플이 2개 이상의 관계를 표현하는 기호로 반드시 자식 릴레이션에 추가된다. '한 개의 부모 튜플이 여러 개의 자식 튜플을 갖는다.'고 의미적으로 표현하기도 한다. 따라서 꺾음 기호는 관계 종류 중 일대다 관계를 표현할 때 사용된다.

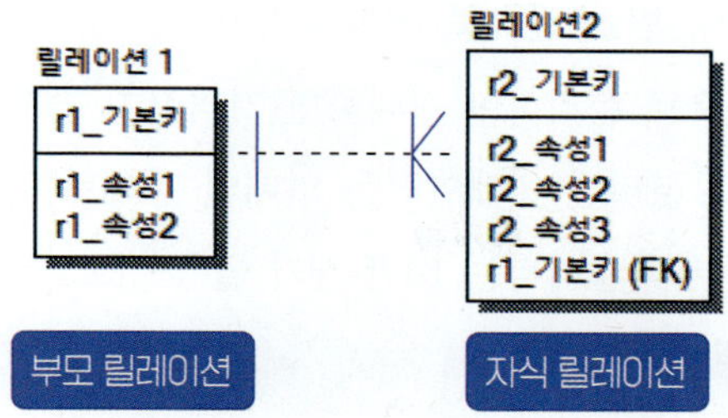

동그라미(O) 기호는 자식 릴레이션에 포함된 외래 키 속성 NOT NULL 조건과 부모 릴레이션에 자식 릴레이션에서 참조되지 않은 튜플의 유무를 표현하는 기호이다.

부모 릴레이션 쪽에 포함된 동그라미는 자식 릴레이션에 포함된 외래 키 속성에 NULL 값을 허용한다는 의미이다.

자식 릴레이션쪽에 포함된 동그라미는 부모 릴레이션에 있는 튜플 중 자식 릴레이션에서 참조하지 않은 튜플이 있다는 의미이다.

관계형 데이터베이스 관계 종류

관계형 데이터베이스 설계에서 정의할 수 있는 관계의 종류에는 '일대일(1:1) 관계'와 '일대다(1:N) 관계', '다대다(N:M) 관계'가 있다. 관계형 데이터베이스 설계에서 다대다 관계는 두 개의 일대다 관계로 다시 정의되어 새로운 관계 릴레이션이 생성된다.

일대일 관계, 일대다 관계, 다대다 관계를 하나씩 살펴보자.

❶ 일대일(1:1) 관계

일대일 관계는 한 릴레이션에 저장된 튜플 하나와 다른 릴레이션에 저장된 튜플이 반드시 하나만 연결되는 관계이다. 일대일 관계에서도 부모 릴레이션과 자식 릴레이션이 정의된다.

만약에 고객 정보가 10만 개 있고, 10만 개의 고객 정보 중 2만 개의 고객만이 고객 주소와 고객 이메일 정보를 갖고 있다고 가정해 보자. 고객1 릴레이션 하나만 정의하여 고객 정보를 저장한다면, 8만 명의 고객 튜플에는 고객 주소와 고객 이메일이 빈 공간으로 저장될 것이다. 이러한 경우 고객1 릴레이션을 두 개 릴레이션으로 분리하여 정의하면 기억장치 공간의 효율성을 높일 수 있다. 이렇게 두 개로 분리된 릴레이션은 일대일 관계로 정의할 수 있다. 분리된 고객1 릴레이션의 카디날리티는 10만 개가 될 것이고, 고객2 릴레이션의 카디날리티는 2만 개가 될 것이다.

고객1

고객번호	고객이름	고객전화번호	고객주소	고객이메일
1	김춘추	123-1234		
2	장영실	000-0000		aaa@aa.net
3	최무선	111-1111		
4	문익점	555-5555	서울시 강남구 개포동	bbb@b.com
5	정몽주	333-3333		
6	황희	444-4444		
7	문익점	777-7777		
8	조식	888-8888	경기도 용인시 기흥구 마북동	cc@ccc.ac.kr
9	최무선	222-2222		
10	성삼문	999-9999		

고객1

고객번호	고객이름	고객전화번호
1	김춘추	123-1234
2	장영실	000-0000
3	최무선	111-1111
4	문익점	555-5555
5	정몽주	333-3333
6	황희	444-4444
7	문익점	777-7777
8	조식	888-8888
9	최무선	222-2222
10	성삼문	999-9999

고객2

고객번호	고객주소	고객이메일
2		aaa@aa.net
4	서울시 강남구 개포동	bbb@b.com
8	경기도 용인시 기흥구 마북동	cc@ccc.ac.kr

다음 그림은 한 개의 고객1 릴레이션을 고객1 릴레이션과 고객2 릴레이션 두 개로 나누고 일대일(1:1) 관계로 정의한 된 E-R 다이어그램이다.

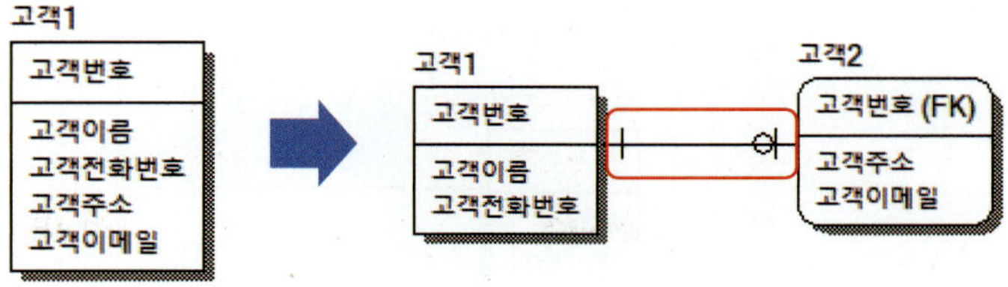

E-R 다이어그램을 통해서 우리는 여러 가지 데이터베이스의 상태를 정의할 수 있다.

- 고객1 릴레이션이 부모 릴레이션이고, 고객2 릴레이션이 자식 릴레이션이다.
- 고객1 릴레이션에 포함된 고객의 수가 실제 고객의 수이다.
- 1명의 고객은 1개의 고객 주소와 1개의 고객 이메일만 등록될 수 있다.
- 고객1에 포함된 고객 중 고객 주소와 고객 이메일 정보가 없는 고객이 포함된다(자식 릴레이션 쪽 동그라미 있음).
- 고객1에 고객 주소와 고객 이메일이 없는 고객을 삽입할 수 있다(자식 릴레이션 쪽 동그라미 있음).
- 고객2 릴레이션에 포함된 고객은 반드시 고객1 릴레이션에 포함된다(부모 릴레이션 쪽 동그라미 없음 - 고객 2 외래 키 NOT NULL 조건).

❷ 일대다(1:N) 관계

일대다 관계는 한 릴레이션에 저장된 튜플 하나와 다른 릴레이션에 저장된 튜플이 하나 이상 연결되는 관계이다. 일대다 관계에서는 한 개의 튜플로 관계를 정의하는 릴레이션이 부모 릴레이션이 되고, 하나 이상의 튜플로 관계를 정의하는 릴레이션이 자식 릴레이션이 된다. 일대다 관계를 E-R 다이어그램에서는 꺾음 기호(〈)로 표현한다.

일대다 관계로 표현된 부서 릴레이션과 사원 릴레이션을 살펴보자. 다음 그림은 부서 릴레이션과 사원 릴레이션의 E-R 다이어그램이다.

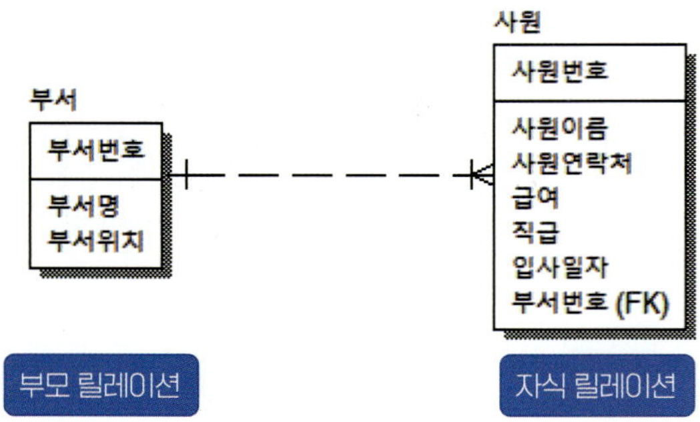

E-R 다이어그램에서 표현된 릴레이션의 관계에서 부서 릴레이션이 부모 릴레이션이고, 사원 릴레이션이 자식 릴레이션으로 정의된 것을 알 수 있다. 이때 사원 릴레이션에 꺾음 기호(〈)가 포함되어 있고, 다음과 같은 관계가 포함된다.

부서 : 사원 = = 1 : N = = 일대다

- 하나의 부서에 소속된 사원은 2명 이상이다(N명).
- 한명의 사원이 소속된 부서는 반드시 1개이다.

첫 번째는 부서를 중심으로 소속된 관계를 정의한 의미이며, 두 번째는 사원을 중심으로 소속된 관계를 정의한 의미이다.

E-R 다이어그램으로 정의된 대로 생성한 데이터베이스에 실제 저장된 예시를 살펴보자.

부서번호	부서명	부서위치
101	관리부	한국
102	기획부	미국
103	개발부	중국
104	영업부	영국

튜플 1개

사원번호	사원이름	사원연락처	급여	직급	입사일자	부서번호
90001	김춘추	123-1234	5,000	사원	23.01.05	104
90002	장영실	000-0000	7,000	대리	22.02.05	104
90003	최무선	111-1111	15,000	과장	20.02.15	104
90004	문익점	555-5555	20,000	이사	18.05.01	101
90005	정몽주	333-3333	3,000	사원	23.02.02	101
90006	황희	444-4444	5,000	사원	22.12.15	102
90007	문익점	777-7777	7,000	대리	22.05.10	103
90008	조식	888-8888	12,000	과장	21.03.01	102
90009	최무선	222-2222	5,000	사원	22.12.15	104
90010	성삼문	999-9999	5,000	사원	22.12.15	104

튜플 여러 개

일대다 관계로 정의된 부서와 사원 데이터베이스는 부서 릴레이션에 저장된 1개의 부서 튜플로 사원 릴레이션에 저장된 2개 이상의 사원 튜플을 찾을 수 있다고, 부서 번호 '104'로 사원 릴레이션에서 찾을 수 있는 사원 튜플은 '5개'가 된다.

일대다 관계에서 동그라미의 기호는 아주 중요하다. 동그라미 기호는 데이터베이스 무결성을 높이는 제약조건의 의미가 포함되므로 그 의미를 정확하게 이해해야 한다.

다음 그림은 부모 릴레이션 쪽에 동그라미 기호가 포함된 부서 릴레이션과 사원 릴레이션의 E-R 다이어그램과 E-R 다이어그램으로 정의된 대로 생성한 데이터베이스에 실제 저장된 예시이다.

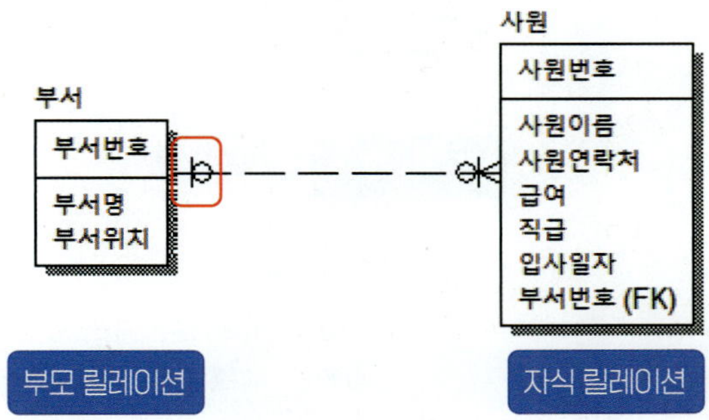

부서번호	부서명	부서위치
101	관리부	한국
102	기획부	미국
103	개발부	중국
104	영업부	영국

사원번호	사원이름	사원연락처	급여	직급	입사일자	부서번호
90001	김춘추	123-1234	5,000	사원	23.01.05	104
90002	장영실	000-0000	7,000	대리	22.02.05	104
90003	최무선	111-1111	15,000	과장	20.02.15	104
90004	문익점	555-5555	20,000	이사	18.05.01	101
90005	정몽주	333-3333	3,000	사원	23.02.02	NULL
90006	황희	444-4444	5,000	사원	22.12.15	NULL
90007	문익점	777-7777	7,000	대리	22.05.10	103
90008	조식	888-8888	12,000	과장	21.03.01	102
90009	최무선	222-2222	5,000	사원	22.12.15	104
90010	성삼문	999-9999	5,000	사원	22.12.15	104

동그라미 있을 때 : 외래 키 NULL 허용
동그라미 없을 때 : 외래 키 NULL 허용 안함(NOT NULL 조건 추가)

동그라미가 있을 경우 데이터베이스 생성할 때, 외래 키 제약조건에 'NULL'이 포함될 것이며, 동그라미가 없을 경우 데이터베이스 생성할 때, 외래 키 제약조건에 'NOT NULL'이 포함될 것이다.

다음 그림은 부모 릴레이션 쪽에 동그라미 기호가 포함된 부서 릴레이션과 사원 릴레이션의 E-R 다이어그램과 E-R 다이어그램으로 정의된 대로 생성한 데이터베이스에 실제 저장된 예시이다.

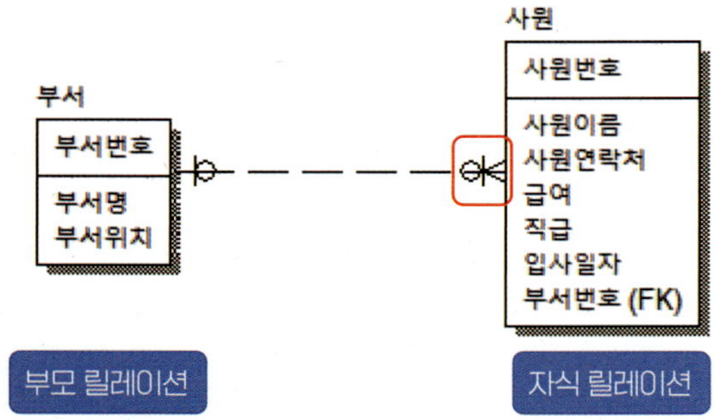

부서번호	부서명	부서위치
101	관리부	한국
102	기획부	미국
103	개발부	중국
104	영업부	영국
105	연구부	한국

사원번호	사원이름	사원연락처	급여	직급	입사일자	부서번호
90001	김춘추	123-1234	5,000	사원	23.01.05	104
90002	장영실	000-0000	7,000	대리	22.02.05	104
90003	최무선	111-1111	15,000	과장	20.02.15	104
90004	문익점	555-5555	20,000	이사	18.05.01	101
90005	정몽주	333-3333	3,000	사원	23.02.02	NULL
90006	황희	444-4444	5,000	사원	22.12.15	NULL
90007	문익점	777-7777	7,000	대리	22.05.10	103
90008	조식	888-8888	12,000	과장	21.03.01	102
90009	최무선	222-2222	5,000	사원	22.12.15	104
90010	성삼문	999-9999	5,000	사원	22.12.15	104

동그라미 있을 때 : 참조되지 않은 부서 튜플 추가 가능
동그라미 없을 때 : 참조되지 않은 부서 튜플 추가 불가능

동그라미가 있을 경우 데이터베이스에 새로운 부서를 자유롭게 삽입할 수 있지만, 동그라미가 없을 경우 데이터베이스에 새로운 부서를 자유롭게 삽입할 수 없다. 따라서 대부분의 경우 자식 릴레이션 쪽에 동그라미 기호가 포함되며,

부모 릴레이션의 튜플 삽입이 절대로 발생하지 않을 때에는 동그라미 기호를 추가하지 않는다. 또한 동그라미가 있을 경우 부서 릴레이션과 사원 릴레이션을 합쳐서 하나의 릴레이션을 생성했을 경우 참조되지 않은 부서인 '연구부'는 사원이 없기 때문에 회사 부서 리스트에 포함되지 않을 수 있다. 즉, 일대다 관계에서 동그라미의 유무는 데이터베이스 생성 후 관리와 활용에 큰 영향을 미칠 수 있다.

❸ 다대다(N:N) 관계

다대다 관계는 한 릴레이션에 저장된 튜플 하나 이상이 다른 릴레이션에 저장된 튜플이 하나 이상과 연결되는 관계이다. 다대다 관계는 E-R 다이어그램에서 양쪽 릴레이션 모두에 꺾음 기호(〈)가 포함되도록 표현한다. 다대다 관계에서 부모와 자식 관계를 정의할 수 없기 때문에 관계형 데이터베이스 설계에서는 모든 다대다 관계는 두 개의 일대다 관계로 재정의한다.

다대다 관계로 표현된 고객 릴레이션과 제품 릴레이션을 살펴보자. 고객과 제품 관계를 생각해 보자.

- 한 명의 고객은 여러 개의 제품을 구매할 수 있다.
- 한 개의 제품은 여러 명의 고객에 구매될 수 있다.

다대다 관계로 표현된 고객 릴레이션과 제품 릴레이션의 E-R 다이어그램은 다음과 같다.

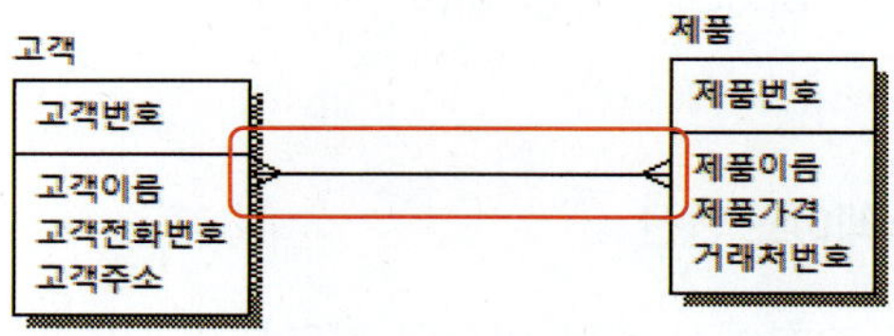

E-R 다이어그램에서 부모 릴레이션과 자식 릴레이션이 동시에 정의되고 있어 외래 키 설정을 할 수 없다. 두 개의 일대다 관계를 가진 E-R 다이어그램으로 다시 표현하면 다음과 같다.

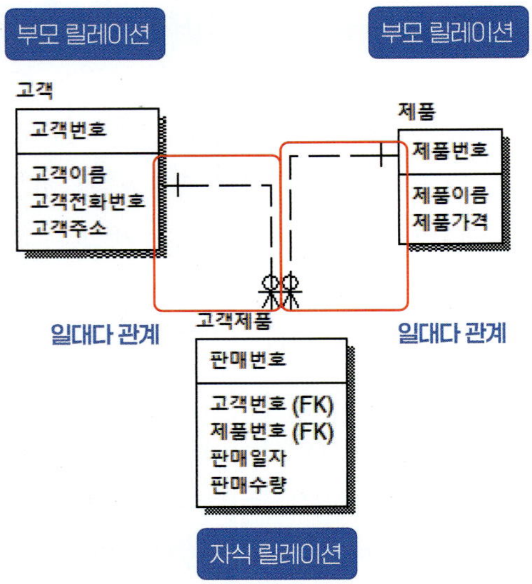

고객 릴레이션과 제품 릴레이션 모두 부모 릴레이션이 되어, 공통으로 갖는 자식 릴레이션을 생성한다. '고객 제품'이라는 새로운 릴레이션이 생성되어 고객 릴레이션과 제품 릴레이션의 관계에서 생성된 릴레이션이라고 할 수 있다.

1.2 관계형 데이터베이스 연산

데이터 모델의 구성요소 중 '연산'을 알아보자.

데이터베이스에서 정의하는 연산의 의미를 알아보고, 관계형 데이터베이스에서 정의하는 연산의 종류와 의미를 알아보자.

데이터베이스 연산

연산은 수학에서 하나 이상의 피연산자 정의에 따라 계산하여 하나의 결괏값을 도출해 내는 과정을 말한다(위키피디아). 연산에서는 연산자와 피연산자가 있으며, 연산자는 결괏값에 대한 규칙으로 정의된다.

피연산자 : 숫자 2, 3, 5

연산자 기호 : +, =

연산자 + 의미 : 피연산자의 양을 합한다.

연산자 = 의미 : 좌변과 우변이 같은 값이다.

데이터베이스 연산에서 정의하는 피연산자는 데이터베이스에 정의된 모든 객체와 저장된 모든 인스턴스를 말하며, 연산을 통해 도출된 결괏값도 객체와 인스턴스이다.

고객 번호	고객 이름	고객 전화번호
1	김춘추	123-1234
2	장영실	000-0000
3	최무선	111-1111
4	문익점	555-5555
5	정몽주	333-3333

고객 번호	고객 이름	고객 전화번호
6	황희	123-1234
7	문익점	000-0000
8	조식	111-1111
9	성삼문	555-5555

고객 번호	고객 이름	고객 전화번호
1	김춘추	123-1234
2	장영실	000-0000
3	최무선	111-1111
4	문익점	555-5555
5	정몽주	333-3333
6	황희	123-1234
7	문익점	000-0000
8	조식	111-1111
9	성삼문	555-5555

[데이터베이스 연산 - 연산자, 피연산자]

관계형 데이터베이스 연산자

관계형 데이터베이스에서 정의하여 사용할 수 있는 연산자의 종류와 기호를 정리하면 다음 표와 같다.

	연산자	연산자 기호	연산자 사용 예
일반 집합 연산자	합집합(UNION)	∪	R1 ∪ R2
	교집합(INTERSECT)	∩	R1 ∩ R2
	차집합(DIFFERENCE)	-	R1 - R2, R2 - R1
	완전합(CARTESIAN PRODUCT)	X	R1 X R2

	연산자	연산자 기호	연산자 사용 예
데이터베이스 순수 연산자	셀렉트(SELECT)	σ(시그마)	$\sigma_{(조건)}R1$
	프로젝트(PROJECT)	π(파이)	$\pi_{(속성)}R1$
	조인(JOIN)	▷◁	$R1 \triangleright\triangleleft_{(조건)} R2$
	디비젼(DIVISION)	÷	R1 ÷ R2(단, R2 ∈ R1)

관계형 데이터베이스에서는 수학에서 사용되는 일반 집합 연산자 중 합집합, 교집합, 차집합, 완전합 등의 의미와 기호를 그대로 사용한다. 일반 집합 연산자 외에 데이터베이스에서만 특화되어 사용할 수 있는 연산자를 순수 연산자라고 하며, 셀렉트, 프로젝트, 조인 등이 있다. 각각의 의미와 조건을 살펴보자.

합집합(UNION)은 두 개의 릴레이션에서 같은 튜플만 포함된 릴레이션을 생성하는 연산자이다. 합집합 연산을 하는 릴레이션의 차수와 속성의 도메인은 모두 같아야 한다. 합집합 결과 릴레이션에 같은 튜플이 존재할 경우 결과 릴레이션에는 하나만 포함된다(중복제거).

교집합(INTERSECT)은 두 개의 릴레이션에서 같은 튜플만 포함된 릴레이션을 생성하는 연산자이다. 교집합 연산을 하는 릴레이션의 차수와 속성의 도메인은 모두 같아야 한다.

차집합(DIFFERENCE)은 두 개의 릴레이션에서 같지 않은 튜플만 포함된 릴레이션을 생성하는 연산자이다. 차집합 연산을 하는 릴레이션의 차수와 속성의 도메인은 모두 같아야 한다.

완전합(CARTESIAN PROJECT)은 릴레이션의 특징이나 관계, 데이터의 종류와 상관없이 두 개 릴레이션의 튜플의 모든 조합으로 만들어진 튜플을 포함한 릴레이션을 생성한다. 완전합 연산을 하는 릴레이션의 차수와 도메인은 상관없으며, 연산 결과 릴레이션의 차수는 두 개 릴레이션 각 차수의 합이다. 연산 결과 릴레이션의 카디날리티는 두 개 릴레이션 각 카디날리티의 곱이 된다.

셀렉트(SELECT)는 σ(시그마) 기호로 표현한다. 셀렉트는 릴레이션에서 원하는 튜플이 포함된 릴레이션을 생성하는 연산자이다. 전체 릴레이션에서 특정 튜플(행)만을 구하므로 수평 연산이라고도 한다. 표기 형식은 다음과 같다.

$$\sigma_{\langle 조건 \rangle} R1$$

시그마 기호 아래에 조건을 정의하는데, 이때 조건에 사용하는 연산은 정의된 연산만 사용할 수 있다. 주로 수학에서 사용되는 논리 연산자(AND, OR, NOT), 산술 연산자(+, −, X, /), 비교 연산자(=, 〈, 〉) 등을 사용할 수 있으며, 그 외에 정의된 연산자를 사용할 수 있다.

$$\sigma_{\langle 조건 \rangle} R1 \longrightarrow \sigma_{\langle 고객번호 = 1 \rangle} 고객$$

프로젝트(PROJECT)는 π(파이) 기호로 표현한다. 프로젝트는 릴레이션에서 원하는 속성과 속성값이 포함된 릴레이션을 생성하는 연산자이다. 전체 릴레이션에서 특정 속성과 값만을 구하므로 수직 연산이라고도 한다. 표기 형식은 다음과 같다.

$$\pi_{\langle 속성 \rangle} R1$$

파이 기호 아래에 원하는 속성 이름을 나열하여 사용한다. 프로젝트 연산 결과 중복되는 튜플은 자동으로 제거된다.

$$\pi_{\langle 속성 \rangle} R1 \longrightarrow \pi_{\langle 고객이름, 고객전화번호 \rangle} 고객$$

조인(JOIN)은 ▷◁ 기호로 표현한다. 조인은 관계가 정의된 두 개의 릴레이션을 합쳐서 새로운 릴레이션을 생성하는 연산자이다. 조인 연산을 하는 두 개 릴레이션은 반드시 관계를 가져야 하며, 각 릴레이션에는 공통 속성(키 속성)을 반드시 포함해야 한다. 표기 형식은 다음과 같다.

$$R1 \triangleright\triangleleft_{\langle 조건 \rangle} R2$$

조인 기호 아래에 정의되는 조건은 두 개의 릴레이션의 관계를 정의한 릴레이션 R1에 포함된 키 속성과 릴레이션 R2에 포함된 키 속성과 비교 연산자로 정의한다. 조인 연산에서 정의하는 조건식은 SQL에서 실습과 함께 다시 다룬다.

$$R1 \triangleright\triangleleft_{\langle 조건 \rangle} R2 \longrightarrow 고객 \triangleright\triangleleft_{\langle 고객.고객번호 = 구매.고객번호 \rangle} 구매$$

잠깐만요

조인의 종류

세타 조인, 동등 조인, 자연 조인

조인은 조건식에 사용되는 비교 연산자를 세타(θ) 기호로 일반화하여 세타 조인이라고 한다. 이때 세타에 포함된 비교 연산자 중 '='을 이용하여 조건을 정의하는 조인을 동등 조인(EQUI JOIN)이라고 하는데, 동등 조인에서 비교 연산자를 사용했기 때문에 세타 조인이라고 혼용해서 부른다. 조건에 N(NATURAL)을 정의하는 조인을 자연 조인이라고 한다. 자연 조인은 비교 연산자를 이용하지 않고 조건을 정의하므로 세타 조인이라고 하지 않는다.

자연 조인과 동등 조인의 차이는 결과 릴레이션에 포함되는 키 속성이다. 동등 조인은 조인 조건에서 사용된 두 릴레이션의 관계를 정의한 키 속성이 결과 릴레이션에 모두 포함되어 생성되고, 자연 조인은 조건에서 사용된 두 릴레이션의 관계를 정의한 키 속성 중 하나만 결과 릴레이션에 포함되어 생성된다. 따라서 자연 조인과 동등 조인의 결과 릴레이션의 차수가 1 차이가 나며, 자연 조인의 결과 릴레이션의 차수가 1 작다.

외부 조인

조인 연산을 수행할 때, 관계로 정의된 키 속성의 값이 존재하지 않으면(NULL 값일 때) 생기는 튜플의 유실을 방지하기 위한 연산이다.

디비젼(DIVISION)은 ÷(나누기) 기호로 표현한다. 디비젼은 두 릴레이션에 대해 특정 속성의 값을 가지는 속성값을 찾아 릴레이션을 생성하는 연산자이다. 이때 디비젼 연산을 하는 릴레이션에 포함된 속성은 디비젼 연산을 실행하는 릴레이션에 포함된 속성이어야 한다. 표기 형식은 다음과 같다. 디비젼 연산은 SQL에서 실습과 함께 다시 다룬다.

$$R2 \div R2 \ (단,\ R2 \in R1)$$

1.3 관계형 데이터베이스 제약조건

데이터 모델의 구성요소 중 '제약조건'을 알아보자.

데이터베이스에서 제약조건은 '무결성 제약조건'을 말한다. 무결성은 데이터베이스에 저장된 데이터가 정확하여 결점이 없다는 것이라고 〈2장〉에서 설명하였다. 관계형 데이터베이스에서 정의되는 무결성에는 '개체 무결성'과 '관계 무결성'이 있다.

개체 무결성

개체 무결성은 데이터베이스에 저장된 모든 데이터가 유일하게 구분되어야 하는 것을 말한다. 관계형 데이터베이스에서는 릴레이션에 포함된 모든 튜플을 유일하게 구분하기 위하여 기본 키(Primary Key)를 정의한다. 개체 무결성을 갖도록 데이터베이스를 설계하기 위하여 모든 기본 키는 다음과 같은 제약 조건을 갖는다.

기본 키 제약 조건

- 기본 키는 중복된 값을 가질 수 없다.
- 기본 키는 NULL 값을 가질 수 없다.

기본 키로 정의된 속성은 기본 키 제약조건이 포함되어 기본 키 속성에 값이 저장될 때 중복된 값인지, NULL 값인지 자동으로 확인된다. 이를 확인하여 중복된 값이나, NULL 값이 저장되지 않도록 한다.

표 3-3. 관계형 데이터베이스로 생성된 제품 데이터베이스

고객

고객 번호	고객 이름	고객 전화번호
1	김춘추	123-1234
2	장영실	000-0000
3	최무선	111-1111
4	문익점	555-5555
5	정몽주	333-3333

제품

제품 번호	제품 이름
1001	모니터
1002	카메라
1003	프린터
1004	마우스
1005	스피커

거래처

업체 번호	납품업체명
2001	가업체
2002	나업체
2003	다업체
2004	라업체
2005	마업체

구매

구매 번호	고객 번호	제품 번호	구매 일자	구매 수량
3001	1	1001	2022.7.4	1
3002	1	1002	2022.7.4	1
3003	2	1003	2022.9.1	1
3004	3	1004	2022.9.29	5
3005	3	1003	2022.1.24	2
3006	4	1001	2022.2.22	2
3007	5	1005	2022.1.5	1
3008	5	1003	2022.10.17	1

납품

납품 번호	제품 번호	업체 번호	납품 일자	납품 수량
4001	1004	2004	2021.4.6	30
4002	1001	2001	2021.10.15	100
4003	1005	2005	2021.11.24	100
4004	1003	2003	2022.3.5	20
4005	1002	2002	2022.3.21	35
4006	1001	2001	2022.2.15	15
4007	1005	2005	2022.5.6	15

관계형 데이터베이스 설계로 생성된 제품 데이터베이스에 정의된 릴레이션에는 모두 기본 키가 정의되어 있는 것을 볼 수 있다. 고객 릴레이션의 고객 번호 속성, 제품 릴레이션의 제품 번호 속성, 거래처 릴레이션의 업체 번호 속성, 구매 릴레이션의 구매 번호 속성, 납품 릴레이션의 납품 번호 속성이다. 이 기본 키 속성들에 저장되는 값은 기본 키 제약조건에 의해 중복되지 않으며, NULL 값도 아니어야 한다. 새로운 고객이 제품을 구입하여 제품 데이터베이스에 저장된다는 것은 고객 릴레이션에 고객 번호, 고객 이름, 고객 전화번호가 저장되고, 구매 릴레이션에 구매 번호, 고객 번호, 제품 번호, 구매 일자, 구매 수량이 새롭게 저장된다는 것을 의미한다. 이와 같이 새로운 데이터가 데이터베이스에 저장될 때 무결성 제약조건이 적용되어 데이터베이스의 무결성을 높일 수 있다.

참조 무결성

데이터베이스에서 참조 무결성은 관계로 찾는 데이터가 무결하도록 정의한 것이다. 관계형 데이터베이스에서는 릴레이션의 관계를 릴레이션에 외래 키(Foreign Key)를 포함시켜 정의한다. 참조 무결성을 갖도록 데이터베이스를 설계하기 위하여 모든 외래 키는 다음과 같은 제약조건을 갖는다.

외래 키 제약 조건

- 외래 키는 관계가 정의된 릴레이션의 기본 키 속성으로 정의되어야 한다.
- 외래 키는 관계가 정의된 릴레이션의 기본 키 속성과 반드시 같은 도메인으로 정의되어야 한다.
- 외래 키는 NULL 값을 가질 수 있도록 정의할 수 있다.
- 외래 키로 정의된 속성을 기본 키 속성으로 정의한 릴레이션의 튜플은 삭제할 수 없다.

외래 키로 정의된 속성은 외래 키 제약조건이 포함되어 관계가 정의된 릴레이션의 기본 키 속성으로 정의되며, 관계가 정의된 릴레이션의 기본 키 속성과 반드시 같은 도메인으로 정의되어야 한다. 외래 키는 선택적으로 NULL 값을 가질 수 있도록 정의할 수 있다.

표 3-4. 관계형 데이터베이스로 생성된 제품 데이터베이스

고객

고객 번호	고객 이름	고객 전화번호
1	김춘추	123-1234
2	장영실	000-0000
3	최무선	111-1111
4	문익점	555-5555
5	정몽주	333-3333

제품

제품 번호	제품 이름
1001	모니터
1002	카메라
1003	프린터
1004	마우스
1005	스피커

거래처

업체 번호	납품업체명
2001	가업체
2002	나업체
2003	다업체
2004	라업체
2005	마업체

구매

구매 번호	고객 번호	제품 번호	구매 일자	구매 수량
3001	1	1001	2022.7.4	1
3002	1	1002	2022.7.4	1
3003	2	1003	2022.9.1	1
3004	3	1004	2022.9.29	5
3005	3	1003	2022.1.24	2
3006	4	1001	2022.2.22	2
3007	5	1005	2022.1.5	1
3008	5	1003	2022.10.17	1

납품

납품 번호	제품 번호	업체 번호	납품 일자	납품 수량
4001	1004	2004	2021.4.6	30
4002	1001	2001	2021.10.15	100
4003	1005	2005	2021.11.24	100
4004	1003	2003	2022.3.5	20
4005	1002	2002	2022.3.21	35
4006	1001	2001	2022.2.15	15
4007	1005	2005	2022.5.6	15

관계형 데이터베이스 설계로 생성된 제품 데이터베이스의 릴레이션을 보면, 고객 릴레이션과 제품 릴레이션, 거래처 릴레이션에는 외래 키로 정의된 속성이 없으므로 서로 관계가 정의되지 않은 것을 알 수 있다. 구매 릴레이션을 보면 고객 릴레이션의 기본 키 속성인 고객 번호 속성과 제품 릴레이션의 기본 키 속성인 제품 번호 속성이 포함되어 있다. 이때 구매 릴레이션에 포함된 고객 번호 속성과 제품 번호 속성은 고객 릴레이션과 제품 릴레이션과의 관계를 정의한 외래 키 속성이다. 따라서 외래 키 제약조건에 맞게 각 릴레이션의 기본 키로 정의되어 있으며, 모두 같은 도메인으로 저장된 것을 알 수 있다. 제품 데이터베이스 예시에서는 외래 키 속성에 NULL 값이 포함되지 않았다.

외래 키 제약조건에서 '외래 키로 정의된 속성을 기본 키 속성으로 정의한 릴레이션의 튜플은 삭제할 수 없다.'는 것은 구매 릴레이션에서 고객 릴레이션과 제품 릴레이션을 외래 키로 참조하고 있으므로 고객 릴레이션에 저장된 고객 튜플과 제품 릴레이션에 저장된 제품 튜플을 자유롭게 삭제할 수 없다. 만약 삭제되었다면, 구매 릴레이션에서 외래 키 속성인 고객 번호로 고객의 정보를 찾을 수 없으므로 참조 무결성이 없다고 할 수 있다. 따라서 참조 무결성을 갖는 데이터베이스를 생성하기 위하여 외래 키 제약조건은 반드시 필요하다.

2 〉 관계형 데이터베이스 관리 시스템

데이터베이스 관리 시스템(DataBase Management System : DBMS)은 데이터베이스를 저장하고 관리해 주는 프로그램이다. 데이터베이스 관리 시스템(DBMS)은 논리적 데이터베이스 설계 방법에 따라 다르게 개발되었다.

논리적 데이터베이스 설계 방법	데이터베이스 관리 시스템(DBMS)
계층형 데이터베이스	IMS
네트워크형 데이터베이스	DBTG, EDTG, TOTAL
관계형 데이터베이스	Oracle, MySQL, MS-SQL, Informix, IBM DB2, MariaDB
비관계형 데이터베이스	MonggoDB, DynamoDB, Cassandra, Couchbase

관계형 데이터베이스는 현재 가장 많이 사용하고 있는 데이터베이스 설계 방식이다. 관계형 데이터베이스 설계 방식을 바탕으로 개발된 데이터베이스 관리 시스템(DBMS)이 관계형 데이터베이스 관리 시스템(Relational DataBase Management System)이다. 우리에게 익숙한 Oracle, MySQL, MS-SQL은 모두 관계형 데이터베이스 관리 시스템(RDBMS)으로 앞에서 설명한 관계형 데이터베이스의 구조, 연산, 제약조건에 대한 모든 기능을 포함하고 있다. 관계형 데이터베이스 관리 시스템(RDBMS) 중에서도 MySQL 설치와 활용을 알아보자.

MySQL

MySQL은 오라클(Oracle)이 제공하며, 현재 가장 많이 사용되는 오픈 소스 관계형 데이터베이스 관리 시스템(RDBMS)으로 특히 대용량의 데이터를 관리 및 지원하고 있다.

그림 3-6. MySQL(https://www.mysql.com/)

매월 업데이트되는 인기도에 따라 데이터베이스들의 랭킹을 업데이트하는 사이트 DB-Engines Ranking(https://db-engines.com/en/ranking)에서도 MySQL은 상위 랭킹 10위 안에 포함되어 있다.

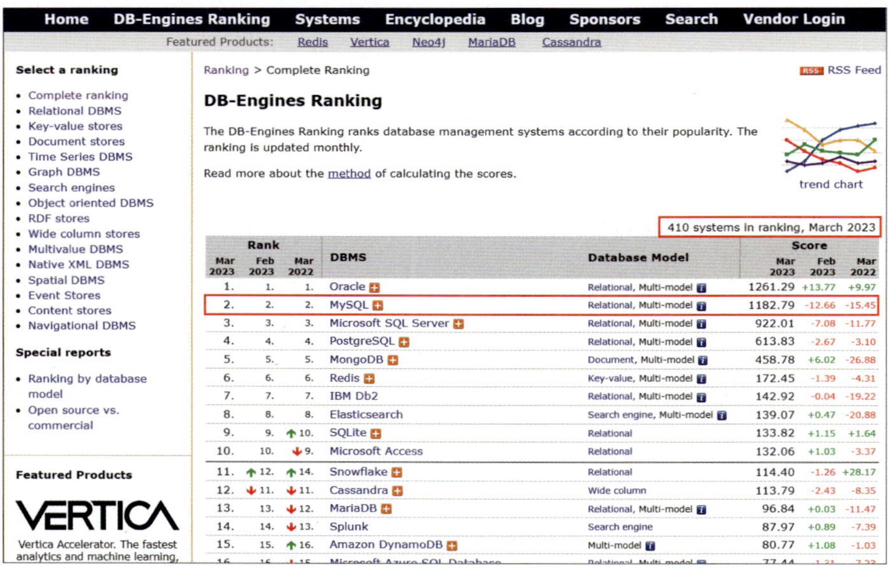

Rank Mar 2023	Rank Feb 2023	Rank Mar 2022	DBMS	Database Model	Score Mar 2023	Score Feb 2023	Score Mar 2022
1.	1.	1.	Oracle	Relational, Multi-model	1261.29	+13.77	+9.97
2.	2.	2.	MySQL	Relational, Multi-model	1182.79	-12.66	-15.45
3.	3.	3.	Microsoft SQL Server	Relational, Multi-model	922.01	-7.08	-11.77
4.	4.	4.	PostgreSQL	Relational, Multi-model	613.83	-2.67	-3.10
5.	5.	5.	MongoDB	Document, Multi-model	458.78	+6.02	-26.88
6.	6.	6.	Redis	Key-value, Multi-model	172.45	-1.39	-4.31
7.	7.	7.	IBM Db2	Relational, Multi-model	142.92	-0.04	-19.22
8.	8.	8.	Elasticsearch	Search engine, Multi-model	139.07	+0.47	-20.88
9.	9.	↑10.	SQLite	Relational	133.82	+1.15	+1.64
10.	10.	↓9.	Microsoft Access	Relational	132.06	+1.03	-3.37
11.	↑12.	↑14.	Snowflake	Relational	114.40	-1.26	+28.17
12.	↓11.	↓11.	Cassandra	Wide column	113.79	-2.43	-8.35
13.	13.	↓12.	MariaDB	Relational, Multi-model	96.84	+0.03	-11.47
14.	14.	↓13.	Splunk	Search engine	87.97	+0.89	-7.39
15.	15.	↑16.	Amazon DynamoDB	Multi-model	80.77	+1.08	-1.03

그림 3-7. 데이터베이스 인기도 랭킹 중 MySQL 랭킹

이렇게 인기가 많은 관계형 데이터베이스 관리 시스템인 MySQL의 장점은 무엇인지 정리해 보자.

1. 가장 큰 장점은 바로 오픈 소스라는 점이다.
2. 윈도우, 리눅스, MacOS 등 다양한 운영체제에서 사용 가능하며, 더 나아가 C, C++, JAVA 등과 같은 다양한 프로그래밍 언어들을 이용할 수 있다는 점이다.
3. 표준 SQL 형식을 사용하기 때문에 쉽게 사용할 수 있다는 점이다.
4. 요즘 같은 빅데이터 시대에 아무리 큰 데이터도 빠르게 처리할 수 있다는 점이다.

MySQL의 장점 설명한 것처럼 다양한 프로그래밍 언어들을 이용할 수 있다. 그 중 파이썬에서 SQL을 이용해 데이터베이스를 다루는 방법으로 PyMySQL이 있다. 여기서 "파이썬을 사용하면 되는데 굳이 PyMySQL일까?"라는 궁금증이 생겨 이상하다고 생각이 들 것이다. 아쉽지만 파이썬 자체만으로는 MySQL을 사용할 수 없다. 그래서 이를 이용 가능하게 하여 MySQL을 활용할 때 도움될 수 있게 만든 것이 PyMySQL이다. 즉, PyMySQL은 MySQL을 파이썬에서 사용할 수 있도록 구성된 것으로, 설치가 쉬워 가장 많이 사용되는 라이브러리(https://pypi.org/project/PyMySQL/)이다.

그렇다면 PyMySQL을 사용하면 좋은 점은 무엇인지 생각해 보자. 먼저 MySQL은 대용량 데이터를 빠르게 처리할 수 있어서 좋다고 설명하였다. 그런데 일반적으로 파이썬에서는 pandas를 이용해 데이터를 쉽게 다룰 수 있도록 테이블 형태의 데이터로 변형해 주어야 한다. 그러나 하루에도 엄청나게 쌓이는 대용량 데이터는 csv와 같은 파일로 담기에는 한계가 있다. 이러한 문제는 데이터베이스에 직접 연결하는 방법으로 해결할 수 있다. 이렇게 바로 연결하면 파이썬에서 데이터베이스를 훨씬 쉽고 편하게 접속하여 데이터를 다룰 수 있다. PyMySQL과 데이터베이스를 연동하는 방법은 뒤쪽에서 좀 더 자세히 설명하겠다.

MySQL Workbench이란 MySQL 서버에 접속하여 SQL 문을 직접 설계하고 입력하여 실행 및 관리할 수 있게하고, 사용자가 쉽고 편하게 사용할 수 있도록 도움을 주기 위해 만들어진 개발통합환경을 제공해 주는 하나의 GUI 데이터베이스 설계 도구이다.

MySQL Workbench는 홈페이지(https://www.mysql.com/products/workbench/)에서 다운로드하여 설치한다. 가장 편한 방법은 처음 MySQL을 설치할 때 같이 설치하는 것으로 훨씬 수월하다. 앞서 우리는 MySQL 설치 시 MySQL Workbench를 같이 설치했다. 이와 다르게 여기에서는 MySQL Workbench를 설치하지 않았을 때의 설치 및 사용 방법을 간략하게 설명한다.

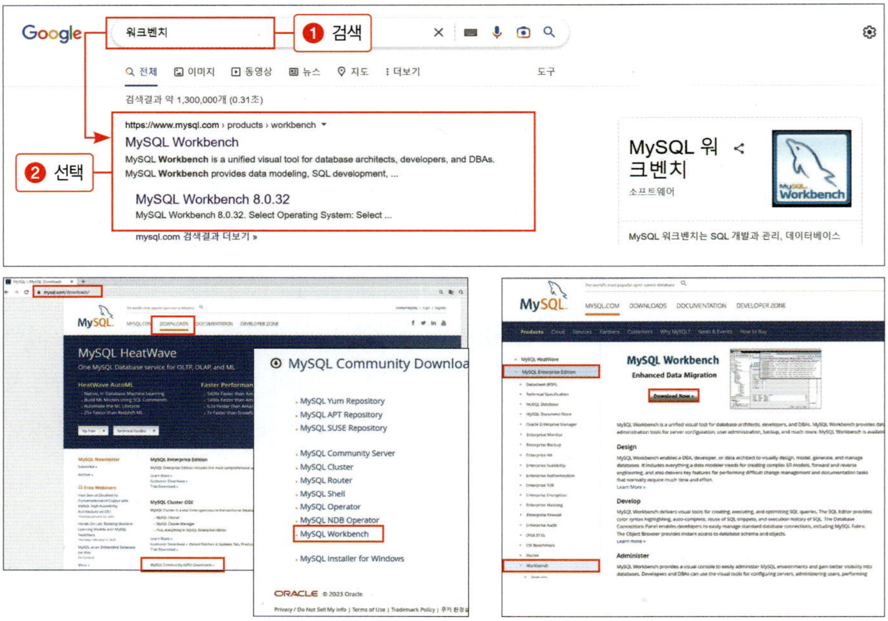

그림 3-8. MySQL Workbench 설치 방법

다양한 운영체제(MS Windows, macOS, Ubuntu 등) 환경에서 설치할 수 있다. 이 교재에서는 윈도우11 & 64bit 기반을 기준으로 설치 및 설명한다.

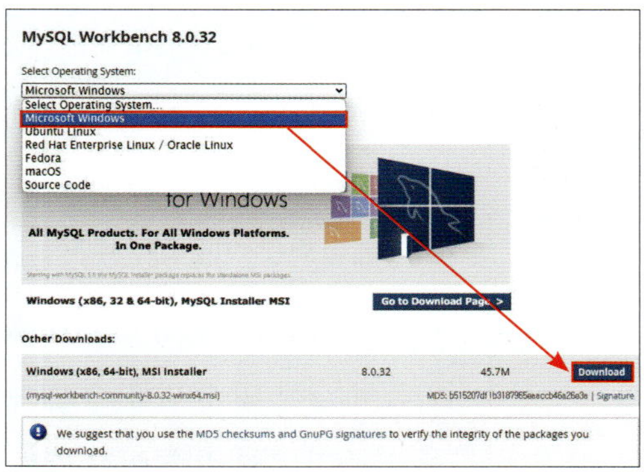

그림 3-9. 다양한 설치환경 및 다운로드 선택

〈Download〉 버튼을 클릭하면 다음과 같은 화면이 표시된다. 이때 회원가입을 하거나 회원가입이 되어 있다면 로그인을 진행하면 된다. 그러나 꼭 회원가입을 해서 설치해야 하는 것은 아니므로 'No thanks, just start my download.'를 클릭하여 회원가입 없이 설치를 진행해 보자.

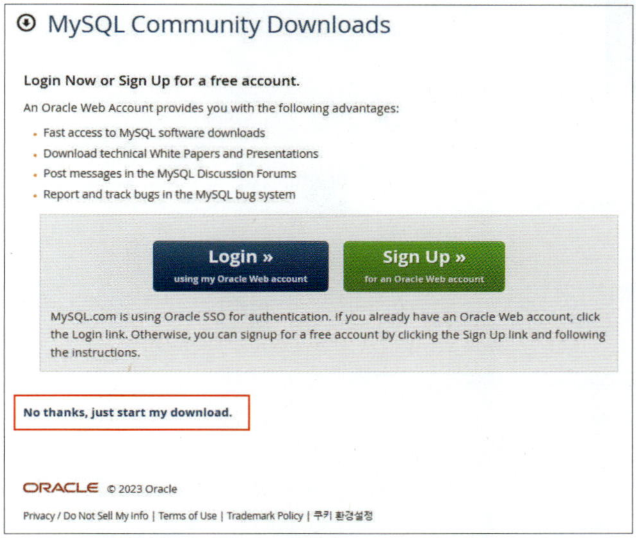

그림 3-10. MySQL Workbench 다운로드

다운로드가 완료되면 'mysql-workbench-community' 파일이 다운로드 된다. 교재에서는 당시 기준 가장 최신인 8.0.32 버전으로, 가장 최신 버전을 설치하면 된다.

그림 3-11. 다운로드된 워크벤치 파일

다운로드한 파일을 더블클릭하여 MySQL Workbench 8.0 CE 대화상자가 표시되면 다음과 같이 버튼을 클릭한다.

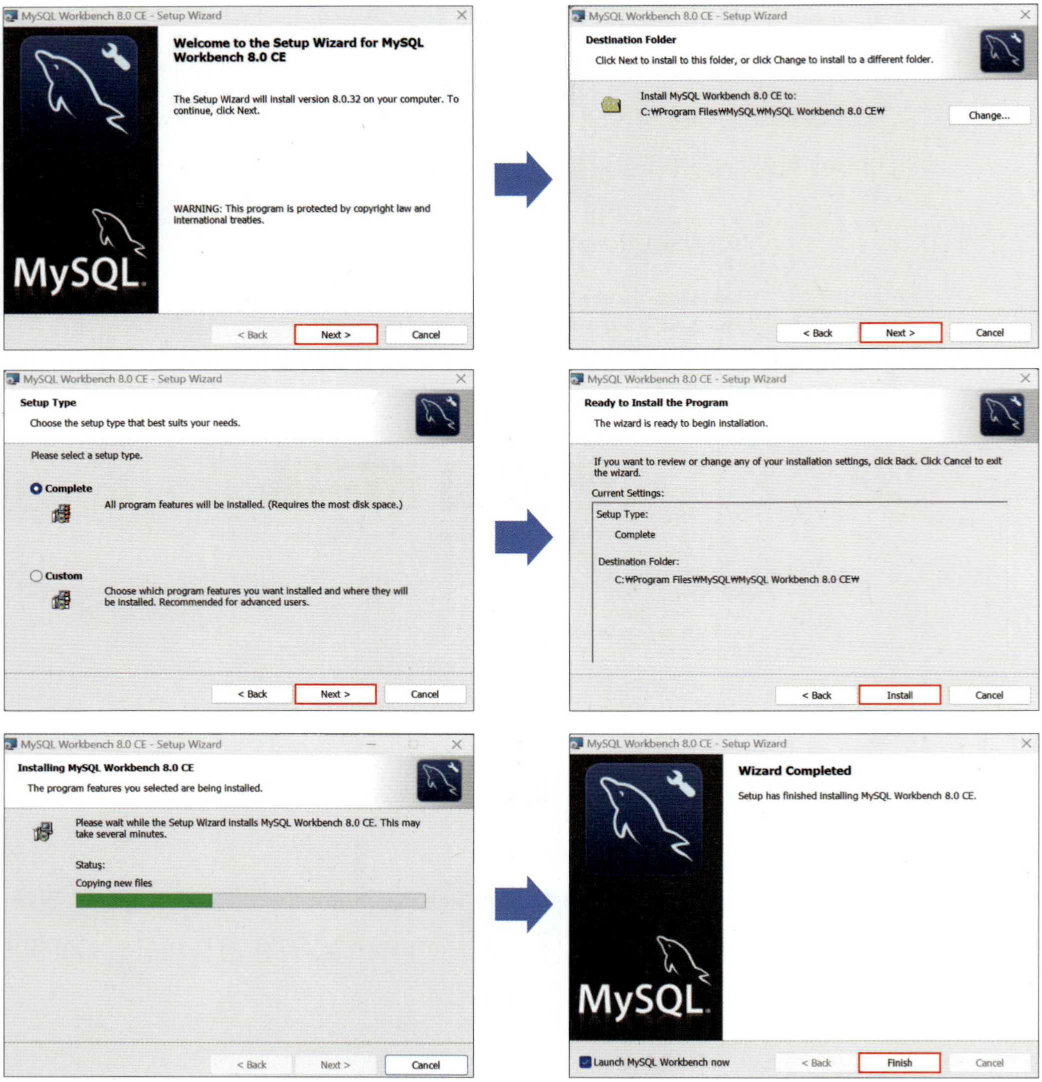

그림 3-12. 워크벤치 설치 마법사

설치 완료되면 다음과 같이 MySQL 워크벤치가 실행되며 이를 통해 MySQL에 접속한다. 이때 기존에 MySQL 서버 계정이 있다면 계정이 표시되지만 그렇지 않은 경우는 계정을 새로 추가해야 한다.

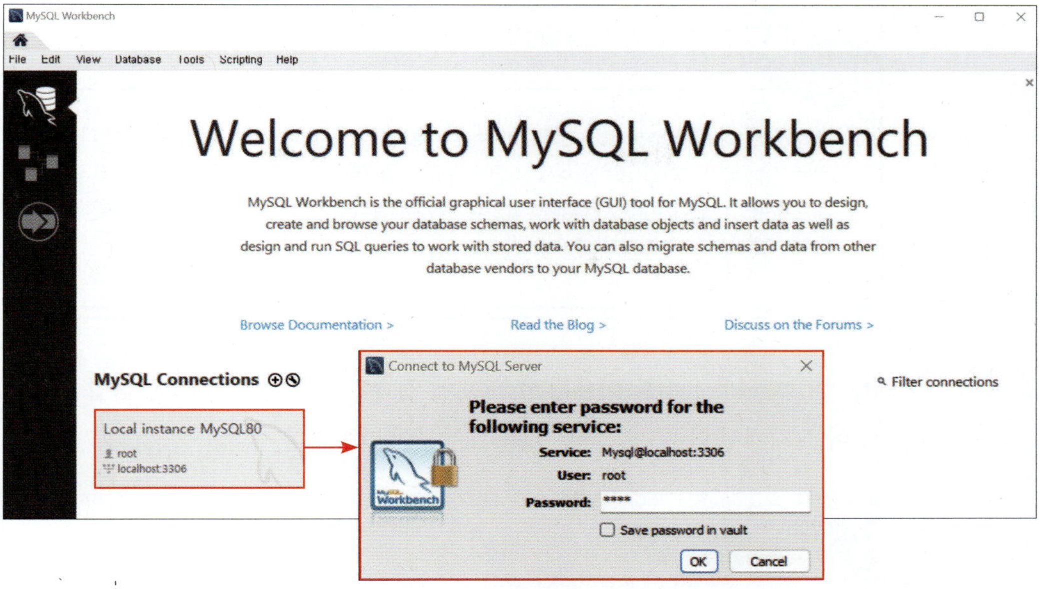

그림 3-13. 설치 완료 후 워크벤치 실행 화면 및 로그인 화면

만약 추가해야 한다면 '⊕' 아이콘을 클릭하여 새롭게 추가한다.

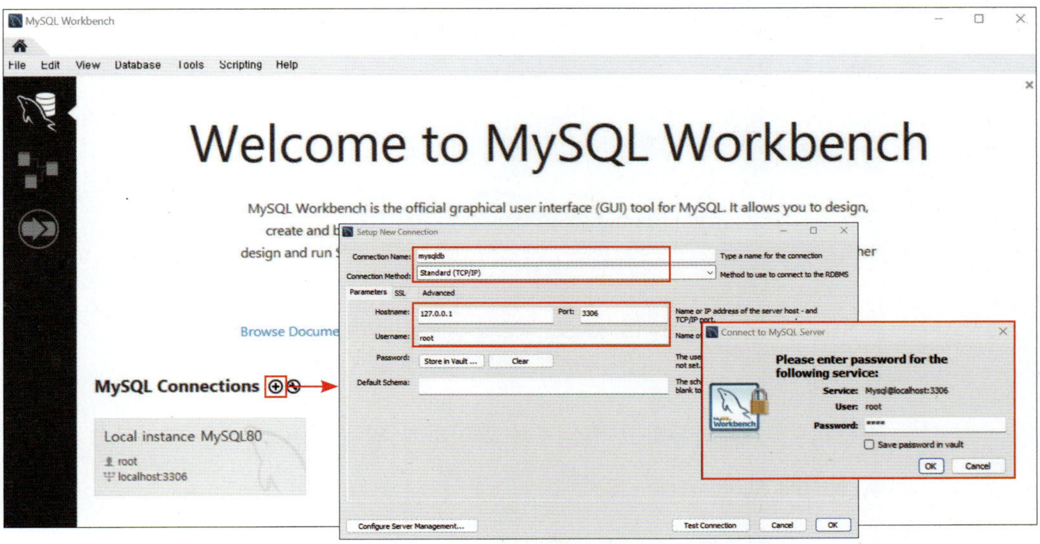

그림 3-14. 새로 추가하는 방법

잠깐만요

User ID인 root의 Password는 쉽고, 잊어버리지 않게 하기 위해 여기서는 '1234'로 설정했다. 그러나 User ID가 root인 경우는 실제 MySQL의 모든 권한을 가지고 있으므로 절대 1234와 같이 설정해서는 안 된다. 따라서 Password는 최소 8자 이상의 문자, 숫자, 특수기호 등을 이용해 만들어야 한다.

MySQL Workbench를 이용해 MySQL에 접속된 화면이 표시된다. 작업 화면에서 이 교재에서 다루고자 하는 내용 대부분이 가능하다.

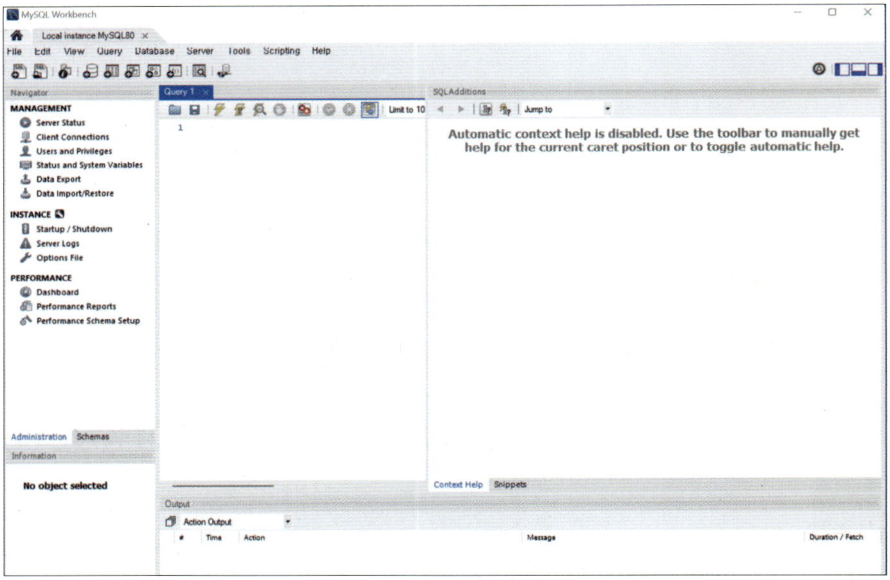

그림 3-15. MySQL Workbench를 이용해 MySQL 접속한 화면

정상적으로 잘 작동하고 있는지를 확인하기 위해 다음과 같은 쿼리문을 입력해서 확인해 보자.

```
show databases
```

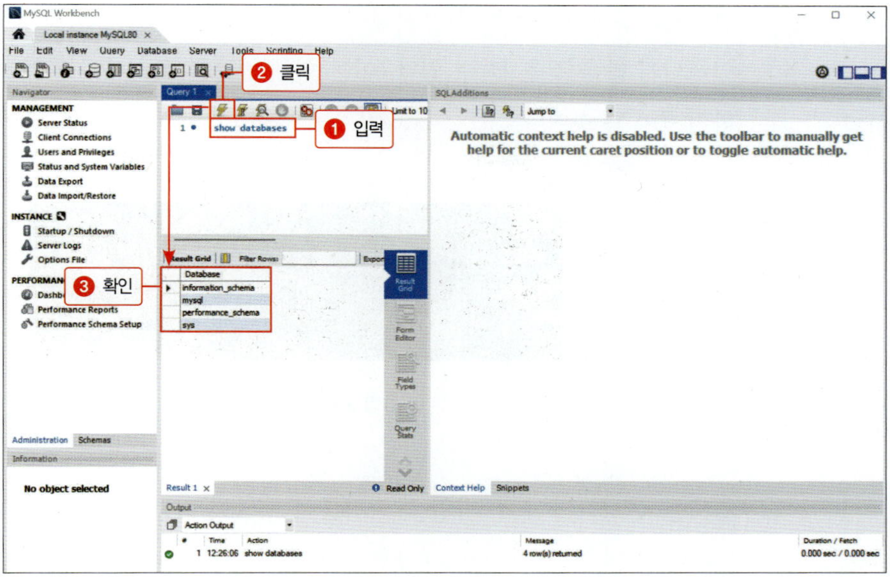

그림 3-16. 사용할 수 있는 기본 데이터베이스 표시

그림13에서 보는 것과 같이 사용할 수 있는 기본 데이터베이스가 표시된다.

이번에는 SQL 쿼리문을 수행하기 위해 MySQL의 실행 파일이 있는 경로를 Path에 추가해야 한다. 이를 위해 명령 프롬프트를 열어 MySQL 버전을 확인해 보자. 윈도우에서 '검색' 아이콘(🔍)을 클릭하고 'cmd'를 입력하여 다음과 같이 명령 프롬프트가 표시되면 마우스 오른쪽 버튼을 클릭하여 〔관리자 권한 실행〕을 실행한다.

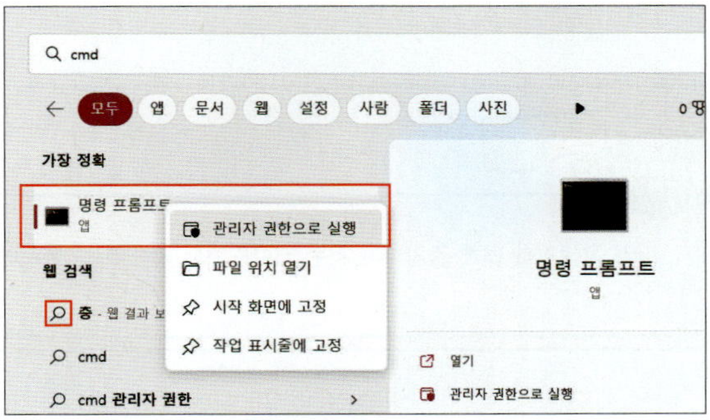

그림 3-17. 명령 프롬프트 관리자 권한으로 실행

관리자: 명령 프롬프트가 표시되면 'mysql'을 입력하고 Enter를 누르면 mysql이 인식되지 않은 것을 볼 수 있다. 이는 현재 경로를 설정하지 않았기 때문에 인식하지 못하는 것이다.

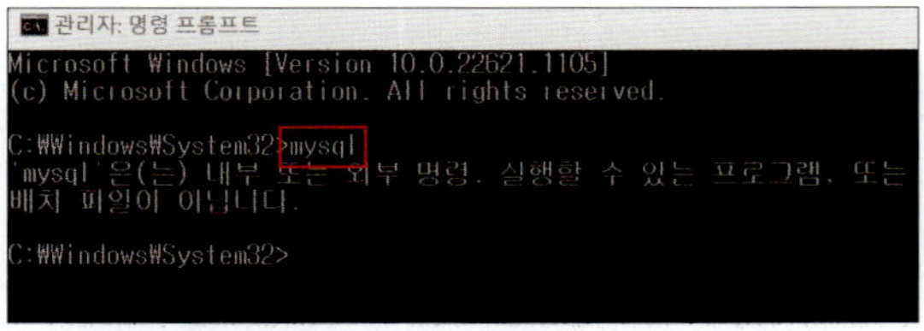

그림 3-18. mysql 확인

경로를 설정하기 위해 파일 탐색기를 실행하여 MySQL 관련 폴더(C:₩Program Files₩MySQL₩MySQL Server 8.0₩bin) 경로를 선택 및 복사(Ctrl+C)한다.

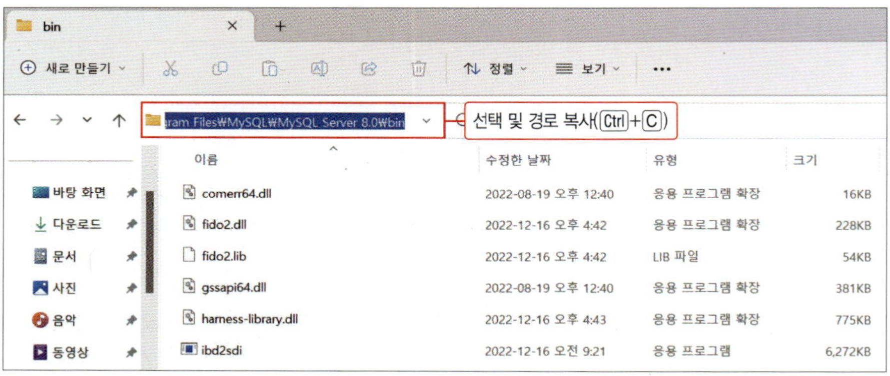

그림 3-19. path에 경로를 추가하기 위한 경로 선택 및 복사

잠깐만요

파일 탐색기를 쉽게 열기 위해서는 키보드에서 ⊞+E를 동시에 누르면 바로 실행된다.

이렇게 복사한 경로를 환경 변수에 붙여넣기 위해 우선 〔제어판〕 → 〔시스템 및 보안〕 → 〔시스템〕 → 〔고급 시스템 설정〕으로 이동한다. 시스템 속성 대화상자가 표시되면 〈환경 변수〉 버튼을 클릭한다.

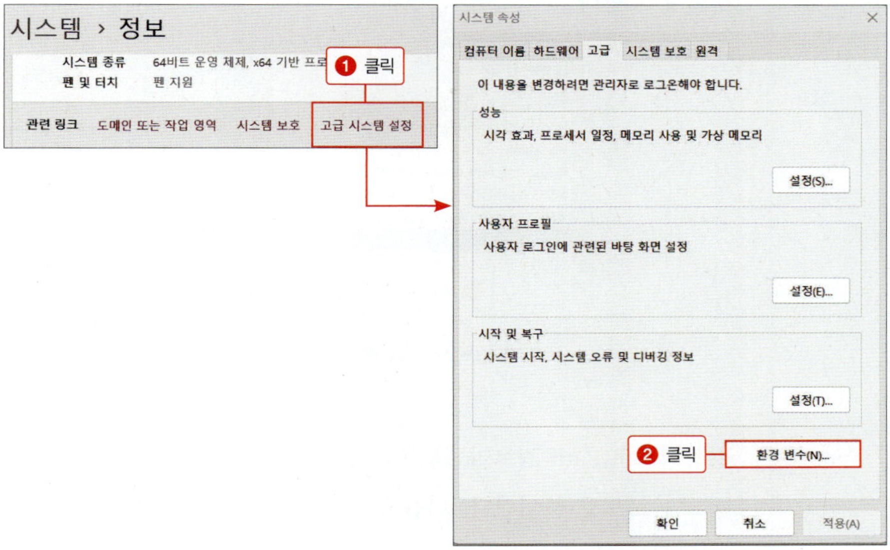

그림 3-20. 환경 변수 설정 위치

환경 변수에서 사용자 변수와 시스템 변수가 있다. 컴퓨터 전체 Path를 설정하기 위해 시스템 변수 항목 중 'Path'를 선택하고 〈편집〉 버튼을 클릭한다.

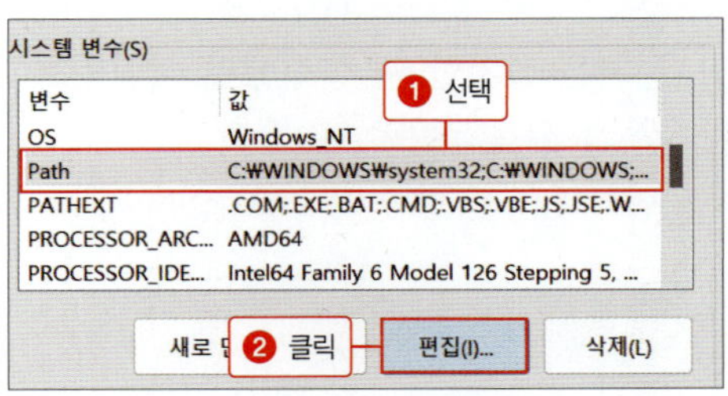

그림 3-21. 환경 변수 중 시스템 변수 Path 편집 방법

환경 변수 편집을 위해 다음과 같은 화면이 나오면 새로 만들기를 선택 후 앞에서 복사한 MySQL 관련 폴더 경로(C:₩Program Files₩MySQL₩MySQL Server 8.0₩bin)를 직접 추가 또는 붙여넣기(Ctrl+V)하고 〈확인〉 버튼을 클릭하여 설정을 완료한다.

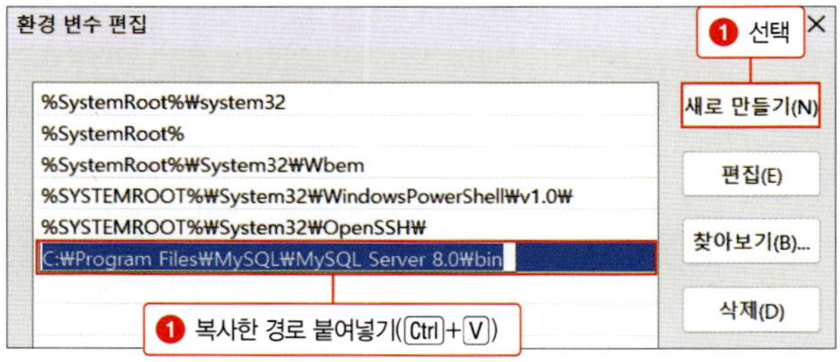

그림 3-22. 시스템 변수 Path에 MySQL 관련 경로 추가

정상적으로 Path 경로가 설정되었는지 확인하기 위해 다시 'cmd'를 입력하여 명령 프롬프트로 들어간다. 다음과 같은 명령어를 입력하여 MySQL이 연결되었는지 확인해 보자.

```
mysql -u root -p
```

이때 -u는 USER ID, -p는 Password를 의미한다. Enter password에는 MySQL을 처음 설치할 때 설정했던 비밀번호 '1234'를 입력하면 MySQL에 액세스된다.

```
C:\Users\nycol>mysql -u root -p
Enter password: ****
Welcome to the MySQL monitor.  Commands end with ; or \g.
Your MySQL connection id is 8
Server version: 8.0.32 MySQL Community Server - GPL

Copyright (c) 2000, 2023, Oracle and/or its affiliates.

Oracle is a registered trademark of Oracle Corporation and/or its
affiliates. Other names may be trademarks of their respective
owners.

Type 'help;' or '\h' for help. Type '\c' to clear the current input statement.

mysql> show databases;
+--------------------+
| Database           |
+--------------------+
| information_schema |
| mysql              |
| performance_schema |
| sys                |
+--------------------+
4 rows in set (0.01 sec)

mysql>
```

그림 3-23. MySQL 액세스

이는 단순히 MySQL 콘솔이기에 MySQL 8.0 Command Line Client를 실행하여 비밀번호를 입력하면 MySQL과 연결된 것을 볼 수 있다.

```
MySQL 8.0 Command Line Cli

Enter password: ****
Welcome to the MySQL monitor.  Commands end with ; or \g.
Your MySQL connection id is 10
Server version: 8.0.32 MySQL Community Server - GPL

Copyright (c) 2000, 2023, Oracle and/or its affiliates.

Oracle is a registered trademark of Oracle Corporation and/or its
affiliates. Other names may be trademarks of their respective
owners.

Type 'help;' or '\h' for help. Type '\c' to clear the current input statement.

mysql>
```

그림 3-24. MySQL 8.0 Command Line Client

이제 연결된 MySQL 8.0 Command Line Client에서 데이터베이스를 생성할 수 있다. 물론 앞으로 배울 MySQL Workbench로 다루는 것이 GUI 형태로 훨씬 쉽게 만들 수 있기 때문에 우리는 MySQL Workbench로 진행한다.

연습 문제

연습 01

다음은 관계형 데이터베이스 관리시스템으로 생성된 릴레이션이다. 다음 물음에 답해 보자.

〈고객〉

고객 번호	고객 이름	고객 전화번호
1	김춘추	123-1234
2	장영실	000-0000
3	최무선	111-1111
4	문익점	555-5555
5	정몽주	333-3333
6	황희	444-4444
7	문익점	777-7777
8	조식	888-8888
9	최무선	222-2222
10	성삼문	999-9999

❶ 릴레이션 이름은?

❷ 릴레이션 스키마는?

❸ 릴레이션 카디날리티는?

❹ 릴레이션 차수는?

연습 문제

연습 02 릴레이션 인스턴스의 특징을 설명해 보자.

연습 03 다음 문장을 완성해 보자.

"기본 키(Primary Key)는 (　　　) 과 (　　　) 특징을 갖는 속성으로 정의해야 한다."

연습 04 다음 문장을 완성해 보자.

"무결성이 낮아 릴레이션 조작으로 생기는 문제를 (　　　) 이라고 한다."

연습 05 정규형과 정규화에 대해 설명해 보자.

| 4장 |

SQL

학습 목표

- 데이터베이스 언어에 대해 이해한다.
- SQL 기본 문법을 이해한다.

1 〉 데이터베이스 언어

데이터베이스 관리 시스템(DBMS)은 여러 사용자들이 데이터베이스를 접근할 수 있도록 해 주는 프로그램이다. 데이터베이스 관리 시스템(DBMS)은 다음과 같은 기능을 포함한다.

- 데이터베이스 정의(스키마 표현. 스키마 관리)
- 데이터베이스 조작(삽입, 삭제, 수정, 검색)
- 데이터베이스 관리(데이터베이스 보안, 데이터베이스 보호)
- 데이터 저장(데이터베이스 성능)

데이터베이스 관리 시스템(DBMS)의 기능 중 '데이터베이스 정의', '데이터베이스 조작', '데이터베이스 관리', '데이터베이스 사용'은 프로그램을 사용하는 '사람'에게 제공되는 기능이므로 사용자 인터페이스를 반드시 제공해야 한다.

잠깐만요

데이터베이스 관리 시스템(DBMS)의 기능 중 '데이터 저장'은 데이터베이스 관리 시스템(DBMS)을 개발하는 개발자가 프로그램을 개발할 때 고려해야 하는 기능이므로 본 교재에서는 그 내용을 제외시켰다.

데이터베이스 관리 시스템(DBMS)에서 제공하는 기능을 사용할 수 있도록 제공하는 인터페이스를 '데이터베이스 언어'라고 정의한다.

컴퓨터에서 사용하는 '언어'는 일반적으로 프로그래밍 언어를 말한다. 프로그래밍 언어는 프로그래밍을 할 때 기능을 사용하는 명령어들의 집합이며, 프로그래밍 언어를 배운다는 것은 명령어의 의미와 표현 방법을 문법으로 배우는 것이다. 이와 같은 '언어'의 의미를 데이터베이스에 접목시켜 데이터베이스 언어를 정의하고 있으며, 모든 데이터베이스 관리 시스템(DBMS)은 각 언어별 명령어를 포함한다.

데이터베이스 언어의 종류와 각각의 기능을 정리하면 다음과 같다.

표 4-1. 데이터베이스 언어의 종류

데이터베이스 언어	표현	기능
DDL(Data Definition Language)	데이터 정의어	데이터베이스 생성(스키마 표현)
DML (Data Manipulation Language)	데이터 조작어	데이터베이스 조작(삽입, 삭제, 수정, 검색)
DCL (Data Control Language)	데이터 제어어	데이터베이스 관리(데이터베이스 보안, 데이터베이스 보호)

DDL(Data Definition Language)은 데이터 정의어라고 하며, 데이터베이스에서 사용되는 모든 객체를 생성, 관리(수정, 삭제)하는 기능을 포함한 언어이다.

잠깐만요

객체

데이터베이스에서 사용되는 객체는 논리적 데이터베이스 모델의 종류에 따라 다르게 정의될 수 있다. 관계형 데이터베이스에서는 데이터베이스, 테이블, 뷰(VIEW, 가상 릴레이션), 데이터베이스에서 정의하는 자동 기능(트리거(TRIGGER), 프로시저(PROCEDURE), 함수(FUNCTION)), 데이터베이스를 사용하는 사용자(USER) 등 모두를 객체로 정의한다.

DML(Data Manipulation Language)은 데이터 조작어이며 데이터베이스에 저장되는 모든 데이터를 삽입, 삭제, 수정, 검색하는 기능을 포함한 언어이다.

DCL(Data Control Language)은 데이터 제어어이며 데이터베이스 보안과 데이터베이스 보호 역할을 하고 전체적인 데이터베이스 권한 관리 기능을 포함한 언어이다.

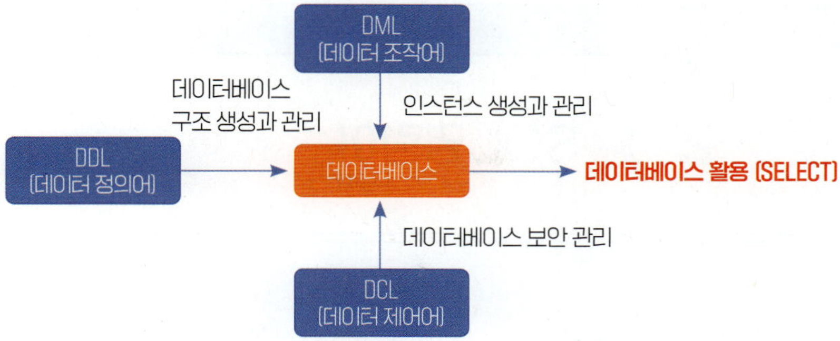

모든 데이터베이스 관리 시스템(DBMS)은 데이터베이스 언어(DDL, DML, DCL)를 포함한 사용자 인터페이스를 제공한다. 데이터베이스 관리 시스템(DBMS) 중 관계형 데이터베이스 관리 시스템(RDBMS)의 사용자 인터페이스인 SQL을 알아보자.

2 〉 SQL 명령어

SQL(Structured Query Language)은 관계형 데이터베이스 관리 시스템(RDBMS)의 사용자 인터페이스이다. SQL은 관계형 데이터베이스 관리 시스템(RDBMS)에서 제공하는 기능들을 사용할 수 있도록 명령어를 제공하는 '언어'이다. SQL은 Oracle, MySQL, MS-SQL 등 관계형 데이터베이스 관리 시스템(RDBMS)에 따라 명령어와 문법의 차이가 조금씩 있지만, 거의 비슷하다. 본 교재에서는 MySQL의 문법과 명령어를 기반으로 설명하였다.

SQL 명령어를 정리하면 표 4-2와 같다. 본 학습서의 주요 내용은 인공지능 알고리즘에서 사용하는 학습 데이터로 데이터베이스를 활용하는 것이다. 따라서 SQL의 가장 기본 기능과 사용법인 SQL을 통하여 데이터베이스를 생성하고, 데이터를 저장하고, 조작하는 방법을 중심으로 설명하고자 한다.

다음 표 4-2는 데이터베이스 생성과 조작을 중심으로 하는 SQL 명령어를 정리한 것이다. SQL 명령어를 사용하여 작성한 구문을 '쿼리문'이라고 하며, 모든 쿼리문 마지막에 ';(세미콜론)'을 추가하여 쿼리문이 끝났음을 표현한다.

표 4-2. 데이터베이스 언어의 종류

데이터베이스 언어	SQL 명령어	기능
DDL(데이터 정의어)	CREATE	데이터베이스 구조 생성(객체 생성)
	ALTER (ALTER~ADD ALTER~DROP ALTER~MODIFY)	데이터베이스 구조 수정(릴레이션 스키마 수정)
	DROP	데이터베이스 구조 삭제(객체 삭제)
DML(데이터 조작어)	INSERT	삽입(릴레이션에 데이터 삽입)
	UPDATE	수정(릴레이션에 저장된 데이터 수정)
	DELETE	삭제(릴레이션에 저장된 데이터 삭제)
	SELECT	검색(릴레이션에 저장된 데이터 검색)

DCL(데이터 제어어)	GRANT	권한 설정
	REVOKE	권한 해제

다음은 SQL을 이용하여 앞에서 설계한 '제품 데이터베이스'를 생성하는 과정이다.

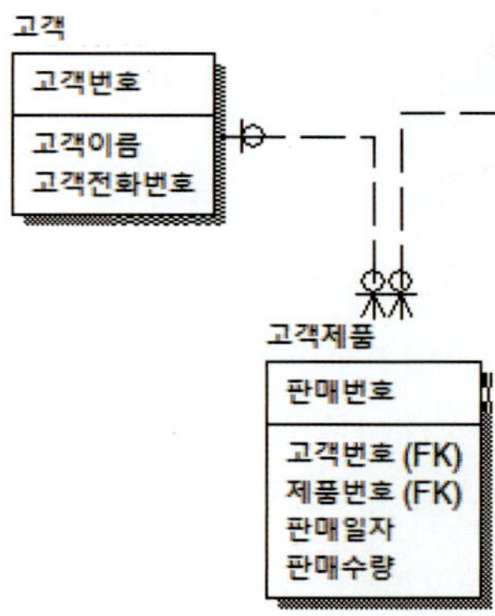

관계형 데이터베이스 개념 스키마

```
Create table user(
  user_id int(11) not null,
  user_name varchar(100) not null,
  user_telno varchar(50) null,
  primary key(user_id),
);

Create table product(
  pro_id int(11) not null,
  pro_name varchar(100) not null,
  pro_price int(20) null,
  primary key(pro_id),
);

Create table user_product(
  sal_no int(11) not null auto_increment,
  user_id int(11) null,
  pro_id int(11) not null,
  sal_date date,
  sal_count int(11),
  primary key(sal_no),
  foreign key(pro_id) reference product,
  foreign key(user_id) reference user
);
```

DDL - 데이터베이스 구조 생성

```
Insert into user (user_id, user_name, user_telno)
Values ( 1, '김춘추', '123-1234');
Insert into user (user_id, user_name, user_telno)
Values ( 2, '장영실', '000-0000');
Insert into user (user_id, user_name, user_telno)
Values ( 3, '최무선', '111-1111');
Insert into user (user_id, user_name, user_telno)
Values ( 4, '문익점', '555-5555');
Insert into user (user_id, user_name, user_telno)
Values ( 5, '정몽주', '333-3333');

Insert into product (pro_id, pro_name, pro_price)
Values (1001, '모니터');
Insert into product (pro_id, pro_name, pro_price)
Values (1002, '카메라');
Insert into product (pro_id, pro_name, pro_price)
Values (1003, '프린터');
Insert into product (pro_id, pro_name, pro_price)
Values (1004, '마우스');
Insert into product (pro_id, pro_name, pro_price)
Values (1005, '스피커');

Insert into user_product (sal_no, user_id, pro_id,
  sal_date , sal_count)
Values (3001, 1, 1001, 2022.7.4, 1);
Insert into user_product (sal_no, user_id, pro_id,
  sal_date , sal_count)
```

DML - 데이터베이스 인스턴스 생성

본 교재에서는 SQL의 가장 기본적인 문법을 기반으로 내용을 구성하였다. 높은 수준의 SQL 명령어에 대한 학습은 별도의 SQL 학습서를 활용하기 바란다.

2.1 DDL(DATA DEFINITION LANGUAGE)

DDL(Data Definition Language)은 데이터 정의어라고 하며, 데이터베이스에서 사용되는 모든 객체를 생성, 관리(수정, 삭제)하는 기능을 포함한 언어이다. MySQL에서 정의하는 DDL 명령어와 사용법을 살펴보자.

CREATE

DDL의 CREATE 명령어는 데이터베이스에서 정의한 객체를 생성하는 명령어이다. 관계형 데이터베이스에서는 '데이터베이스'를 비롯하여 데이터베이스에 접속하는 컴퓨터나 사용자, '프로그램 동작'이나 '저장되는 모든 데이터' 모두를 객체라고 정의한다. 객체는 각각의 구조를 가지고 있으며 그 구조를 'CREATE' 명령어 안에서 정의한다.

SQL에서 제공하는 객체 중 대표적인 'USER' 객체와 'TABLE' 객체만 알아보자.

'USER' 객체는 데이터베이스에 접속하는 모든 사용자이다. 데이터베이스를 사용하기 위해서는 반드시 'USER' 객체로 생성하여 저장해야 한다.

SQL의 CREATE 명령어를 이용한 'USER' 객체 생성을 위한 쿼리문 작성 문법은 다음과 같다.*

```
CTEATE USER [사용자 이름] IDENTIFIED BY [비밀번호];
```

'CREATE USER' 다음에 사용자 이름을 설정하고, 'IDENTIFIED BY' 다음에 사용자의 비밀번호를 설정한다. 사용자 이름이 'HWANG'이고, 비밀번호를 '1234'로 지정하는 CREATE 문은 다음과 같이 작성할 수 있다.

```
CTEATE USER HWANG IDENTIFIED BY 1234;
```

체크 포인트

* 대괄호 [ ]는 SQL 문 작성 시 포함하지 않고 요소만 작성하며, 소괄호 ( )는 SQL 문 작성 시 요소와 함께 반드시 포함된다.

'TABLE' 객체는 관계형 데이터베이스에서 설계한 릴레이션이다. CREATE 명령어를 이용한 TABLE 객체 생성을 위한 쿼리문 작성 문법은 다음과 같다.

```
CREATE TABLE [테이블 이름](
  [속성 이름] [속성 형식] [속성 제약조건],
  [테이블 제약조건]
);
```

[테이블 이름]은 데이터베이스 설계자가 정의한 릴레이션 이름으로 정의하며, 소괄호 안에 릴레이션 스키마를 정의한다.

[속성 이름]은 개념스키마에서 정의한 속성 이름을 기반으로 재정의하여 작성할 수 있다.

[속성 형식]은 속성에 저장될 데이터의 형식을 정의한다. MySQL에서 제공하는 속성 형식 중 많이 사용하는 몇 가지를 소개하면 다음과 같다.

Name of datatype	Range	Kind of data stored
VARCHAR	(0 - 255)	String
CHAR	(0 - 255)	String
INT	(−2147483648 to 214748− 3647)	Integer
TINYINT	(−128 to 127)	Integer
MEDIUMINT	(−8388608 to 8388607)	Integer
BIGINT		Integer
TEXT	0 - 65535	String
DOUBLE	(24 to 53 digits)	Decimal
BOOLEAN	1	TINYINT
DATETIME		YYYY−MM−DD HH:MM: SS
TIME		HH:MM: SS
DATE		YYYY−MM−DD

[속성 제약조건]은 속성이 갖는 제약조건을 의미한다. MySQL에서 제공하는 [속성 제약조건]은 다음과 같이 두 가지를 정의할 수 있다.

- **'NOT NULL' 제약조건** : 속성에 'NULL' 값이 저장될 수 없도록 하는 제약조건
- **'Unique' 제약조건** : 속성에 저장된 모든 데이터가 유일해야 하며, 중복될 수 없는 제약조건

[테이블 제약조건]은 테이블이 갖는 제약조건을 의미한다. MySQL에서 제공하는 [테이블 제약조건]은 다음과 같다.

- **'Primary key' 제약조건** : 테이블에 포함된 기본 키 속성을 정의하는 제약조건 (개체 무결성 제약조건을 포함한다.)
- **'Foreign key' 제약조건** : 테이블에 포함된 외래 키 속성을 정의하는 제약조건 (참조 무결성 제약조건을 포함한다.)
- **'Default' 제약조건** : 저장될 값이 없을 때 기본값을 설정할 수 있게 해 주는 제약조건

다음은 고객 릴레이션을 생성한 SQL 문이다. 고객 릴레이션은 데이터베이스에서 테이블 객체로 생성하였으며, 테이블 이름은 'user'로 정의하였다.

```
Create table user(
  user_id int(11) not null
  user_name varchar(100) not null,
  user_telno varchar(50) null,
  primary key(user_id),
);
```

고객 릴레이션에 포함된 속성들의 이름은 각각 'user_id', 'user_name', 'user_telno'로 정의하였고, 'user_id' 속성에 저장될 데이터의 형식은 'int' 형식으로 정의하고, 데이터의 최대 크기를 '11'로 정하였다. 'user_id' 속성의 제약조건은 'NOT NULL' 제약조건을 포함시켰다. 'user_name' 속성에 저장될 데이터의 형식은 'varchar(100)'으로 정의하였고, 'user_name' 속성의 제약조건은 'NOT NULL' 제약조건을 포함시켰다. 'user_telno' 속성에 저장될 데이터의 형식은 'varchar(50)'으로 정의하였고, 'user_telno' 속성의 제약조건은 'NULL' 제약조건을 포함시켰다. 이때 'NULL' 제약조건은 생략 가능하며, 명시하지 않을 경우 무

조건 'NULL' 값을 포함할 수 있도록 정의된다. 마지막으로 [테이블 제약조건]으로 'primary key' 제약조건을 포함시켰다. 이때 기본 키로 정의할 속성 이름을 반드시 명시해야 한다.

다음은 제품 릴레이션을 생성한 SQL 문이다. 제품 릴레이션은 데이터베이스에서 테이블 객체로 생성하였으며 테이블 이름을 'product'로 정의하였다.

```
Create table product(
  pro_id int(11) not null,
  pro_name varchar(100) not null,
  pro_price int(20) null,
  primary key(pro_id),
);
```

제품 릴레이션에 포함된 속성들의 이름은 각각 'pro_id', 'pro_name', 'pro_price'로 정의하였고, 각 속성들마다 데이터 저장 형식과 속성 제약조건을 명시하였다. [테이블 제약조건]으로 'primary key' 제약조건을 포함시켰다.

Primary key (기본 키 속성 이름)

다음은 고객 제품 릴레이션을 생성한 SQL 문이다. 고객 제품 릴레이션은 데이터베이스에서 테이블 객체로 생성하였으며 테이블 이름을 'user_product'로 정의하였다.

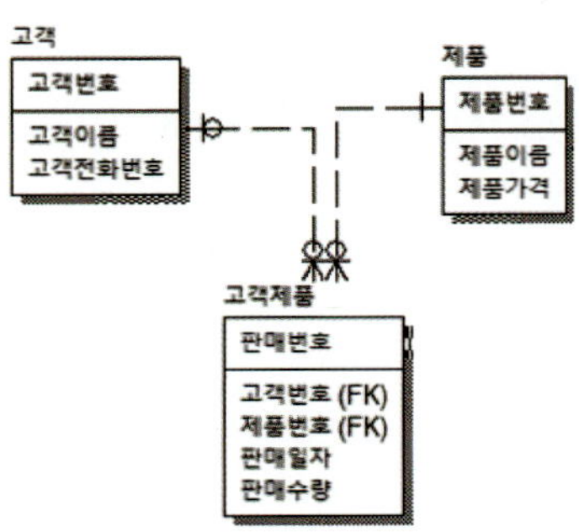


```
Create table user_product(
  sal_no int(11) not null auto_increment,
  user_id int(11) null,
  pro_id int(11) not null,
  sal_date date,
  sal_count int(11),
  primary key(sal_no),
  foreign key(pro_id) reference product,
  foreign key(user_id) reference user
);
```

고객 제품 릴레이션에 포함된 속성들의 이름은 각각 'sal_no', 'user_id', 'pro_id', 'sal_date', 'sal_count'로 정의하였고, 각 속성들마다 데이터 저장 형식과 속성 제약조건을 명시하였다. 이때 'user_id','pro_id' 속성은 관계 정의에서 포함된 속성으로 고객 릴레이션의 기본 키 속성인 'user_id'와 제품 릴레이션의 기본 키 속성인 'pro_id'가 그대로 포함된 것이다. 이때 각각 추가된 'null'과 'not null' 제약조건은 E-R 다이어그램에서 부모 릴레이션 쪽에 포함된 동그라미 기호를 기반으로 포함된 제약조건이다. 고객 릴레이션 쪽에는 동그라미가 있으므로 null을 허용한다는 의미이다. 따라서 'null' 제약조건을 추가하였다. 제품 릴레이션 쪽에는 동그라미가 없으므로 null을 허용하지 않는다는 의미이다. 따라서 'not null' 제약조건을 추가하였다. SQL 문 마지막에 [테이블 제약조건]으로 'primary key' 제약조건을 포함시켰으며, 두 개의 'foreign key' 제약조건을 포함시켰다. 외래 키 제약조건을 정의할 때 다음과 같은 규칙을 따른다.

Foreign key (외래 키 속성 이름) reference [관계 테이블 이름]

정의된 속성들 중에 외래 키로 정의할 속성 이름과 외래 키를 기본 키로 정의하고 있는 테이블의 이름을 반드시 포함시켜야 한다. 이때 외래 키로 정의하는 속성은 반드시 다른 테이블에서 기본 키로 정의되어 있어야 하며, 외래 키 속성의 데이터 저장 형식은 반드시 기본 키로 정의하고 있는 테이블에서 정의한 형식과 같아야 한다.

```
Create table product(
  pro_id int(11) not null ,
  pro_name varchar(100) not null,
  pro_price int(20) null,
  primary key(pro_id),
);
```

```
Create table user(
  user_id int(11) not null,
  user_name varchar(100) not null,
  user_telno varchar(50) null,
  primary key(user_id),
);
```

```
Create table user_product(
  sal_no int(11) not null auto_increment,
  user_id int(11) null,
  pro_id int(11) not null,
  sal_date date,
  sal_count int(11),
  primary key(sal_no),
  foreign key(pro_id) reference product,
  foreign key(user_id) reference user
);
```

테이블을 생성할 때 반드시 부모 릴레이션을 먼저 생성해야 한다. 자식 릴레이션에서 외래 키 제약조건을 추가할 때 부모 릴레이션 이름을 포함하기 때문에 부모 릴레이션이 테이블로 생성되어 있지 않으면 오류가 발생하여 테이블이 생성되지 않을 수 있다. 따라서 관계형 데이터베이스 설계에서 생성된 E-R 다이어그램을 기반으로 데이터베이스를 생성할 때 테이블 생성의 순서를 잘 지켜야 한다.

이와 같이 생성된 데이터베이스는 모두 조작(삽입, 삭제, 수정)이 가능하다. DDL 명령어로 생성된 데이터베이스 구조를 조작하기 위해서는 DDL 명령어에 포함된 조작 명령어인 'ALTER', 'DROP'을 사용할 수 있다.

ALTER

DDL의 ALTER 명령어는 DDL 명령어인 CREATE로 생성한 데이터베이스 구조를 수정할 때 사용하는 명령어이다. 테이블 객체에서 실행할 수 있는 수정 기능과 명령어는 다음과 같다.

표 4-3. ALTER 명령어

DDL 명령어	기능	문법
ALTER ~ RENAME	테이블 이름 변경	ALTER TABLE [OLD_테이블 이름] RENAME[NEW_테이블 이름] ;
ALTER ~ CHANGE	속성 이름 변경	ALTER TABLE [테이블 이름] CHANGE COLUMN [OLD_속성 이름] [NEW_속성 이름][NEW_속성 형식] ;
ALTER ~ MODIFY	속성 형식 변경	ALTER TABLE [테이블 이름] MODIFY COLUMN [속성 이름] [속성 형식] ;
ALTER ~ ADD	속성 추가	ALTER TABLE [테이블 이름] ADD COLUMN [속성 이름] [속성 형식] ;
	키 제약조건 추가	ALTER TABLE [테이블 이름] ADD PRIMARY KEY (키 속성으로 정할 속성 이름) ;
ALTER ~ DROP	속성 삭제	ALTER TABLE [테이블 이름] DROP COLUMN [속성 이름] ;
	키 제약조건 삭제	ALTER TABLE [테이블 이름] DROP PRIMARY KEY ;

다음과 같이 기존에 정의되었던 제품 데이터베이스의 설계가 수정되었다고 가정해 보자.

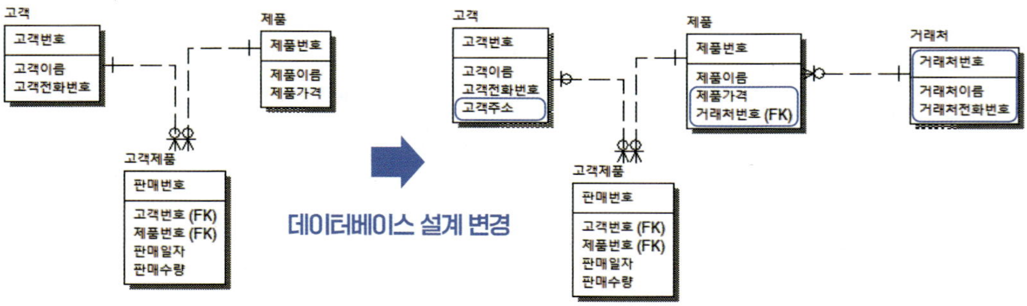

새로운 거래처 릴레이션이 추가되었다. 제품 릴레이션과 관계도 추가되었다. 고객 릴레이션에 '고객 주소'라는 속성이 추가되었으며 제품 릴레이션에 '거래처 번호'가 추가되었고, 제품 릴레이션에 추가된 '거래처 번호'는 외래 키로 정의되었다. 이때 주의해야 하는 것은 제품 릴레이션이 자식 거래처 릴레이션의 자식 릴레이션으로 거래처 릴레이션의 기본 키 속성을 외래 키 속성으로 포함하고 있기 때문에 거래처 테이블을 먼저 생성해야 제품 테이블에 거래처 번호 속성을 외래 키로 추가할 수 있다.

데이터베이스 수정 순서는 다음과 같다.

1. 거래처 테이블 생성
2. 제품 테이블 속성 추가
3. 제품 테이블 외래 키 제약조건 추가
4. 사용자 테이블 속성 추가

사용자 테이블 속성 추가는 전체 데이터베이스 구조에 영향을 미치지 않으므로 순서와 상관없지만 거래처 테이블 생성, 제품 테이블 속성 추가, 제품 테이블 외래 키 제약조건 추가의 순서는 반드시 지켜야 한다.

❶ **거래처 테이블 생성** : 거래처 릴레이션은 다음과 같이 TABLE 생성 SQL 문으로 작성하여 'CUSTOMER' 테이블 객체로 생성할 수 있다.

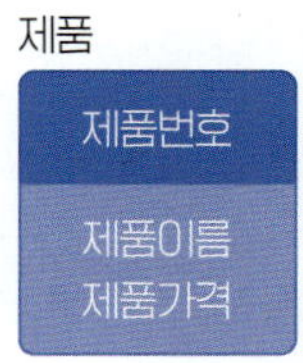


```
Create table customer(
  cus_id int(11) not null,
  cus_name varchar(100) not null,
  cus_tel int(20) null,
  primary key(cus_id),
);
```

❷ **제품 테이블 속성 추가** : 제품 테이블에 'CUS_ID' 속성 추가 SQL 문은 다음과 같이 작성할 수 있다.

```
ALTER TABLE PRODUCT ADD COLUMN CUS_ID INT(11) ;
```

❸ **제품 테이블 외래 키 제약조건 추가** : 제품 테이블에 'FOREIGN KEY' 제약조건을 추가하는 SQL 문은 다음과 같이 작성할 수 있다.

```
ALTER TABLE PRODUCT ADD FOREIGN KEY (CUS_ID) REFERENCE CUSTOMER ;
```

DROP

DDL의 DROP 명령어는 DDL 명령어인 CREATE로 생성한 데이터베이스 구조를 삭제할 때 사용하는 명령어이다. DROP 명령어로 생성된 모든 객체를 삭제할 수 있다. 테이블 객체를 삭제하는 SQL 문은 다음과 같이 작성할 수 있다.

```
DROP TABLE [테이블 이름] ;
```

테이블을 생성할 때 순서가 있는 것처럼 삭제할 때도 순서가 있다. 테이블을 삭제할 때는 부모 릴레이션은 자식 릴레이션에서 참조하고 있기 때문에 부모 릴레이션부터 삭제할 수 없다. 반드시 자식 릴레이션부터 삭제해야 한다. 제시된 제품 데이터베이스에서 테이블은 다음과 같은 순서로 삭제되어야 한다.

```
DROP TABLE [USER_PRODUCT] ;
```

↓

```
DROP TABLE [USER] ;
```

↓

```
DROP TABLE [PRODUCT] ;
```

↓

```
DROP TABLE [CUSTOMER] ;
```

삭제 순서를 지키지 않고 부모 릴레이션부터 삭제하려고 하면 관계형 데이터베이스는 참조 무결성을 포함하고 있기 때문에 에러 발생 후 삭제되지 않는다.

데이터베이스의 무결성은 데이터베이스 설계에 포함되며, 데이터베이스 관리 시스템(DBMS)은 무결성 있는 데이터베이스를 생성하기 위하여 제약조건을 제공한다. 따라서 MySQL은 'NOT NULL' 제약조건, 'Unique' 제약조건, 'Primary key' 제약조건, 'Foreign key' 제약조건, 'Default' 제약조건을 제공하고 있으며, SQL 문을 이용하여 데이터베이스를 생성할 때 제약조건을 포함시켜 데이터베이스의 무결성을 높일 수 있다.

2.2 DML(DATA MANIPULATION LANGUAGE)

DML(Data Manipulation Language)은 데이터 조작어라고 하며, 데이터베이스에 저장되는 모든 데이터를 삽입, 삭제, 수정, 검색하는 기능을 포함한 언어이다. MySQL에서 정의하는 DML 명령어와 사용법을 살펴보자.

INSERT

DML의 INSERT 명령어는 DDL 명령어인 CREATE로 생성된 테이블에 튜플을 추가하여 인스턴스를 생성하는 명령어이다. 테이블에 1개의 튜플을 추가하는 SQL 문은 다음과 같이 작성할 수 있다.

```
INSERT INTO [테이블 이름] (속성 이름1, 속성 이름2, … 속성 이름N)
VALUES (데이터1, 데이터2, …, 데이터N) ;
```

INSERT 명령어는 INSERT ~ INTO 명령어 문법으로 정의되며, [테이블 이름]은 튜플을 저장할 테이블의 이름이며, 속성 이름과 저장할 데이터는 반드시 소괄호 '()' 안에 작성한다. 이때 속성 이름의 순서와 데이터의 순서는 반드시 일치해야 한다.

잠깐만요

튜플과 인스턴스

다음 그림으로 관계형 데이터베이스에서 사용하는 용어를 잘 구분하자.

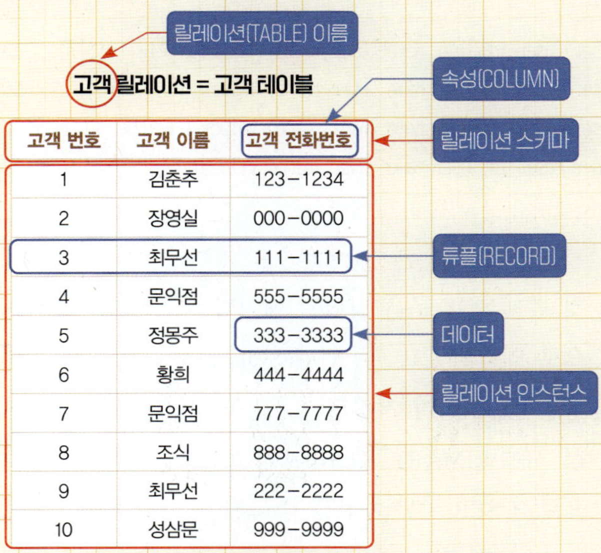

고객 번호	고객 이름	고객 전화번호
1	김춘추	123-1234
2	장영실	000-0000
3	최무선	111-1111
4	문익점	555-5555
5	정몽주	333-3333
6	황희	444-4444
7	문익점	777-7777
8	조식	888-8888
9	최무선	222-2222
10	성삼문	999-9999

다음과 같이 생성된 USER 테이블에 튜플 5개를 저장하여 인스턴스를 생성하는 SQL 문은 다음과 같이 작성할 수 있다.

```
Create table user(
  user_id int(11) not null
  user_name varchar(100) not null,
  user_telno varchar(50) null,
  primary key(user_id),
);
```

```
Insert into user (user_id, user_name, user_telno) Values ( 1, '김춘추', '123-1234');
Insert into user (user_id, user_name, user_telno) Values ( 2, '장영실', '000-0000');
Insert into user (user_id, user_name, user_telno) Values ( 3, '최무선', '111-1111');
Insert into user (user_id, user_name, user_telno) Values ( 4, '문익점', '555-5555');
Insert into user (user_id, user_name, user_telno) Values ( 5, '정몽주', '333-3333');
```

위의 인스턴스 생성 SQL 문은 테이블 생성에 포함된 제약조건에 문제가 없기 때문에 에러 없이 5개의 튜플이 잘 저장된다.

다음은 튜플이 저장되지 않고 에러가 발생하는 SQL 문이다.

```
Insert into user (user_id, user_name, user_telno) Values (NULL, '성삼문', '123-1234');
Insert into user (user_id, user_name, user_telno) Values (2, '조식', '555-5555');
Insert into user (user_id, user_name, user_telno) Values ( 6, NULL, '1212-1212');
Insert into user (user_id, user_name, user_telno) Values ( 7, '문익점', NULL);
```

기본 키 제약조건 (NOT NULL) 에러

기본 키 제약조건 (UNIQUE) 에러

제약조건 (NOT NULL) 에러

제약조건 (NULL) 허용 - 튜플 생성

첫 번째 SQL 문은 입력된 데이터 중 'USER_ID' 속성에 저장할 값이 NULL 값으로 입력되었고, 두 번째 SQL 문은 입력된 데이터 중 'USER_ID' 속성에 저장할 값이 이미 저장된 '2' 값으로 입력되었다. 'USER_ID' 속성은 테이블 생성 시 'PRIMARY KEY' 제약조건을 포함시켰고, 'PRIMARY KEY' 제약조건으로 'USER_ID' 속성은 중복된 값이나 NULL 값을 저장할 수 없다. 따라서 'PRIMARY KEY' 제약조건으로 무결성이 없는 튜플로 인정되어 에러 발생 후 저장되지 않는다.

세 번째 SQL 문은 입력된 데이터 중 'USER_NAME' 속성에 저장할 값이 NULL 값으로 입력되었다. 'USER_NAME' 속성은 'PRIMARY KEY'는 아니지만 테이블 생성할 때 'NOT NULL' 제약조건을 추가하였다. 따라서 'NOT NULL' 제약조건으로 무결성이 없는 튜플로 인정되어 에러 발생 후 저장되지 않는다.

네 번째 SQL 문은 입력된 데이터 중 'USER_TELNO' 속성에 저장할 값이 NULL 값으로 입력되었다. 하지만 'USER_TELNO' 속성에는 'NULL' 허용 제약조건을 추가하였기 때문에 무결성이 있는 튜플로 인정되어 정상적으로 저장된다.

튜플이 저장된 데이터베이스 결과는 다음과 같다.

User_id	User_name	User_telno
1	김춘추	123-1234
2	장영실	000-0000
3	최무선	111-1111
4	문익점	555-5555
5	정몽주	333-3333
7	문익점	

UPDATE

DML의 UPDATE 명령어는 DML 명령어인 INSERT 로 생성된 튜플의 데이터를 수정할 때 사용하는 명령어이다. 특정 데이터를 수정하는 SQL 문은 다음과 같이 작성할 수 있다.

```
UPDATE [테이블 이름] SET [속성 이름]=['NEW_데이터'] ;
UPDATE [테이블 이름] SET [속성 이름]=['NEW_데이터'] WHERE [조건] ;
```

UPDATE 명령어는 UPDATE ~ SET 또는 UPDATE ~ SET ~ WHERE 명령어 문법으로 정의되므로 [테이블 이름]은 수정할 튜플이 저장된 테이블의 이름이고 [속성 이름]은 수정할 데이터가 포함된 속성 이름이다. 이때 '=' 기호를 포함하여 새로운 데이터를 입력할 수 있다. WHERE는 특정한 튜플을 지정할 때 사용되는 명령어로, WHERE 다음에는 특정 튜플을 찾는 조건을 함께 정의해야 한다. WHERE 명령어를 정의하지 않을 경우 속성에 포함된 모든 데이터들이 한꺼번에 수정된다.

USER 테이블에 저장된 튜플에 다음과 같이 UPDATE SQL 문을 실행시켜 보자.

```
Update user set user_name = '세종대왕';
```

실행한 UPDATE SQL 문은 다음과 같은 의미를 표현한 SQL 문이다.

'USER 테이블에 포함된 USER_NAME 속성의 모든 데이터를 '세종대왕'으로 수정하라.'

User_id	User_name	User_telno
1	김춘추	123-1234
2	장영실	000-0000
3	최무선	111-1111
4	문익점	555-5555
5	정몽주	333-3333
7	문익점	

➡

User_id	User_name	User_telno
1	세종대왕	123-1234
2	세종대왕	000-0000
3	세종대왕	111-1111
4	세종대왕	555-5555
5	세종대왕	333-3333
7	세종대왕	

두 번째 UPDATE SQL 문을 실행시켜 보자.

```
Update user set user_name = '세종대왕' where user_id=1;
```

실행한 UPDATE SQL 문은 다음과 같은 의미를 표현한 SQL 문이다.

'USER 테이블에 포함된 튜플 중 USER_ID가 '1'인 튜플의 USER_NAME 속성의 데이터를 '세종대왕'으로 수정하라.'

User_id	User_name	User_telno
1	세종대왕	123-1234
2	장영실	000-0000
3	최무선	111-1111
4	문익점	555-5555
5	정몽주	333-3333
7	문익점	

User_id	User_name	User_telno
1	세종대왕	123-1234
2	장영실	000-0000
3	최무선	111-1111
4	문익점	777-7777
5	정몽주	333-3333
7	문익점	777-7777

세 번째 UPDATE SQL 문을 실행시켜 보자.

```
Update user set user_telno = '777-7777' where user_name = '문익점';
```

실행한 UPDATE SQL 문은 다음과 같은 의미를 표현한 SQL 문이다.

> 'USER 테이블에 포함된 튜플 중 USER_name이 '문익점'인 튜플의 USER_name 속성의 데이터를 '세종대왕'으로 수정하라.'

User_id	User_name	User_telno
1	김춘추	123-1234
2	장영실	000-0000
3	최무선	111-1111
4	문익점	555-5555
5	정몽주	333-3333
7	문익점	

User_id	User_name	User_telno
1	세종대왕	123-1234
2	장영실	000-0000
3	최무선	111-1111
4	문익점	777-7777
5	정몽주	333-3333
7	문익점	777-7777

USER 테이블의 데이터는 다음과 같이 수정된다. 다음과 같은 UPDATE SQL 문을 실행시켜 보자.

```
Update user set user_id = 3 where user_name = '문익점';
Update user set user_id = 10 where user_name = '문익점';
Update user set user_id = 9 where user_id = 1;
```

기본 키 제약조건 (NOT NULL) 에러

기본 키 제약조건 (UNIQUE) 에러

기본 키 제약조건 문제 없음 수정 완료

첫 번째 SQL 문은 'USER_ID' 속성에 저장할 값이 NULL 값으로 입력되었고, 두 번째 SQL 문은 입력된 데이터 중 'USER_ID' 속성에 저장할 값이 이미 저장된 '2' 값으로 입력되었다. 'USER_ID' 속성은 테이블 생성 시 'PRIMARY KEY' 제약조건을 포함시켰고, 'PRIMARY KEY' 제약조건으로 'USER_ID' 속성은 중복된 값이나 NULL 값을 저장할 수 없다. 따라서 'PRIMARY KEY' 제약조건으로 무결성이 없는 튜플로 인정되어 에러 발생 후 저장되지 않는다.

세 번째 SQL 문은 입력된 데이터 중 'USER_NAME' 속성에 저장할 값이 NULL 값으로 입력되었다. 'USER_NAME' 속성은 'PRIMARY KEY'는 아니지만, 테이블 생성할 때 'NOT NULL' 제약조건을 추가하였다. 따라서 'NOT NULL' 제약조건으로 무결성이 없는 튜플로 인정되어 에러 발생 후 저장되지 않는다.

네 번째 SQL 문은 입력된 데이터 중 'USER_TELNO' 속성에 저장할 값이 NULL 값으로 입력되었다. 하지만 'USER_TELNO' 속성에는 'NULL' 허용 제약조건을 추가하였기 때문에 무결성이 있는 튜플로 인정되어 정상적으로 저장된다.

DELETE

DML의 DELETE 명령어는 DML 명령어인 INSERT로 생성된 튜플의 데이터를 수정할 때 사용하는 명령어이다. 특정 데이터를 삭제하는 SQL 문은 다음과 같이 작성할 수 있다.

```
DELETE FROM [테이블 이름] ;
DELETE FROM [테이블 이름] WHERE [조건] ;
```

DELETE 명령어는 DELETE FROM~ 또는 DELETE FROM~WHERE~ 명령어 문법으로 정의된다. 첫 번째 DELETE FROM~ SQL 문에서 [테이블 이름]은 삭제할 튜플이 저장된 테이블의 이름이다. 아무런 조건 없이 테이블 이름으로만 SQL 문을 실행하면 테이블에 포함된 모든 튜플이 삭제된다. 두 번째 DELETE FROM~WHERE~은 WHERE 다음에 나오는 조건에 맞는 튜플들만 삭제한다.

USER 테이블에 다음과 같이 UPDATE SQL 문을 실행시켜 보자.

```sql
Delete from user ;
```

USER 테이블에 저장된 모든 튜플이 삭제되어 다음과 같은 결과를 보인다.

User_id	User_name	User_telno
1	김춘추	123-1234
2	장영실	000-0000
3	최무선	111-1111
4	문익점	555-5555
5	정몽주	333-3333
7	문익점	

→

User_id	User_name	User_telno

하지만 실제 실행 결과는 다음과 같다.

User_id	User_name	User_telno
1	김춘추	123-1234
2	장영실	000-0000
3	최무선	111-1111
4	문익점	555-5555
5	정몽주	333-3333
7	문익점	

→

User_id	User_name	User_telno
1	김춘추	123-1234
2	장영실	000-0000
3	최무선	111-1111
4	문익점	555-5555
5	정몽주	333-3333

외래 키 제약조건
참조되지 않은 튜플만 삭제

USER 테이블은 처음 설계할 때 다음과 같은 관계로 정의되어 생성된 테이블이었다.

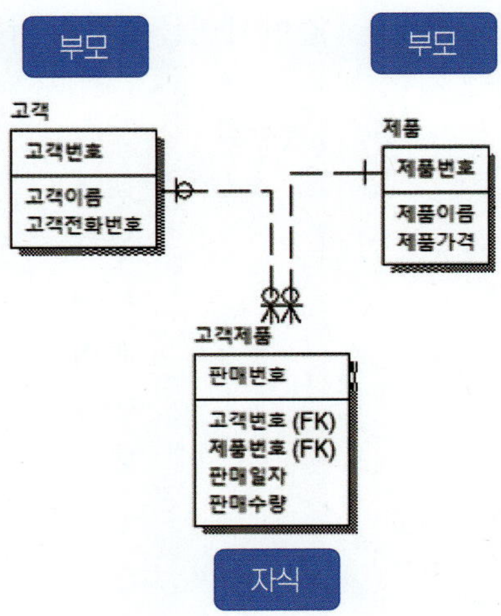

USER 테이블은 USER_PRODUCT 테이블과 관계가 있으며, USER_PRODUCT 테이블에서 USER 테이블의 기본 키인 USER_id를 외래 키로 참조하고 있다. 따라서 부모 테이블로 정의된 테이블의 튜플은 외래 키 제약조건과 참조 무결성 제약조건이 적용되어 참조되지 않은 튜플만 삭제된다.

USER 테이블에 다음과 같이 조건이 포함된 DELETE SQL 문을 실행시켜 보자.

```
Delete from user where user_id = 1;
Delete from user where user_name = '문익점';
```

첫 번째 SQL 문을 실행시키면 USER_ID가 1인 튜플만 삭제하게 되어 다음과 같은 결과를 보인다.

User_id	User_name	User_telno
1	김춘추	123-1234
2	장영실	000-0000
3	최무선	111-1111
4	문익점	555-5555
5	정몽주	333-3333
7	문익점	

User_id	User_name	User_telno
2	장영실	000-0000
3	최무선	111-1111
4	문익점	777-7777
5	정몽주	333-3333
7	문익점	777-7777

두 번째 SQL 문을 실행시키면 USER_NAME이 '문익점' 튜플만 삭제된다. 다음과 같이 테이블에 같은 이름의 사용자가 둘이므로 두 개의 튜플이 모두 삭제된다.

User_id	User_name	User_telno
1	김춘추	123-1234
2	장영실	000-0000
3	최무선	111-1111
4	문익점	555-5555
5	정몽주	333-3333
7	문익점	

User_id	User_name	User_telno
1	김춘추	123-1234
2	장영실	000-0000
3	최무선	111-1111
5	정몽주	333-3333

하지만 실제 실습을 진행하면 두 가지 DELETE SQL 문은 에러 발생 후 실행되지 않을 수 있다. 외래 키 제약조건과 참조 무결성이 적용되어 조건에 정의된 튜플이 참조된 튜플이라면 실행되지 않고, 참조되지 않은 튜플이라면 실행되어 삭제된다.

```
Delete from user where user_id = 1;
Delete from user where user_name = '문익점';
```

→ 외래 키 제약조건 (참조 무결성) 에러

이와 같이 관계를 정의하고 외래 키 제약조건을 SQL DDL 문에서 정의하면, 자동으로 참조 무결성을 갖는 테이블이 생성되어 참조된 데이터의 삭제로 인한 데이터의 오류를 방지할 수 있다.

USER 테이블의 튜플은 USER_PRODUCT 테이블에서 참조하고 있는 모든 튜플을 먼저 삭제한 후 삭제할 수 있다.

2.3 DCL(DATA CONTROL LANGUAGE)

DCL(Data Control Language)은 데이터 제어어라고 한다. 이는 데이터베이스 보안과 데이터베이스 보호의 역할을 하며, 전체적인 데이터베이스 권한 관리 기능을 포함한 언어이다. MySQL에서 정의하는 DCL 명령어와 사용법을 살펴보자.

GRANT

DCL의 GRANT 명령어는 사용자 권한을 설정하는 명령어이다. 권한을 설정하는 SQL 명문은 다음과 같이 작성할 수 있다.

```
GRANT [권한1, 권한2, …, 권한N] PRIVILEGES ON [테이블 이름] TO [사용자 이름]
IDENTIFIED BY [비밀번호];
FLUSH PRIVILEGES;
```

GRANT 명령문은 다음과 같은 의미를 갖는다.

> 정의한 [테이블]에 대한 정의한 [권한1, 권한2, …, 권한N] 등의 권한을 정의한 [사용자]에게 부여한다.
> 사용자는 정의된 [비밀번호]로 접속한 사용자이다.

'FLUSH PRIVILEGES;' SQL 문은 앞에서 정의한 GRANT 설정 권한을 실행시킨다. 따라서 GRANT SQL 문 작성 후 마지막에 반드시 포함한다. 여러 개의 GRANT SQL 문을 작성하였을 때는 한 번만 포함시킨다.

정의되는 [권한1, 권한2, …, 권한N]은 테이블을 조작할 수 있는 권한을 자세히 명시할 수 있다. 모든 조작의 권한을 설정할 때 'ALL' 옵션을 사용할 수 있다.

사용자 이름이 'HWANG'이고, 비밀번호가 '1234'로 설정된 사용자가 생성되었다고 가정했을 때 사용자 'HWANG'에게 GRANT SQL 명령어를 이용하여 테이블에 대한 권한을 설정할 수 있다.

```
GRANT ALL PRIVILEGES ON USER TO HWANG IDENTIFIED BY 1234;
GRANT SELECT PRIVILEGES ON USER TO HWANG IDENTIFIED BY 1234;
FLUSH PRIVILEGES;
```

REVOKE

DCL의 REVOKE 명령어는 사용자 권한을 해제하는 명령어이다. 권한을 해제하는 SQL 문은 다음과 같이 작성할 수 있다.

```
REVOKE [권한1, 권한2, …, 권한N] ON [테이블 이름] TO [사용자 이름] ;
REVOKE ALL ON [테이블 이름] TO [사용자 이름] ;
```

REVOKE 명령문은 다음과 같은 의미를 갖는다.

정의한 [테이블]에 대한 정의한 [권한1, 권한2, …, 권한N] 등의 권한을 정의한 [사용자]로부터 해제한다.

정의되는 [권한1, 권한2, …, 권한N]은 테이블을 조작할 수 있는 권한을 자세히 명시할 수 있다. 모든 조작의 권한을 설정할 때 'ALL' 옵션을 사용할 수 있다.

사용자 'HWANG'에게 REVOKE SQL 명령어를 이용하여 테이블에 대한 권한을 해제할 수 있다.

```
REVOKE ALL ON USER TO HWANG ;
REVOKE SELECT ON USER TO HWANG ;
```

3 〉 SELECT

SQL에서 정의하는 데이터베이스 언어들과 명령어들의 관계는 다음과 같이 표현할 수 있다.

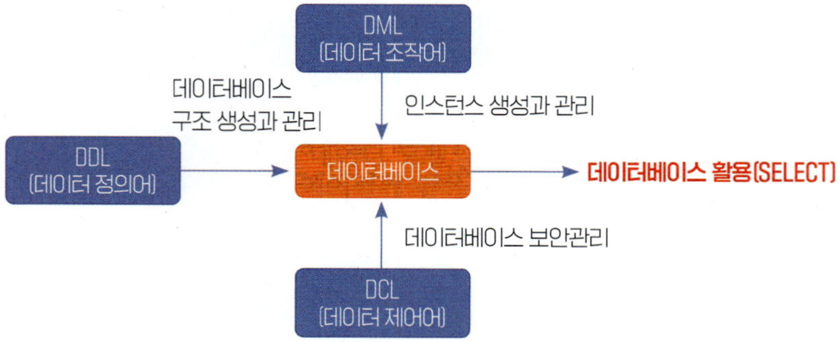

DDL, DML, DCL을 이용하여 생성한 데이터베이스를 'SELECT' 명령어를 이용하여 데이터베이스를 활용한다. SQL을 이용하여 데이터베이스를 생성하고 활용하기 위해서는 다음과 같은 과정을 거친다.

DDL 명령어인 'CREATE'를 이용하여 데이터베이스 구조를 생성하고, DDL로 생성한 구조에 대한 변경이나 삭제는 DDL 명령어인 'ALTER'와 'DROP'을 사용해야 한다. DML 명령어인 'INSERT'를 이용하여 인스턴스를 생성하면 DML로 생성된 인스턴스에 대한 변경이나 삭제는 DML 명령어인 'UPDATE'와 'DELETE'를 사용해야 한다.

DDL 명령어인 'CREATE'를 이용하여 데이터베이스 구조를 생성하고, DML 명령어인 'INSERT'를 이용하여 인스턴스를 생성하면 'SELECT' 명령어를 이용하여 활용할 수 있다.

3.1 SELECT 명령어 구조

SELECT 명령어는 'SELECT' 절, 'FROM' 절, 'WHERE' 절, 'GROUP BY' 절, 'HAVING' 절, 'ORDER BY' 절 등 총 6개의 '절'로 구성된다. SELECT 명령어의 구조와 기능은 다음과 같다.

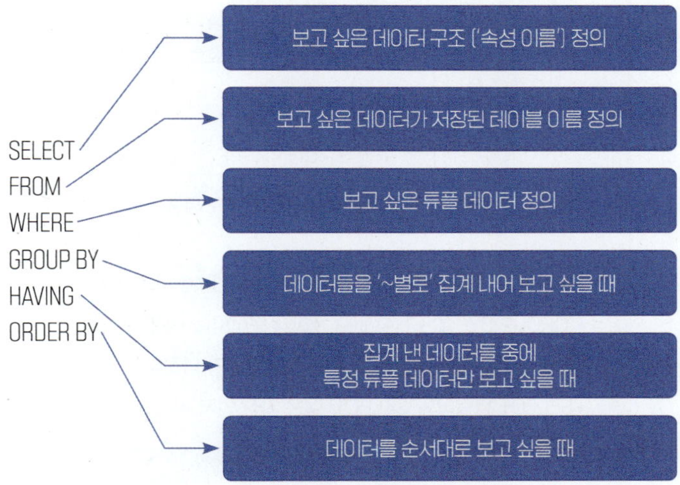

'SELECT' 절은 보고 싶은 데이터 구조를 정의하는 '절'이며, 'FROM' 절은 보고 싶은 데이터가 저장된 테이블을 정의하는 '절'이다. 'WHERE' 절은 보고 싶은 특정 튜플 데이터를 지정할 때 정의하는 '절'이고, 'GROUP BY' 절은 데이터들을 '~별로' 집계하여 보고 싶을 때 사용하는 '절'이다. 'HAVING' 절은 'GROUP BY' 절에서 집계한 데이터들 중에서 특정 튜플 데이터를 지정할 때 정의하는 '절'이다. 마지막으로 'ORDER BY' 절은 데이터를 순서대로 보고 싶을 때 사용하는 '절'이다.

SELECT 명령어에 포함된 각각의 기능 명령어들은 다음과 같은 문법적 특징을 갖는다.

- 작성 순서를 반드시 지켜야 한다.
- 'SELECT' 절과 'FROM' 절은 반드시 포함되어야 한다.

```
SELECT *
```

FROM 절 부재

```
FROM USER
WHERE USER_NAME = '김춘추'
```

SELECT 절 부재

```
FROM USER
WHERE USER_NAME = '김춘추'
SELECT *
```

'절'의 잘못된 순서

그림 4-1. SELECT 명령어 구조의 잘못된 표현

- 'WHERE' 절, 'GROUP BY' 절, 'HAVING' 절, 'ORDER BY' 절은 필요할 때 선택적으로 사용할 수 있다.

```
SELECT *
FROM USER
```

```
SELECT *
FROM USER
WHERE USER_NAME = '김춘추'
```

```
SELECT PRO_NAME
FROM PRODUCT
GROUP BY PRO_NAME
```

```
SELECT *
FROM PRODUCT
ORDER BY PRO_NAME
```

그림 4-2. SELECT 명령어 구조의 여러 가지 표현

- 'HAVING' 절은 반드시 'GROUP BY' 절과 함께 사용해야 한다.
- 'GROUP BY' 절은 'HAVING' 절과 상관없이 사용할 수 있다.
- SELECT 명령어는 작성 순서와 실행 순서가 다르다.
- SELECT 명령어의 'SELECT' 절은 가장 먼저 작성하지만, 실행 순서는 다르다.

작성 순서	실행 순서	
1	5	SELECT
2	1	FROM
3	2	WHERE
4	3	GROUP BY
5	4	HAVING
6	6	ORDER BY

명령어의 실행 순서를 살펴보면 'FROM' 절이 가장 먼저 실행되며, 'WHERE' 절, 'GROUP BY' 절, 'HAVING' 절, 'SELECT' 절, 'ORDER BY' 절 순으로 실행된다.

'실행한다.'라는 것은 SQL이 프로그래밍 언어처럼 동작하기 때문에 SQL 명령어로 작성된 SQL 문을 데이터베이스 관리 시스템(DBMS)이 번역하여 실행한 후 결과를 출력하는 과정을 거친다. 이때 '실행 순서'는 데이터베이스 관리 시스템(DBMS)이 처리하는 순서를 말한다.

'FROM' 절이 가장 먼저 실행되는 이유는 보조기억장치(HDD)에 저장된 데이터들을 주기억장치(MM)에 이동하여 조건에 맞추어 처리해야 하기 때문이다. 'SELECT' 절, 'WHERE' 절, 'GROUP BY' 절, 'HAVING' 절, 'ORDER BY' 절은 주기억장치에 저장된 테이블을 기반으로 처리된다. 따라서 SELECT 명령어의 처리는 보조기억장치에 저장된 원본 데이터베이스에 저장된 테이블에서 직접 보는 것이 아니라, 주기억장치에 복사된 테이블을 이용하여 처리되므로 원본 데이터베이스에 전혀 영향을 미치지 않는다.

SELECT 명령어의 처리 결과도 주기억장치에 저장된 결과를 보는 것이므로 영구 저장되지 않기 때문에 같은 결과 데이터를 보기 위해서는 매번 SELECT 명령문을 작성하여 실행시켜야 한다.

잠깐만요

'VIEW' 가상 테이블

SELECT 명령어로 작성된 결과를 저장하는 방법은 가상 테이블인 'VIEW'를 사용할 수 있다. 'VIEW'를 실행시키면 테이블을 볼 수 있기 때문에 마치 원본 데이터베이스에 저장된 테이블처럼 생각할 수 있지만, 실제로는 'VIEW'테이블 결과를 출력하는 SELECT 명령어가 저장된 것이다. 'VIEW'테이블을 실행시킨다는 것은 테이블을 생성하는 SELECT 명령어가 실행되는 것이다. 하지만 'VIEW'로 저장하면, 데이터베이스에서 사용되는 테이블처럼 DML 명령어를 사용하여 인스턴스의 조작이 가능하고, 이때 원본 데이터베이스의 테이블에도 영향을 미칠 수 있으므로 테이블처럼 사용할 수 있다. 따라서 'VIEW'를 가상 테이블이라고 한다.

각각의 '절'이 실행될 때마다 결과는 테이블 형태로 주기억장치에 저장된다. 순서대로 실행될 때마다 이전 실행한 결과는 주기억장치에 삭제되며, SELECT 명령어가 모두 처리되어 결과를 화면에 보여 준 후 테이블은 주기억장치에서 모두 삭제된다. SELECT 명령어가 실행되는 과정과 주기억장치의 상태는 다음과 같다.

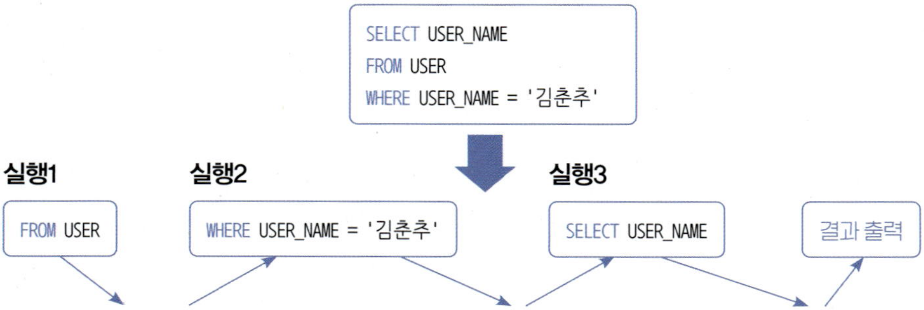

실행1 결과 테이블(주기억장치)

User_id	User_name	User_telno
1	김춘추	123-1234
2	장영실	000-0000
3	최무선	111-1111
4	문익점	555-5555
5	정몽주	333-3333
7	문익점	

실행2 결과 테이블(주기억장치)

User_id	User_name	User_telno
1	김춘추	123-1234

실행1 결과 테이블 삭제됨

실행3 결과 테이블(주기억장치)

User_name
김춘추

실행2 결과 테이블 삭제됨

'FROM' 절을 실행하면 보조기억장치에 저장된 원본 USER 테이블을 주기억장치에 복사한다. 주기억장치에 저장된 테이블에 'WHERE' 절을 적용하여 실행하면, 실행1 결과 테이블은 삭제되고, 주기억장치에는 실행2 결과 테이블만 저장된다. 'USER_NAME' 속성에 저장된 데이터들 중에서 '김춘추'만 찾아 새로운 테이블이 생성된 것을 알 수 있다. 실행2 결과 테이블에 'SELECT' 절을 적용하여 실행하면, 실행2 결과 테이블은 삭제되고, 주기억장치에는 실행3 결과 테이블만 저장된다. 더 이상 실행할 SELECT 명령문이 없으므로 마지막으로 저장된 실행3 결과 테이블을 출력한다.

SELECT 명령어에 포함된 'SELECT' 절, 'FROM' 절, 'WHERE' 절, 'GROUP BY' 절, 'HAVING' 절, 'ORDER BY' 절 기능과 사용 문법을 알아보자.

FROM 절

'FROM' 절은 원하는 데이터가 저장된 테이블을 주기억장치에 복사하는 명령어로 SELECT 명령문에서 반드시 표현해야 하는 기본 '절'이다. 기본 문법은 다음과 같다.

```
FROM [테이블 이름] ;
```

'테이블 이름'은 데이터베이스 설계할 때 사용한 테이블의 이름을 사용한다.

관계형 데이터베이스는 정보의 특징과 데이터의 무결성을 높이고, 데이터의 중복성을 최소화 하여 설계된다. 따라서 하나의 데이터베이스에 여러 개의 테이블이 포함되도록 설계된다.

다음과 같은 제품 데이터베이스에서 각각의 테이블을 'FROM' 절을 이용하여 다양하게 주기억장치로 복사할 수 있다.

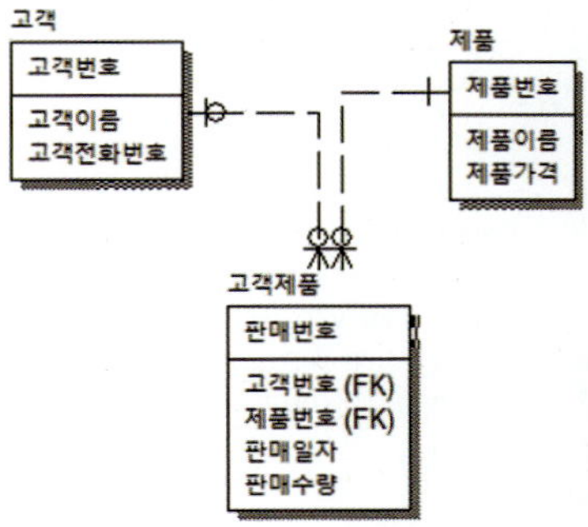


```
Create table user(
  user_id int(11) not null,
  user_name varchar(100) not null,
  user_telno varchar(50) null,
  primary key(user_id),
);

Create table product(
  pro_id int(11) not null,
  pro_name varchar(100) not null,
  pro_price int(20) null,
  primary key(pro_id),
);

Create table user_product(
  sal_no int(11) not null,
  user_id int(11),
  pro_id int(11),
  sal_date date,
  sal_count int(11),
  primary key(sal_no),
  foreign key(pro_id) reference product,
  foreign key(user_id) reference user,
)
```

제품 데이터베이스에는 'USER', 'PRODUCT','USER_PRODUCT' 세 개의 테이블이 저장되어 있으며, 'USER' 테이블과 'USER_PRODUCT' 테이블,

'PRODUCT' 테이블과 'USER_PRODUCT' 테이블은 서로 관계가 있다. 테이블의 관계는 기본 키와 외래 키로 정의되어 있다. 제품 데이터베이스에서 'USER', 'PRODUCT', 'USER_PRODUCT' 테이블 각각을 주기억장치에 복사하는 'FROM'절로 다음과 같이 정의할 수 있다.

```
FROM USER;
```

```
FROM PRODUCT;
```

```
FROM USER_PRODUCT;
```

'USER' 테이블과 'USER_PRODUCT' 테이블, 'PRODUCT' 테이블과 'USER_PRODUCT' 테이블은 서로 관계가 있기 때문에 두 개의 테이블을 하나의 테이블로 만들 수 있는데, 'FROM' 절에 정의하고자 하는 테이블이 두 개 이상일 때 'JOIN' 연산자를 사용하여 관계가 정의된 여러 개의 테이블을 하나의 테이블로 생성하여 주기억장치에 저장할 수 있다. 'JOIN' 연산자를 사용할 때 설계 조건과 문법이 연결되어 있는 것을 알 수 있다.

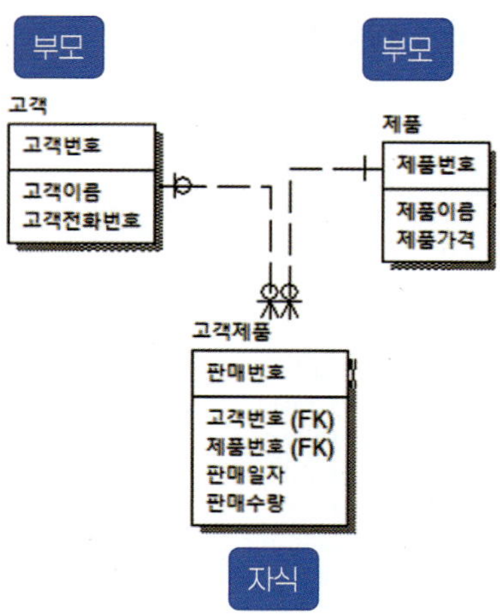


```
Create table user(                                  ← 부모
  user_id int(11) not null,
  user_name varchar(100) not null,
  user_telno varchar(50) null,
  primary key(user_id)
);

Create table product(                               ← 부모
  pro_id int(11) not null,
  pro_name varchar(100) not null,
  pro_price int(20) null,
  primary key(pro_id),
);

Create table user_product(                          ← 자식
  sal_no int(11) not null auto_increment,
  user_id int(11) null,
  pro_id int(11) not null,
  sal_date date,
  sal_count int(11),
  primary key(sal_no),
  foreign key(pro_id) reference product,
  foreign key(user_id) reference user
);
```

서로 부모와 자식 관계로 설계된 테이블을 SQL 문으로 작성할 때, 부모 테이블은 기본 키만 정의되며, 자식 테이블은 자기 자신의 기본 키와 부모 테이블의 기본 키를 외래 키로 정의한다.

설계 조건을 기반으로 'JOIN' 연산자를 사용하여 표현한 'FROM' 절은 다음과 같은 문법으로 작성할 수 있다.

(설계 조건)
테이블2 : 테이블1 = 1:N 관계
테이블 1 → 자식, 테이블 2 → 부모

```
FROM [자식 테이블 이름1] JOIN [부모 테이블 이름2]
                    ON 자식 테이블 이름1.외래 키 = 부모 테이블 이름2.기본 키 ;
```

설계 조건을 기반으로 제품 데이터베이스에서 'USER' 테이블과 'USER_PRODUCT' 테이블, 'PRODUCT' 테이블과 'USER_PRODUCT' 테이블을 'JOIN' 연산자를 이용하여 주기억장치에 복사하는 'FROM' 절은 다음과 같이 정의할 수 있다.

```
FROM USER_PRODUCT JOIN USER
                    ON USER_PRODUCT.USER_ID = USER.USER_ID ;
```

'FROM' 절을 실행했을 때 주기억장치에서 생성되는 테이블은 다음과 같다.

User_id	User_name	User_telno
1	김춘추	123-1234
2	장영실	000-0000
3	최무선	111-1111
4	문익점	555-5555
5	정몽주	333-3333
7	문익점	

JOIN

Sal_no	User_id	Pro_id	Sal_date	Sal_count
3001	1	1001	2022.7.4	1
3002	1	1002	2022.7.4	1
3003	2	1003	2022.9.1	1
3004	3	1004	2022.9.29	5
3005	3	1003	2022.1.24	2
3006	4	1001	2022.2.22	2
3007	5	1005	2022.1.5	1
3008	5	1003	2022.10.17	1

부모 테이블에서 가져온 데이터

Sal_no	User_id	Pro_id	Sal_date	Sal_count	User_id	User_name	User_telno
3001	1	1001	2022.7.4	1	1	김춘추	123-1234
3002	1	1002	2022.7.4	1	1	김춘추	123-1234
3003	2	1003	2022.9.1	1	2	장영실	000-0000
3004	3	1004	2022.9.29	5	3	최무선	111-1111
3005	3	1003	2022.1.24	2	3	최무선	111-1111
3006	4	1001	2022.2.22	2	4	문익점	555-5555
3007	5	1005	2022.1.5	1	5	정몽주	333-3333
3008	5	1003	2022.10.17	1	5	정몽주	333-3333

자식 테이블인 'USER_PRODUCT' 테이블에 부모 테이블인 'USER' 테이블에서 외래 키로 찾은 데이터를 추가하여 하나의 테이블을 만들어 준다. 따라서 'USER_ID' 속성이 두 개 포함되는데 앞쪽에 포함된 'USER_ID' 속성은 자식 테이블인 'USER_PRODUCT' 테이블에 포함된 속성이고, 뒤쪽에 포함된 'USER_ID' 속성은 부모 테이블인 'USER' 테이블에서 가져온 데이터가 포함된 속성이다.

잠깐만요

조인의 종류

MySQL에는 기본 'JOIN'외에 'LEFT OUTER JOIN', 'RIGHT OUTER JOIN', 'FULL OUTER JOIN'이 있다. 관계 설계 시 자식 테이블에서 정의하는 외래 키 제약조건의 'NULL' 조건이 포함되어 있을 경우 일반 'JOIN'을 실행시키면 누락되는 데이터가 생길 수 있다. 이때 관계 설계에 따라 'OUTER JOIN'을 실행시켜야 한다.

SELECT 절

'SELECT' 절은 원하는 데이터의 속성 이름 지정할 때 사용하는 명령어이며, SELECT 명령문에서 반드시 표현해야 하는 기본 '절'이다. 기본 문법은 다음과 같다.

```
SELECT [속성 이름] ;
```

관계형 데이터베이스로 생성된 데이터베이스에서 원하는 데이터를 찾아서 볼 때 반드시 테이블 형태로 정의해야 한다.

USER 테이블에서 보고 싶은 정보를 SELECT 절에서 선택할 수 있다.

```
SELECT USER_NAME
FROM USER;
```

실행 결과

User_name
김춘추
장영실
최무선
문익점
정몽주
문익점

```
SELECT USER_NAME, USER, TELNO
FROM USER;
```

실행 결과

User_name	User_telno
김춘추	123-1234
장영실	000-0000
최무선	111-1111
문익점	555-5555
정몽주	333-3333
문익점	

USER 테이블에서 고객 이름 전체를 확인하려고 할 때 SELECT 절에 고객 이름이 저장된 속성 이름인 USER_NAME을 정의한다. USER 테이블에서 고객 이름과 전화번호 전체를 확인하려고 할 때 SELECT 절에 고객 이름이 저장된 속성 이름인 USER_NAME과 전화번호가 저장된 속성 이름인 USER_TELNO를 정의한다. 이와 같이 저장된 데이터베이스 테이블에서 원하는 데이터들이 저장된 속성 이름을 SELECT 절에 정의한다.

SELECT 절에 정의할 수 있는 요소는 속성 이름 외에 '*(ALL)', '집단 함수 - SUM(), AVG(), MIN(), MAX(), COUNT()', '산술 연산자(+, -, *, /)' 등이 있다. '*' 는 테이블의 모든 속성을 확인할 때 사용할 수 있다.

'집단 함수 - SUM(속성 이름), AVG(속성 이름), MIN(속성 이름), MAX(속성 이름), COUNT(속성 이름)'은 속성 이름에 저장된 모든 값에 함수를 적용하여 값을 보인다.

- **SUM(속성 이름) 함수** : 속성에 저장된 모든 값들의 합을 계산하여 결과를 보이는 함수이다.
- **AVG(속성 이름) 함수** : 속성에 저장된 모든 값들의 평균값을 계산하여 결과를 보이는 함수이다.
- **MIN(속성 이름) 함수** : 속성에 저장된 모든 값들 중 가장 작은 값을 찾아 결과를 보이는 함수이다.
- **MAX(속성 이름) 함수** : 속성에 저장된 모든 값들 중 가장 큰 값을 찾아 결과를 보이는 함수이다.
- **COUNT(속성 이름) 함수** : 속성에 저장된 모든 값들의 개수를 세어서 결과를 보이는 함수이다.

'산술 연산자(+, −, *, /)'를 사용할 때 피연산자는 속성 이름 또는 값으로 정의할 수 있다. '속성 이름 + 속성 이름' 또는 '속성 이름 * 3'처럼 정의할 수 있다. '속성 이름 + 속성 이름'은 두 속성에 저장된 모든 값들을 서로 더한 결괏값을 보이며, '속성 이름 * 3'은 속성에 저장된 모든 값에 3을 곱한 결괏값을 보인다.

```
SELECT *
FROM USER;
```

실행 결과

User_id	User_name	User_telno
1	김춘추	123−1234
2	장영실	000−0000
3	최무선	111−1111
4	문익점	555−5555
5	정몽주	333−3333
7	문익점	

```
SELECT COUNT(USER_ID)
FROM USER;
```

실행 결과

COUNT(USER_ID)
7

```
SELECT USER_NAME + '고객님'
FROM USER;
```

실행 결과

User_name + '고객님'
김춘추 고객님
장영실 고객님
최무선 고객님
문익점 고객님
정몽주 고객님
문익점 고객님

WHERE 절

'WHERE' 절은 보고 싶은 특정 튜플 데이터를 지정할 때 정의하는 '절'이며, 필요할 때 선택적으로 정의할 수 있다. 기본 문법은 다음과 같다.

```
WHERE [조건] ;
```

[조건]을 정의할 때 사용할 수 있는 연산자와 사용법을 정리한 표는 다음과 같다.

표 4-4. 연산자와 사용법

연산자	종류	사용법	사용 예	의미
비교 연산자	<(작다)	속성 이름 < 값	USER_ID < 3	USER_ID 속성에 저장된 값들 중 3보다 작은 값을 갖는 모든 튜플
	>(크다)	속성 이름 > 값	USER_ID > 3	USER_ID 속성에 저장된 값들 중 3보다 큰 값을 갖는 모든 튜플
	<=(작거나 같다)	속성 이름 <= 값	USER_ID <= 3	USER_ID 속성에 저장된 값들 중 3보다 작거나 같은 값을 갖는 모든 튜플
	>=(크거나 같다)	속성 이름 <= 값	USER_ID >= 3	USER_ID 속성에 저장된 값들 중 3보다 크거나 같은 값을 갖는 모든 튜플
	=(같다)	속성 이름 = 값	USER_ID = 3	USER_ID 속성에 저장된 값들 중 3과 같은 값을 갖는 모든 튜플
	<>(다르다)	속성 이름 <> 값	USER_ID <> 3	USER_ID 속성에 저장된 값들 중 3이 아닌 값을 갖는 모든 튜플
논리 연산자	AND	(속성 이름 < 값) AND (속성 이름 = 값)	(USER_ID = 3) AND (USER_NAME LIKE '김춘추')	USER_ID가 '3'이고 USER_NAME이 '김춘추'인 모든 튜플
	OR	(속성 이름 < 값) OR (속성 이름 = 값)	(USER_ID = 3) OR (USER_NAME LIKE '김춘추')	USER_ID가 '3'이거나 USER_NAME이 '김춘추'인 모든 튜플
기타 연산자	BETWEEN A AND B	속성 이름 BETWEEN 값 AND 값	USER_ID BETWEEN 2 AND 7	USER_ID 속성에 저장된 값들 중 2와 7 사이의 값을 갖는 모든 튜플
	IN	속성 이름 IN 값	USER_NAME IN ('김춘추','문익점')	USER_NAME 속성에 저장된 값들 중 ('김춘추','문익점')에 속한 값을 갖는 모든 튜플
	LIKE	속성 이름 LIKE 값 (문자열 '%', '_' 기호 사용)	USER_NAME LIKE '김%'	USER_NAME 속성에 저장된 값들 중 '김'으로 시작하는 값을 갖는 모든 튜플

WHERE 절을 포함한 SQL 문의 예와 실행 결과는 다음과 같다.

```
SELECT *
FROM USER
WHERE USER_NAME LIKE '문%';
```

실행 결과

User_id	User_name	User_telno
4	문익점	555-5555
7	문익점	

```
SELECT USER_NAME
FROM USER
WHERE USER_ID >4;
```

실행 결과

User_name
정몽주
문익점

```
SELECT COUNT(USER_ID)
FROM USER
WHERE USER_NAME IN ('문익점','김춘추','정몽주');
```

실행 결과

COUNT(USER_ID)
4

```
SELECT USER_NAME + '고객님'
FROM USER
WHERE USER_ID >4 AND USER_NAME LIKE '문%';
```

실행 결과

User_name + '고객님'
문익점 고객님

'LIKE' 연산자는 문자열에서 많이 사용된다. 'LIKE' 연산자에서 문자열 값을 정의할 때 '%' 기호와 '_' 기호를 사용할 수 있는데, '%' 기호는 '어떤 문자인지 상관없는'의 뜻으로 사용되고, '_' 기호는 '문자의 자리 위치'를 표현할 때 사용된다. 각 기호는 문자열의 가장 앞, 중간, 끝 모두 사용 가능하다.

- **'문%'** : '문'으로 시작되는 모든 문자열
- **'%문'** : '문'으로 끝나는 모든 문자열
- **'%문%'** : '문'을 포함하는 모든 문자열
- **'_문%'** : 두 번째 문자가 '문'인 모든 문자열
- **'__문'** : 세 번째 문자가 '문'인 모든 문자열

잠깐만요

서브쿼리(SUBQUERY)

SELECT 문의 WHERE 절에서 조건식을 정의할 때, SELECT SQL 문으로 값을 정의할 수 있다. 이때 WHERE 절의 조건식의 값으로 정의되는 SELECT SQL 문을 서브쿼리(SUBQUERY)라고 한다. 제품 번호가 1003인 제품을 구매한 사용자의 이름을 알고 싶을 때 다음과 같이 SELECT 문을 작성할 수 있다.

```
SELECT *
FROM USER
WHERE USER_NAME = (SELECT USER_NAME
                   FROM USER_PRODUCT
                   WHERE PROD_ID = 1003);
```

서브쿼리는 SELECT 문의 WHERE 절 이외에 SELECT 절, FROM 절, HAVING 절에서도 사용할 수 있다.

GROUP BY 절

'GROUP BY' 절은 데이터들을 '~별로' 집계하여 확인하고 싶을 때 사용하는 '절'이며, 필요할 때 선택적으로 정의할 수 있다. 기본 문법은 다음과 같다.

```
GROUP BY [속성 이름] ;
```

GROUP BY 절을 정의할 때 반드시 지켜야 하는 규칙이 있다.

- GROUP BY 절에서 정의하는 속성 이름은 반드시 SELECT 절에 포함시켜야 한다.
- GROUP BY 절에서 정의하는 속성 이름 이외의 속성 이름은 SELECT 절에 정의할 수 없다.
- GROUP BY 절에서 정의하는 속성 이름 이외의 SELECT 절에 집단 함수는 정의할 수 있다.

```
SELECT PRO_ID
FROM USER_PRODUCT
GROUP BY PRO_ID;
```

```
SELECT PRO_ID, USER_ID
FROM USER_PRODUCT
GROUP BY PRO_ID;
```

GROUP BY 절에 정의되지 않은 속성 이름 → 에러 발생

```
SELECT PRO_ID, COUNT(*), SUM(SAL_COUNT)
FROM USER_PRODUCT
GROUP BY PRO_ID;
```

집단 함수 사용 가능

GROUP BY 절을 포함한 SQL 문의 예시와 실행 결과는 다음과 같다. USER_PRODUCT 테이블을 활용해 보자.

USER_PRODUCT 테이블

Sal_no	User_id	Pro_id	Sal_date	Sal_count
3001	1	1001	2022.7.4	1
3002	1	1002	2022.7.4	1
3003	2	1003	2022.9.1	1
3004	3	1004	2022.9.29	5
3005	3	1003	2022.1.24	2
3006	4	1001	2022.2.22	2
3007	5	1005	2022.1.5	1
3008	5	1003	2022.10.17	1

```
SELECT PRO_ID
FROM USER_PRODUCT
GROUP BY PRO_ID;
```

실행 결과

Pro_id
1001
1002
1003
1004
1005

```
SELECT PRO_ID, COUNT(*), SUM(SAL_COUNT)
FROM USER_PRODUCT
GROUP BY PRO_ID;
```

실행 결과

Pro_id	COUNT(*)	SUM(SAL_COUNT)
1001	2	3
1002	1	1
1003	3	4
1004	1	5
1005	1	1

첫 번째 SELECT 문은 PRO_ID 별로 집계를 내어 판매된 제품의 종류만 결과로 보이고 있다. 중복되어 판매된 제품을 제거하여 결과를 보인다.

두 번째 SELECT 문은 PRO_ID 별로 집계를 내어 제품별 판매 횟수를 보이기 위하여 COUNT() 집계 함수를 사용하였고, 각 제품별 판매 수량을 보이기 위하여 SUM() 집계 함수를 사용하였다.

HAVING 절

'HAVING' 절은 'GROUP BY' 절에서 집계낸 데이터들 중에서 특정 데이터를 지정할 때 정의하는 '절'이다. 'HAVING' 절은 반드시 'GROUP BY' 절과 함께 사용해야 한다. 기본 문법은 다음과 같다.

```
GROUP BY [속성 이름] ;
HAVING [조건]
```

HAVING 절을 포함한 SQL 문의 예시와 실행 결과는 다음과 같다.

```
SELECT PRO_ID
FROM USER_PRODUCT
GROUP BY PRO_ID
HAVING PRO_ID=1004;
```

실행 결과

Pro_id
1004

```
SELECT PRO_ID, COUNT(*), SUM(SAL_COUNT)
FROM USER_PRODUCT
GROUP BY PRO_ID;
HAVING COUNT(*)>=2;
```

실행 결과

Pro_id	COUNT(*)	SUM(SAL_COUNT)
1001	2	3
1003	3	4

ORDER BY 절

'ORDER BY' 절은 데이터를 순서대로 보고 싶을 때 사용하는 '절'이다.

```
ORDER BY [속성 이름] ;
```

ORDER BY 절에는 두 가지 옵션을 지정할 수 있다. 옵션은 속성 이름 뒤에 추가하여 정의한다.

- **ASC** : 오름차순 정렬
- **DESC** : 내림차순 정렬

GROUP BY 절을 포함한 SQL 문의 예시와 실행 결과는 다음과 같다.

```
SELECT *
FROM USER
ORDER BY USER_NAME ASC;
```

실행 결과

User_id	User_name	User_telno
1	김춘추	123-1234
4	문익점	555-5555
7	문익점	
2	장영실	000-0000
5	정몽주	333-3333
3	최무선	111-1111

```
SELECT PRO_ID, COUNT(*), SUM(SAL_COUNT)
FROM USER_PRODUCT
GROUP BY PRO_ID
ORDER BY COUNT(*) DESC;
```

실행 결과

Pro_id	COUNT(*)	SUM(SAL_COUNT)
1003	3	4
1001	2	3
1002	1	1
1004	1	5
1005	1	1

첫 번째 SELECT 문은 USER_NAME을 오름차순으로 정렬하여 결과를 표시한다. 두 번째 SELECT 문은 내림차순으로 정렬하여 결과를 표시한다. 가장 많이 판매된 제품 순으로 정렬된 결과이다.

연습 문제

연습 01 데이터베이스 언어의 종류를 나열하고, 각각을 설명해 보자.

연습 02 다음은 관계형 데이터베이스로 설계된 고객관리 데이터베이스 E-R 다이어그램이다. 다음 물음에 답해 보자.

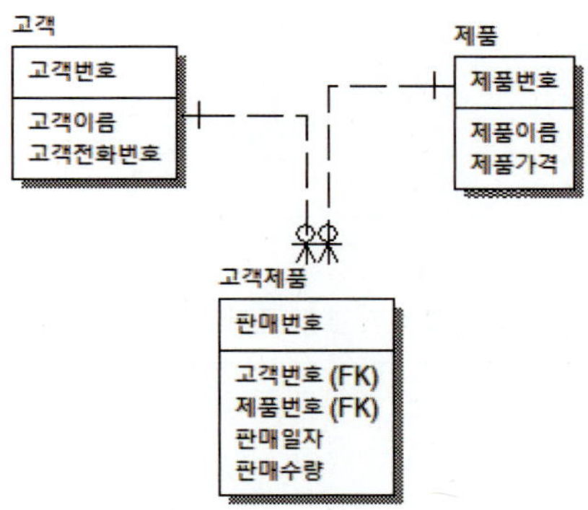

연습 문제

❶ 네모 안에 들어갈 SQL문을 작성하여 고객관리 데이터베이스 E-R 다이어그램의 스키마를 생성하는 SQL 문을 완성해 보자.

```
Create table user(
user_id int(11) not null,
user_name varchar(100) not null,
user_telno varchar(50) null,
[          ]
);

Create table product(
pro_id int(11) not null,
pro_name varchar(100) not null,
pro_price int(20) null,
[          ]
);

Create table user_product(
sal_no int(11) not null auto_increment,
user_id int(11) null,
pro_id int(11) not null,
sal_date date,
sal_count int(11),
[          ]
[          ]
[          ]
);
```

❷ 생성된 데이터베이스 스키마를 삭제할 때 릴레이션 삭제 순서는 무엇인지 작성해 보자.

연습 문제

❸ 다음과 같이 데이터베이스 설계를 변경하고자 한다. 수행할 SQL 문의 순서는 무엇인지 작성해 보자.

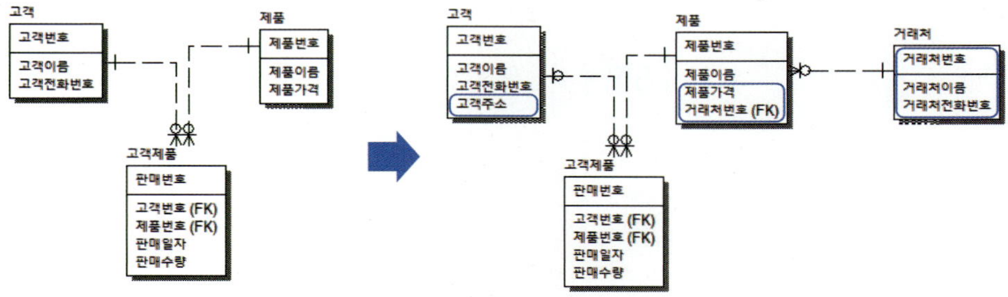

데이터베이스 설계 변경

❹ SELECT 명령어에 포함된 절 중에 반드시 포함되어야 하는 절은 무엇인지 무엇인지 작성해 보자.

❺ SQL을 설명해 보자.

| 5장 |

파이썬과 SQL

학습 목표

- 클라우드 환경 방식과 스탠드얼론 환경 방식의 파이썬 프로그래밍 환경에 대해 정리한다.
- PyMySQL에 대한 개념과 사용법을 배운다.
- MySQL Workbench를 이용해 데이터베이스를 직접 구성한다.
- 파이썬과 SQL을 연동하는 방법을 배운다.

1 〉 파이썬 프로그래밍 환경

시중에 나온 많은 교재를 통해 우리는 이미 파이썬이 무엇인지 알고 더 나아가 파이썬을 이용하여 응용할 수도 있다. 이 교재 역시 파이썬을 기반으로 하기에 파이썬 프로그래밍 환경에 대해 간단하게 짚고 넘어가자.

1.1 파이썬 프로그래밍 환경 소개

파이썬은 데이터사이언스나 인공지능(특히 기계학습 : ML, Machine Learning) 등에서 많이 사용되는 프로그래밍 언어 중 하나로, 클라우드(Cloud) 환경 방식과 스탠드얼론(Standalone) 환경 방식에서 수행한다. 그렇다면 두 환경 방식이 어떻게 다른지 개념적 차이를 살펴보자.

클라우드 환경 방식

내 컴퓨터에 프로그램을 직접 인스톨(Install)하지 않고 클라우드(Cloud) 환경에 접속하여 파이썬 인터프리터를 실행하는 환경이다. 이 클라우드 환경에 대표적인 예가 바로 구글 코랩(Colab)이다. 구글 코랩은 표준 및 자주 사용되는 대표적인 외부 라이브러리(NumPy, Pandas, Matplotlib, Sklearn 등)가 이미 설치되어 있어 해당 라이브러리를 불러와서 사용만 하면 된다. 따라서 처음 사용하는 초보자뿐만 아니라 저사양 또는 GPU가 없는 컴퓨터나 노트북을 사용하는 이용자들에게 매우 유용하다. 또한 작성한 파일들을 구글 드라이브에서 자동으로 저장하기 때문에 필요 시에는 언제 어디서든 네트워크가 연결된 곳이라면 장소 불문하고 다시 불러와서 보거나 수정할 수 있고 공유도 가능하다.

잠깐만요

구글 코랩(Colab, https://colab.research.google.com/?hl=ko)은 Colaboratory의 약자로, Google 리서치팀에서 개발한 제품이다. 웹에서 텍스트 기반 Python 코딩을 할 수 있도록 구글에서 제공하는 온라인 텍스트 에디터로 기본적인 설정이 되어 있어 구글 계정만 있으면 언제 어디서든 누구나 쉽게 사용할 수 있다.

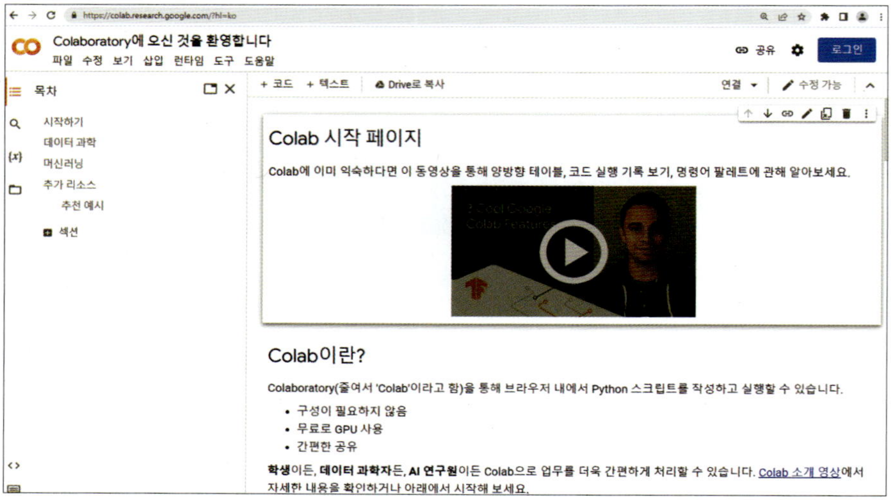

그림 5-1. 구글 코랩 시작 화면

스탠드얼론 환경 방식

파이썬 프로그래밍을 시작하기 위해서는 직접 내 컴퓨터 환경에 맞게 본인 스스로 직접 Python 실행 파일을 다운로드하여 설치하고 설정해야 한다. 또한 필요한 라이브러리들도 직접 설치해야 하고, 파일을 저장할 때도 본인이 직접 하드디스크나 USB 등에 저장해야 한다. 만약 인공지능과 같은 작업을 수월하게 하기 위해서는 GPU가 반드시 필요하다.

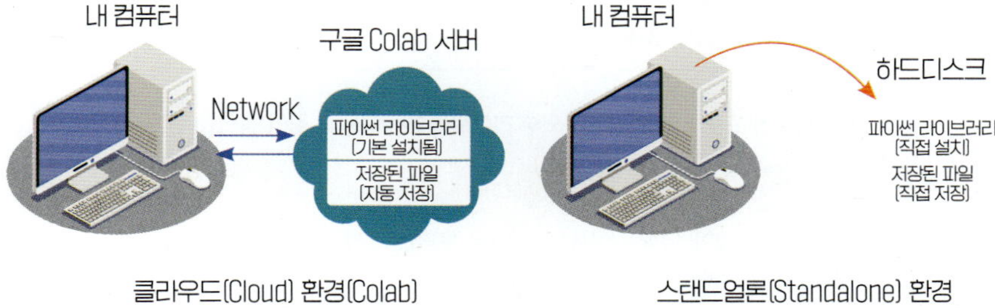

그림 5-2. 클라우드 환경 방식과 스탠드얼론 환경 방식

잠깐만요

스탠드얼론 환경 방식의 파이썬 실행 파일은 다음과 같은 방식으로 설치할 수 있다.

첫 번째 방법은 파이썬(https://www.python.org/) 사이트에서 'python-3.11.4-amd64.exe' 파일(가장 최신 버전)을 다운로드하여 환경 설정 및 설치한다.

두 번째 방법은 파이썬 개발에 가장 널리 사용되는 통합 개발 환경(IDE, Integrated Development Environment) 도구인 파이참(PyCharm) 실행 파일로 파이참(https://www.jetbrains.com/pycharm/download/#section=windows) 사이트에서 Community로 다운로드하여 설치 및 환경을 설정한다.

세 번째 방법은 요즘 핫하게 뜨고 있는 VSCODE(https://code.visualstudio.com/)를 다운로드하여 설치 및 환경을 설정한다.

실제 VSCODE는 기존에 있던 것으로 유료였으나 무료로 변경되면서 많이 사용되고 있다.

그 밖에도 가상환경을 제공하는 아나콘다 내비게이터(https://www.anaconda.com/products/distribution)의 Jupyter에서 제작한 Python 용 통합 개발 환경 도구인 주피터 노트북(Jupyter Notebook)을 설치하고 환경 설정하여 실행한다.

위의 여러 가지 프로그래밍 환경 방법을 살펴보았다. 이들 중에서 각자 자신에게 맞는 적절한 환경을 사용하면 된다.

파이썬 라이브러리

파이썬 표준 라이브러리와 외부 라이브러리는 다음과 같이 정의할 수 있다.

	표준 라이브러리	외부 라이브러리
정의	파이썬 제작사에서 기본적으로 제공하는 라이브러리	누구나 개발 및 공유를 통해 제공하는 라이브러리
설치	별도 설치 없이 사용	설치할 패키지 다운로드 및 해당 라이브러리를 불러와 사용

대표적으로 유명한 파이썬 외부 라이브러리는 다음과 같다.

대표적 라이브러리	설명
넘파이(NumPy)	파이썬을 이용해 데이터 분석 및 인공지능 중 특히 머신러닝(ML)을 할 때 많이 사용하는 수치계산을 위한 라이브러리로 선형대수 계산 기능(행렬, 벡터 등의 다차원 배열)을 쉽고 빠르게 처리할 수 있는 기능을 제공한다. • 홈페이지 : https://numpy.org/
판다스(Pandas)	주어진 데이터를 쉽게 분석하고, 다룰 수 있도록 테이블 형태의 데이터로 다루는 데이터 프레임 형태로 제공한다. 이를 통해 데이터 분석 시 유용하게 사용할 수 있도록 도와준다. 특히 인공지능(머신러닝, ML)을 하기 위한 시계열 데이터를 포함한 다양한 데이터를 학습하고 다루어야 하는 작업에서는 필수 라이브러리로 자주 사용된다. • 홈페이지 : https://pandas.pydata.org/
사이킷런 (Scikit-learn, Sklearn)	sciPy(사이파이)와 Toolkot을 합쳐서 만들어진 사이킷런은 가장 대표적인 인공지능(머신러닝 ML) 라이브러리로, 다양한 머신러닝 알고리즘 모델을 모두 제공하고 있어 쉽게 모델을 만들고 구현하는 데 사용된다. • 홈페이지 : https://scikit-learn.org/stable/
사이파이(Scipy)	과학 계산용 함수로 미적분, 미분 방정식, 최적화, 신호처리, 통계 분포 등을 포함한 고급 수학 함수를 포함한 많은 기능을 제공하는 파이썬 라이브러리이다. • 홈페이지 : https://scipy.org/
맷플롯립(Matplotlib)	맷플롯립 또는 맷플롯리브로도 읽는 맷플롯립은 파이썬을 이용해 데이터 분석 시 가장 많이 사용하는 시각화 라이브러리로 다양한 데이터를 그래프나 차트 등울 이용해 보기 편하게 도식화하여 직관적으로 이해하기 쉽게 제공한다. • 홈페이지 : https://matplotlib.org/

그 외에도 다양한 파이썬 라이브러리들이 존재하고 이를 사용할 수 있다.

2 〉 파이썬과 SQL 연동

파이썬과 데이터베이스를 연동하기 위해서는 다양한 방법이 있다. 이 중에서도 MySQL을 이용하여 파이썬과 어떻게 연동하고 다루는지 배워보자.

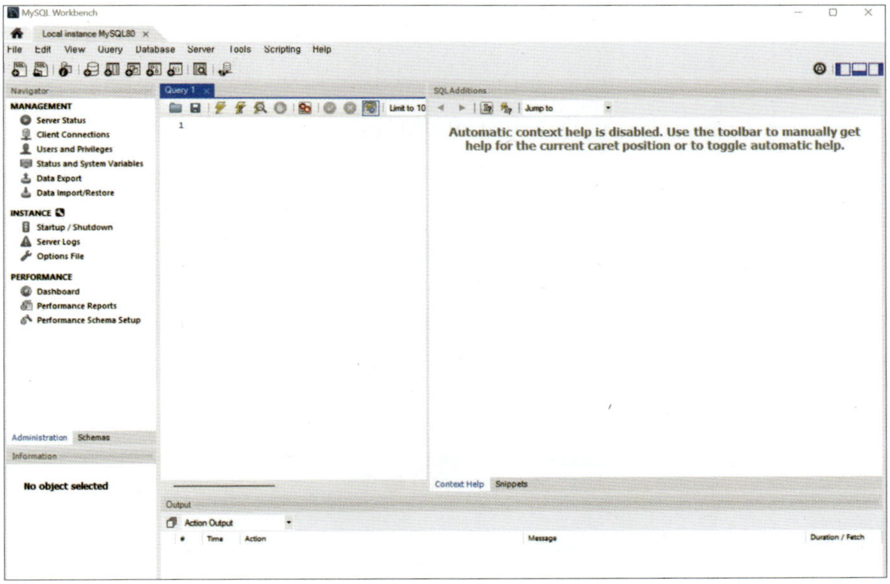

그림 5-3. MySQL Workbench를 이용해 MySQL에 접속한 화면

2.1 MySQL Workbench를 이용한 데이터베이스

MySQL Workbench를 이용해 간단한 학습용 데이터베이스를 만들어 보자.

새로운 학습용 데이터베이스를 만들기 위해 먼저 앞에서 다루어 본 내용을 다시 한 번 간단하게 짚고 넘어가 보자.

데이터베이스 생성

다음 그림과 같이 'Create new schema in the connected server' 아이콘( )을 클릭한다.

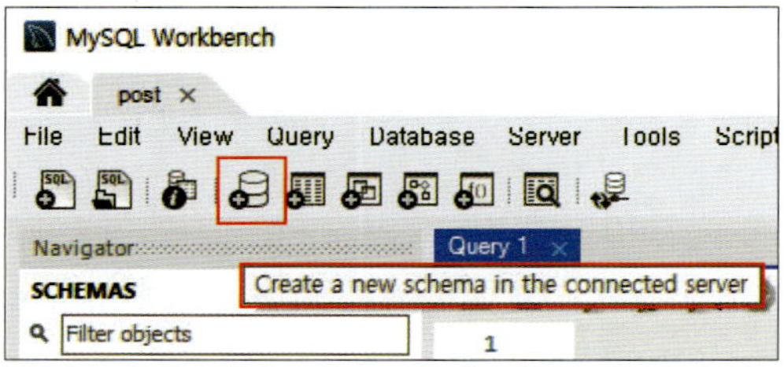

그림 5-4. 학습용 데이터베이스 새로 만들기 아이콘

데이터베이스 생성 창이 열리면 Name에 생성할 데이터베이스의 이름을 입력한다. 여기서는 학습용 데이터를 생성하는 것이라는 의미의 'mytraindb'를 입력하여 생성했다. Charset/Collation에서는 각각 문자집합(Character Set)과 정렬(Collation)을 설정할 수 있다. 그림과 같이 Charset을 'utf8' 또는 'utf8mb4', Collation을 'utf8_unicode_ci' 또는 'utf8mb4_unicode_ci'로 지정하고 〈Apply〉 버튼을 클릭한다.

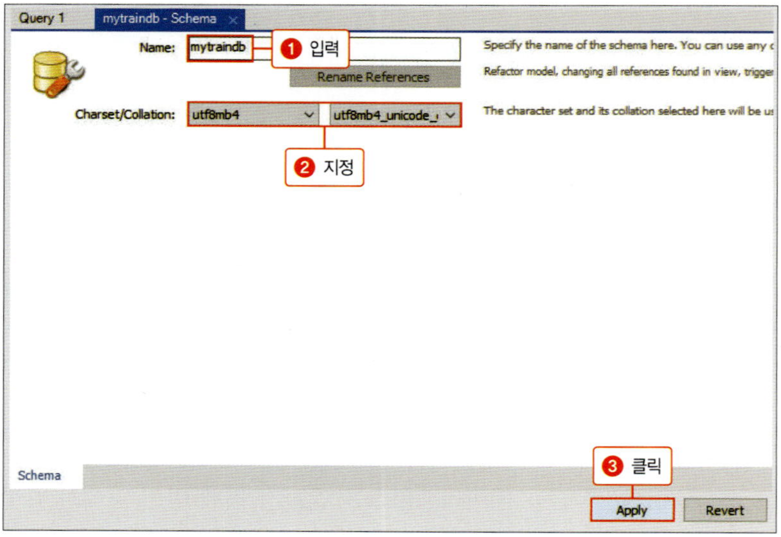

그림 5-5. 데이터베이스 이름과 문자집합, 정렬 설정

Apply SQL Script to Database 대화상자가 표시되면 〈Apply〉 버튼을 클릭하고 〈Finish〉 버튼을 클릭한다.

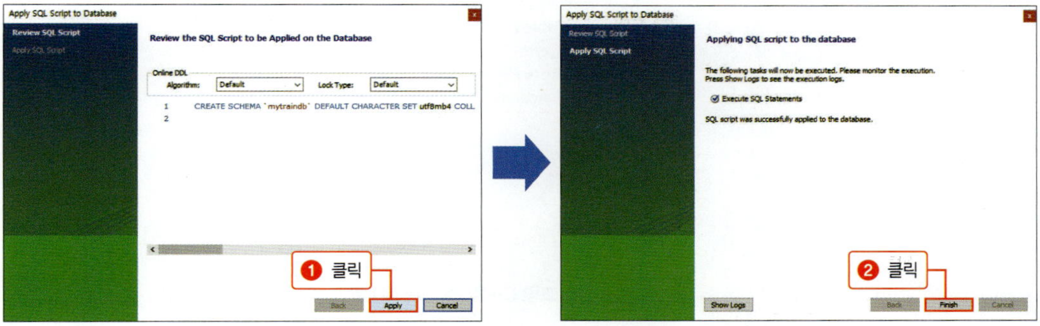

그림 5-6. 새롭게 데이터베이스 생성

잠깐만요

문자집합(Character Set)은 문자와 인코딩(Encoding)의 집합이며, 정렬(Collation)은 해당 문자집합(Character Set)을 어떻게 정렬할 것인지(예 : 대소문자, 엑센트, Numeric characters, Punctuation 등) 규칙을 결정하는 것이다. 대표적인 문자집합(Character Set)은 'utf8'과 'utf8mb4'가 있다. utf8은 유니코드를 지원하는 문자집합으로 1단어(word)당 3바이트(byte)까지 사용할 수 있고, utf8mb4는 역시 유니코드를 지원하는 확장된 문자집합으로 1단어(Word)당 4바이트(byte)까지 사용할 수 있다. 특히 이모지 문자열은 4바이트이므로 가능하면 'utf8mb4'를 사용하길 권장한다.

만약 utf8을 선택했다면 정렬(Collation)에서 가장 많이 사용되는 utf8_general_ci와 utf8_unicode_ci 중 선택할 수 있다. 만약 utf8mb4를 선택했다면 utf8mb4_general_ci와 utf8mb4_unicode_ci 중 선택할 수 있다. general과 unicode의 차이는 일반적인 경우에 사용하는 collation을 사용하기에 unicode에 비해 속도가 빠르다. 반면 unicode는 유니코드 규칙을 기반으로 정확하게 정렬하는 것을 목표로 하기 때문에 속도는 중요하지 않다.

생성된 데이터베이스가 잘 만들어졌는지를 확인하기 위해 다음과 같이 MySQL Workbench의 Navigator에서 하단의 〔Schemas〕 탭을 선택한다. 그러면 새로 만든 'mytraindb'라는 데이터베이스 목록을 확인할 수 있다. 작업을 위해 'mytraindb' 데이터베이스를 더블클릭하면 Tables, Views 등이 표시된다.

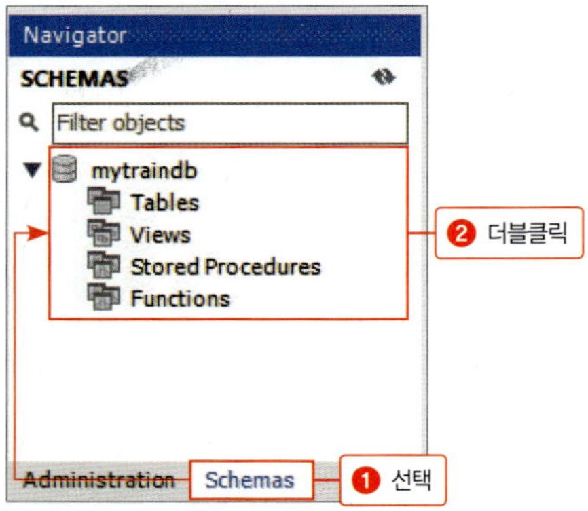

그림 5-7. 생성된 db 확인

테이블 생성

이렇게 생성된 학습용 데이터베이스에 이번에는 학습용 테이블을 만들고 데이터를 입력해 보자. Tables에서 마우스 오른쪽 버튼을 클릭하여 'Create Table...'을 선택하거나 아이콘 메뉴에서 'Create a new table in the active schema in connected server' 아이콘( )을 클릭한다.

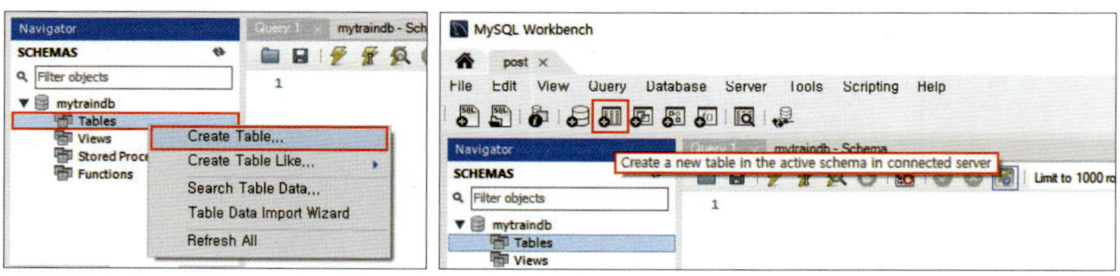

그림 5-8. 테이블 생성 (1)

간단하게 회원 ID와 이름, 등록주소 지역을 입력하는 '회원관리' 테이블을 만들어 보자.

Table Name에 '회원관리'를 입력하고 Charset/Collation은 데이터베이스를 설정했던 것과 동일하게 설정한다. 그다음 Column Name에 각각 데이터는 3개의 이름으로 입력해 보자. 이때 Datatype은 자동으로 생성되나 더블클릭을 통해 수정할 수 있고 속성도 설정할 수 있다.

Column Name	DataType	속성
회원 ID	INT	Primary Key, Not Null
이름	VARCHAR(45)	Null
등록주소 지역	VARCHAR(45)	Null

잠깐만요

VARCHAR와 CHAR는 둘 다 문자열을 저장하지만 약간의 차이점이 있다. VARCHAR는 가변 길이이고, CHAR는 고정 길이이다. 길이가 정확하게 정해져 있다면 CHAR를 사용하는 것이 좋고, 길이가 정해져 있지 않다면 VARCHAR를 사용하는 것이 좋다. 물론 상황에 따라 판단해 지정하면 된다.

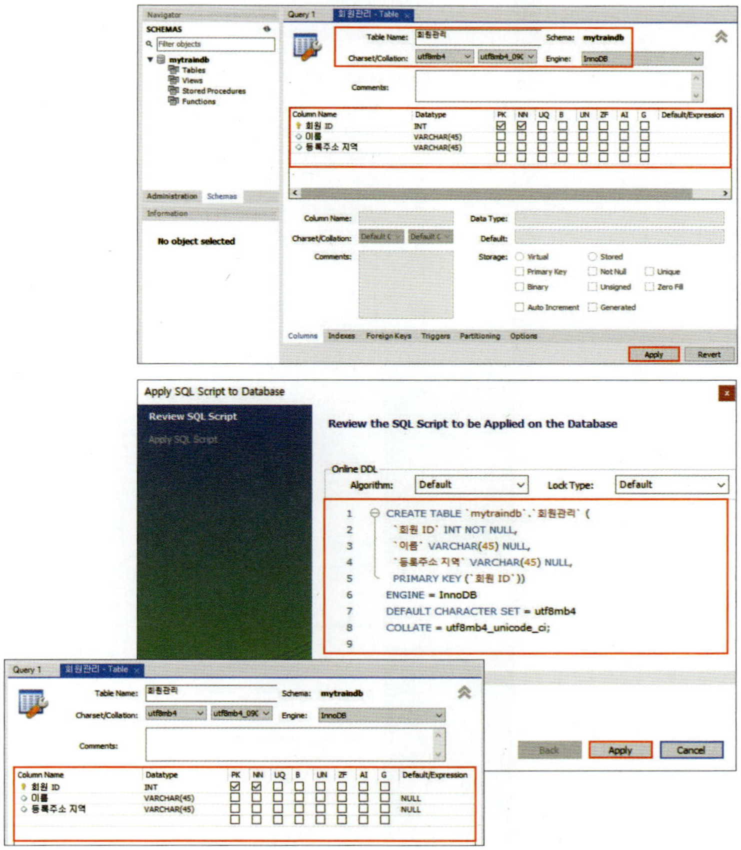

그림 5-9. 테이블 생성 (2)

테이블 데이터 입력

생성된 테이블에 데이터를 다음과 같은 단계로 진행한다.

❶ Result Grid에서 다음과 같이 4개의 데이터를 입력하여 추가한다.

회원 ID	이름	등록주소 지역
1001	강열정	서울
1002	박인정	강릉
1003	이사고	전주
1004	김지능	부산

❷ 〈Apply〉 버튼을 클릭한다. Apply SQL Script to Database 대화상자가 표시되면 데이터를 확인하고 〈Apply〉 버튼을 클릭한 다음 〈Finish〉 버튼을 클릭하면 데이터가 입력된다.

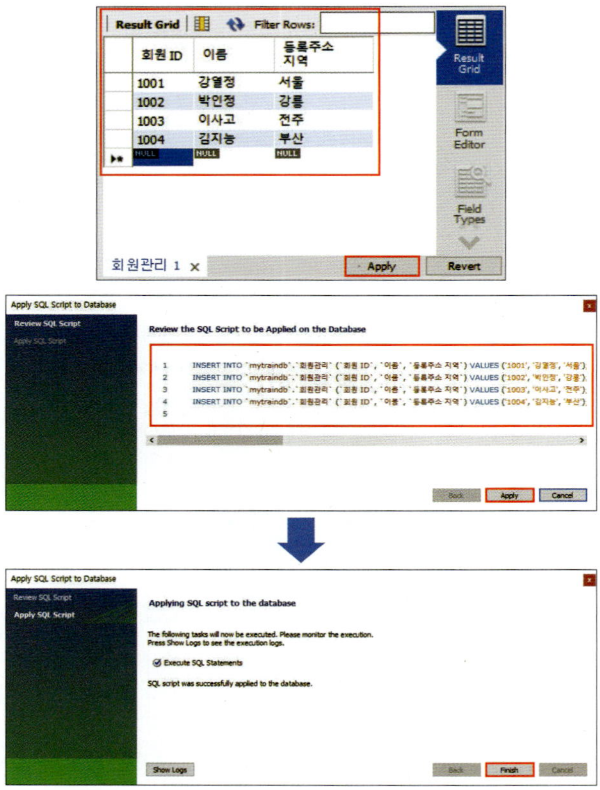

그림 5-10. 테이블에 데이터 입력

입력된 데이터 확인

이번에는 데이터가 잘 입력되었는지 확인해 보자.

❶ 아이콘 메뉴에서 'Execute the selected portion of the script or everything, if there is no selection' 아이콘( )을 클릭하여 입력한 데이터를 확인한다.

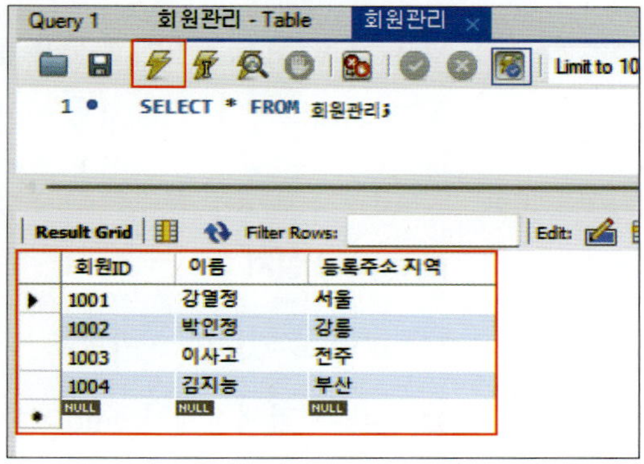

그림 5-11. 입력된 데이터 확인 (1)

❷ 입력된 데이터 중 일부의 데이터를 확인하기 위해 조건을 주어 검색해 보자. 회원 id가 1004인 회원 정보를 회원관리에서 찾아서 확인해 보자.

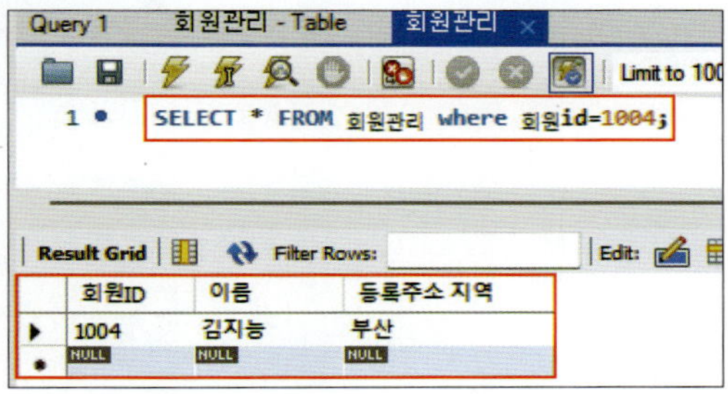

그림 5-12. 입력된 데이터 확인 (2)

❸ 이번에는 등록된 회원의 이름을 오름차순으로 정렬하여 이를 기준으로 회원관리에서 회원 정보를 확인해 보자.

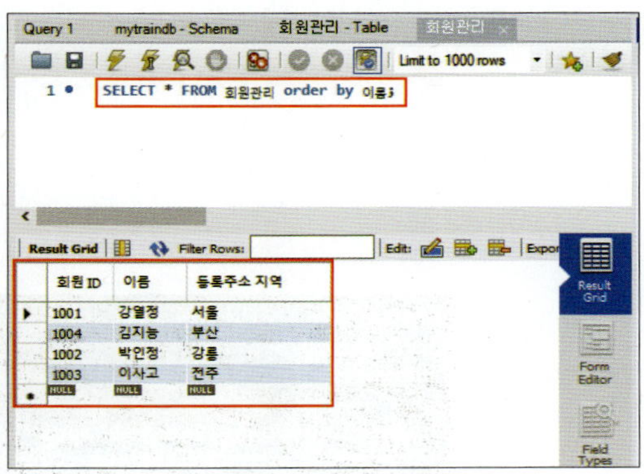

그림 5-13. 입력된 데이터 확인 (3)

2.2 파이썬과 MySQL 연동

MySQL Workbench의 작동을 잘 확인했다면 이제 파이썬과 MySQL을 연동한다. 이를 위해 우선 pymysql을 설치해 보자.

pymysql 설치

pymysql을 설치하는 과정은 다음과 같다.

❶ 윈도우 검색창에서 cmd(또는 명령 프롬프트)를 입력하고 명령 프롬프트를 선택한다.

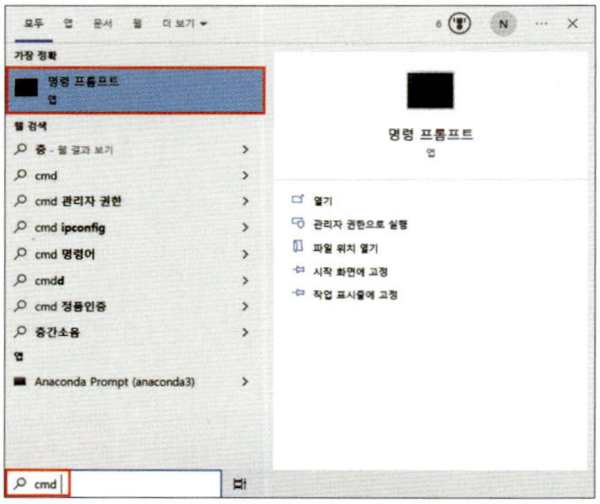

그림 5-14. 명령 프롬프트 창 열기

❷ 명령 프롬프트가 실행되면 다음과 같은 명령어를 입력한다.

```
pip3 install pymysql
```

```
C:\Users\nycol>pip3 install pymysql
Collecting pymysql
  Downloading PyMySQL-1.0.2-py3-none-any.whl (43 kB)
     ---------------------------------------- 43.8/43.8 kB 2.2 MB/s eta 0:00:00
Installing collected packages: pymysql
Successfully installed pymysql-1.0.2
```

그림 5-15. pymysql 설치

마지막에 'Successfully installed pymysql-1.0.2'와 같이 pymysql 설치 버전(가장 최신 버전)과 함께 메시지가 나타나면 성공이다.

❸ 파이썬에서 MySQL을 사용할 수 있는지를 확인해 보자. 파이썬 shell 창*을 열어 다음과 같이 입력해 보자.

```
import pymysql
```

제대로 설치되었다면 MySQL을 사용하기 위해 import(임포트)를 이용하여 관련 라이브러리인 pymysql을 불러온다. 그러면 그림 5-16 결과와 같이 아무런 내용이 나타나지 않는다면 라이브러리가 정상적으로 실행되는 것이다. 자! 이제 완벽하게 파이썬에서 MySQL을 연동해서 사용할 수 있다.

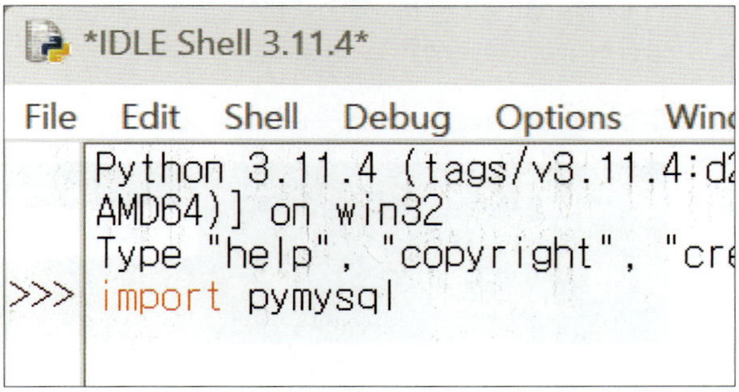

그림 5-16. pymysql import를 이용한 확인

❹ 마지막으로 명령 프롬프트 창에서 'exit'를 입력하면 명령 프롬프트 창이 닫힌다.

```
C:Users\user컴퓨터이름>exit
```

체크 포인트

* 파이썬 shell 창을 사용해 진행 과정을 보여 주지만 파이참, 주피터 노트북 등 어느 곳에서 수행해도 상관없다.

잠깐만요

pip은 'python installs packages'의 약자이다. 이는 파이썬으로 작성된 패키지 라이브러리를 설치 및 관리하는 패키지 관리 시스템으로 파이썬 3.4 이후의 버전에는 기본적으로 포함되어 있다. 설치하기 위해 다음과 같이 작성한다.

```
pip3 install 라이브러리이름 또는 pip install 라이브러리이름
```

예 pip3 install numpy 또는 pip install numpy

예 pip3 install pymysql 또는 pip install pymysql

이때 pip3과 pip가 있는데 이 둘의 차이는 버전의 차이로 pip는 python 2. x 버전 패키지 관리 시스템이고, pip3은 python 3. x 버전 패키지 관리 시스템이다. 만약 파이썬 2버전을 사용하고 있다면 pip를 사용하고, 파이썬 3버전을 사용하고 있다면 pip3을 사용하면 된다.

더 나아가 이미 설치된 버전을 최신 버전으로 업그레이드할 때 "--upgrade 옵션"을 사용하면 쉽게 업그레이드할 수 있다.

예 python.exe -m pip install --upgrade pip

```
C:\Users\nycol>python.exe -m pip install --upgrade pip
Requirement already satisfied: pip in c:\users\nycol\appdata\local\programs\python\python311\lib\site-packages (22.3.1)
Collecting pip
  Using cached pip-23.0-py3-none-any.whl (2.1 MB)
Installing collected packages: pip
  Attempting uninstall: pip
    Found existing installation: pip 22.3.1
    Uninstalling pip-22.3.1:
      Successfully uninstalled pip-22.3.1
Successfully installed pip-23.0
```

PIP 업그레이드하는 방법

그림 5-17. upgrade 옵션을 이용한 업그레이드 방법

또한 pip list 또는 pip3 list라고 화면에 작성하고 Enter를 누르면 pip을 이용해 현재 설치되어 있는 패키지들을 한 번에 볼 수 있다.

```
C:\Users\nycol>pip3 list
Package    Version
---------- -------
pip        23.0
PyMySQL    1.0.2
setuptools 65.5.0

C:\Users\nycol>
```

또는

```
C:\Users\nycol>pip list
Package    Version
---------- -------
pip        23.0
PyMySQL    1.0.2
setuptools 65.5.0
```

그림 5-18. 설치된 내용 확인

데이터베이스 연결

MySQL Workbench를 이용해 만든 데이터베이스를 다음과 같은 순서에 따라 연결해 보자. 좀 더 상세한 설명은 PymySQL 공식 문서 사이트(https://pymysql.readthedocs.io/en/latest/index.html)를 참고한다.

❶ DB connect 설정

MySQL에 연결하기 위해 다음과 같이 con*이라는 변수를 이용해 데이터베이스를 연결하자.

```
con=pymysql.connect(
    host="127.0.0.1",
    port=3306,
    user="root",
    password="1234",
    db="mytraindb",
    charset="utf8mb4")
```

이때 pymysql.connect()는 데이터베이스와 파이썬을 연결한다. 이때 괄호 () 안에는 연결을 위한 옵션으로 각각 host, port, user, password, db, charset 등을 추가할 수 있다. host는 접속할 MySQL 서버의 주소(자신의 컴퓨터를 의미하는 '127.0.0.1' 또는 'host')를 추가하면 되고, port는 MySQL 서버의 port 번호(3306 포트번호)를, user는 MySQL 사용자 계정("root"), password는 MySQL 계정의 암호(root 계정의 암호인 "1234")를 입력하고, db에는 접속할 데이터베이스 이름("mytraindb"), charset에는 MySQL에서 데이터를 가져올 때 한글이 깨질 수 있으므로 연결 설정할 때 인코딩의 문제가 없도록 "uft8" 또는 "uft8mb4"로 설정한다. 본 교재에서는 'uft8mb4'로 설정했다.

이때 MySQL과 연결이 성공하면 출력 결과에 아무런 결과가 나오지 않는다.

체크 포인트

* 이때 변수 이름은 join, conn, db, dbcon 등과 같은 자신이 작성하고 싶은 변수 이름으로 만들어 사용해도 상관없다.

❷ cursor 생성

MySQL과 연결이 되었다면 데이터베이스 제어 구조(Control Structure of Database) 즉, 연결된 데이터베이스와 파이썬 간에 서로 양쪽으로 소통(연결)을 할 수 있는 역할을 위한 cursor()를 생성하자. 이때 주의할 점은 하나의 connection에는 한 개의 cursor만 생성할 수 있다는 것을 반드시 기억하자.

```
cursor=con.cursor()
```

출력 결과에 아무런 결과가 나오지 않는다.

❸ SQL 다루기

연결된 데이터베이스의 데이터를 실제 SQL 쿼리문을 이용해 다뤄보자. 이때 앞에서 생성된 cursor를 통해 SQL 쿼리문을 실행할 수 있다. 물론 다양한 SQL 쿼리문(insert, select, update, delete 등)을 통해 실행할 수 있는데 여기서는 간단하게 select 문을 이용하여 기존 데이터를 불러오자.

```
sql_select="select * from 회원 관리"
cursor.execute(sql_select)
```

실행한 결과 데이터가 4줄 있다는 결과를 확인할 수 있다. 실제 MySQL Workbench에 접속해서 데이터베이스 내용을 확인해 보면 정확하게 4개인 것을 확인할 수 있다.

〈실행 결과〉

4

〈실제 MySQL Workbench 내용〉

	회원ID	이름	등록주소 지역
▶	1001	강열정	서울
	1002	박인정	강릉
	1003	이사고	전주
	1004	김지능	부산

그렇다면 이번에는 4줄이라고 알려준 실제 해당 데이터를 불러오자. 이를 위해 데이터베이스의 결과를 불러오는 방법을 몇 가지 소개한다.

• **fetchone()**

fetchone()은 한 번에 한 줄(row)만 출력한다. 여러 번 시도하면 시도할 때마다 한 줄(row)씩의 데이터를 출력하고, 이때 출력 결과는 튜플 형식으로 출력된다.

```
result=cursor.fetchall()
print(result)
```

〈실행 결과〉

```
(1001, '강열정', '서울')
```

• **fetchmany()**

fetchmany()는 위의 fetchone()을 이용해 한 줄(row)씩 읽어오는 것이 불편할 경우 읽고 싶은 줄(row) 수만큼 괄호 () 안에 입력하면 그 줄(row)까지 읽어온다. 출력은 역시 튜플 형식으로 출력된다.

```
result=cursor.fetchmany(3)
print(result)
```

〈실행 결과〉

```
((1001, '강열정', '서울'), (1002, '박인정', '강릉'), (1003, '이사고', '전주'))
```

• **fetchall()**

fetchall()은 앞에서 살펴본 내용들처럼 1개, 또는 몇 개씩이 아닌 모든 데이터를 한꺼번에 전부 출력한다. 출력은 역시 튜플 형식으로 출력된다.

```
result=cursor.fetchall()
print(result)
```

〈실행 결과〉

```
((1001, '강열정', '서울'), (1002, '박인정', '강릉'), (1003,
'이사고', '전주'), (1004, '김지능', '부산'))
```

이번에는 결과는 같으나 반복문을 사용해 전체 데이터를 조금 더 보기 좋게 한 줄씩 끊어서 화면에 출력해 보자.

```
result=cursor.fetchall()
for i in result:
    print(i)
```

〈실행 결과〉

```
(1001, '강열정', '서울')
(1002, '박인정', '강릉')
(1003, '이사고', '전주')
(1004, '김지능', '부산')
```

이를 통해 '회원 관리'의 모든 데이터를 한꺼번에 불러올 수 있다. 단, 조심해야 할 점은 불러올 데이터가 너무 크면 다소 메모리에 부담이 될 수 있다는 것이다.

• 딕셔너리 커서를 이용한 컬럼별 결과 출력

다시 ❷ **cursor 생성**으로 잠깐 돌아가 보자. cursor 생성에는 PymySQL 공식 문서에서도 적혀있듯이 몇 가지 방식이 있다. 이 중에서도 조금 전까지 사용했던 방식은 배열(Array) 방식 기반의 형태로 결과를 튜플 형태로 출력해 주는 방식이다.

그러나 이 튜플 형식은 줄(Row)로만 출력할 수 있다. 그러다보니 실제 데이터에서 컬럼별로 출력이 불가능해진다는 문제점이 발생한다. 따라서 이러한 문제점을 해결하기 위해서 딕셔너리(Dictionary) 방식 기반의 형태로 작성하면 줄(Row)이 아닌 각각의 컬럼명으로도 결괏값을 보여 준다. 이 방식은 특히 컬럼의 수가 많을 때 유용하고 가독성도 뛰어나다.

앞의 예시로 다시 돌아가 딕셔너리 커서로 변경 후 출력 결과를 확인해 보자.

```
cursor=con.cursor(pymysql.cursors.DictCursor)
sql_select="select * from 회원관리"
cursor.execute(sql_select)
result=cursor.fetchall()
for i in result:
    print(i)
```

〈실행 결과〉

```
{'회원ID': 1001, '이름': '강열정', '등록주소 지역': '서울'}
{'회원ID': 1002, '이름': '박인정', '등록주소 지역': '강릉'}
{'회원ID': 1003, '이름': '이사고', '등록주소 지역': '전주'}
{'회원ID': 1004, '이름': '김지능', '등록주소 지역': '부산'}
```

배열(Array) 방식의 출력 방식에서는 튜플 형식으로 출력되었지만 딕셔너리(Dictonary) 방식의 출력 방식은 딕셔너리의 형태로 출력된다.

딕셔너리 방식을 이용해 분리된 각 컬럼(column)들을 이번에는 컬럼명을 이용해 회원 ID, 이름, 등록주소 지역관련 저장된 데이터를 모두 출력해 보자.

```
for i in result:
    print(i["회원ID"],i["이름"],i["등록주소 지역"])
```

〈실행 결과〉

```
1001 강열정 서울
1002 박인정 강릉
1003 이사고 전주
1004 김지능 부산
```

이번에는 각 컬럼명별로 따로 출력해 보자.

첫 번째로, 컬럼명이 "회원ID"인 것만 출력해 보자.

```
for i in result:
    print(i["회원ID"])
```

〈실행 결과〉

```
1001
1002
1003
1004
```

두 번째로, 컬럼명이 "이름"인 것만 출력해 보자.

```
for i in result:
    print(i["이름"])
```

〈실행 결과〉

```
강열정
박인정
이사고
김지능
```

마지막으로 컬럼명이 “등록주소 지역”인 것만을 출력해 보자.

```
for i in result:
    print(i["등록주소 지역"])
```

〈실행 결과〉

```
서울
강릉
전주
부산
```

❹ cursor 및 connection 닫기

데이터베이스 사용이 끝났다면 맨 처음 연결했던 데이터베이스의 연결을 닫아야 한다. 이를 위해 다음과 같이 작성한다.

```
con.close()
```

이번에는 실습 예제를 통해 데이터베이스에 추가해 보자.

실습 예제

데이터베이스 실습

다음과 같이 “exetest”라는 새로운 데이터베이스를 생성하고 “학과별”이라는 테이블을 생성한다. 그다음 이 안에 학번, 이름, 학과의 데이터를 입력하고 화면에 출력해 보자. 이때 학번은 고유 키(Primary Key)로 설정한다.

1. exetest라는 데이터베이스를 생성한다.

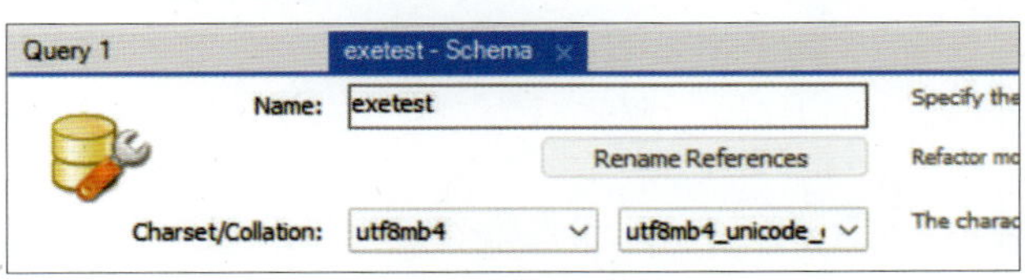

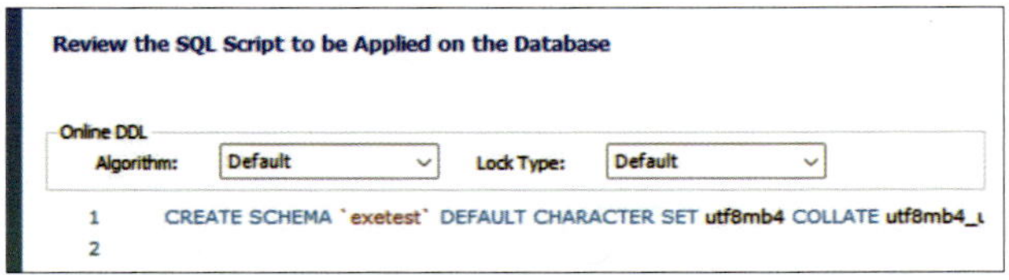

2. 생성된 데이터베이스 안에 "학과별"이라는 테이블을 생성한다.

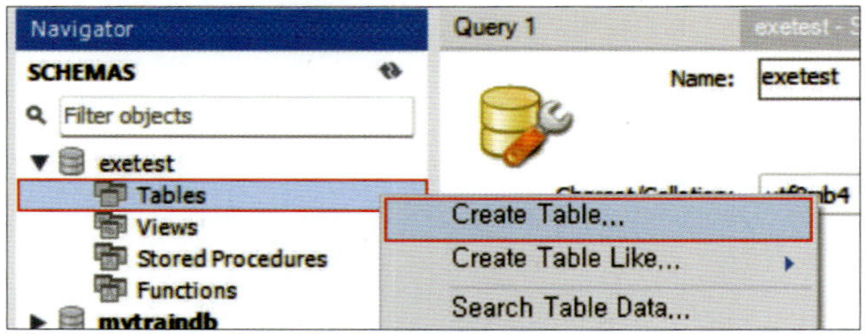

3. 생성된 테이블 안에 "학번", "이름", "학과"를 생성한다.

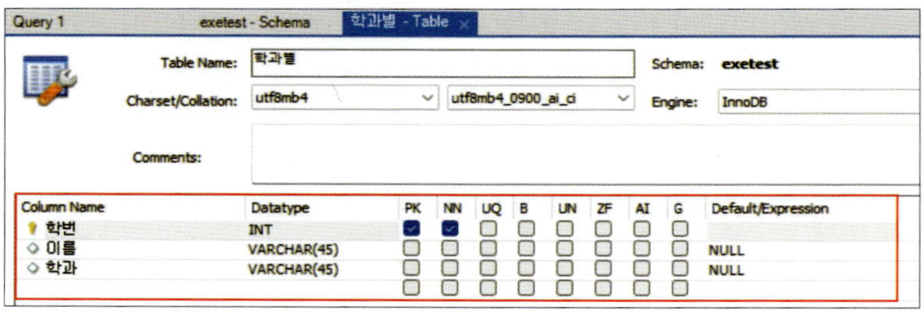

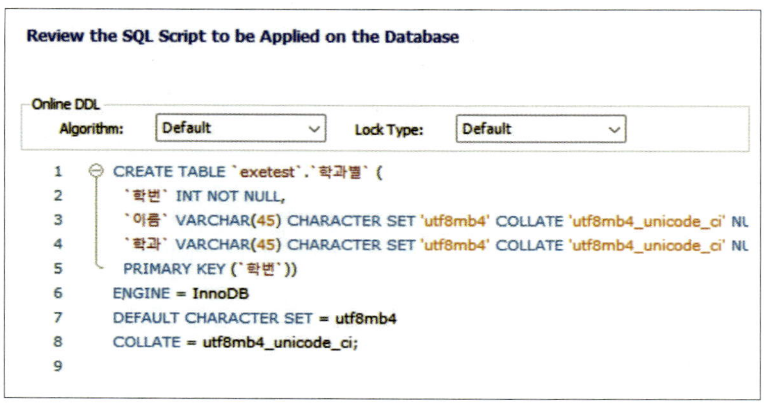

4. 데이터를 입력한다.

학번	이름	학과
20231001	홍길동	인공지능학과
20231002	이순신	물리학과
20231003	강감찬	역사학과
20231004	최천사	무용학과

Review the SQL Script to be Applied on the Database

```
INSERT INTO `exetest`.`학과별` (`학번`, `이름`, `학과`) VALUES ('20231001', '홍길동
INSERT INTO `exetest`.`학과별` (`학번`, `이름`, `학과`) VALUES ('20231002', '이순신
INSERT INTO `exetest`.`학과별` (`학번`, `이름`, `학과`) VALUES ('20231003', '강감찬
INSERT INTO `exetest`.`학과별` (`학번`, `이름`, `학과`) VALUES ('20231004', '최천사
```

5. 다음과 같이 작성하여 결과가 각각 어떻게 나오는지 확인해 보자.

❶ 학과별 전체가 나온 결과

```
SELECT * FROM exetest.학과별;
```

학번	이름	학과
20231001	홍길동	인공지능학과
20231002	이순신	물리학과
20231003	강감찬	역사학과
20231004	최천사	무용학과
NULL	NULL	NULL

❷ 학과를 기준으로 오름차순으로 출력된 결과

```
SELECT * FROM exetest.학과별 order by 학과;
```

학번	이름	학과
20231004	최천사	무용학과
20231002	이순신	물리학과
20231003	강감찬	역사학과
20231001	홍길동	인공지능학과
NULL	NULL	NULL

❸ “홍길동”이란 이름을 이용해 홍길동 정보만 출력한 결과

```
3 ●    select * from exetest.학과별 where 이름="홍길동";
```

Result Grid | Filter Rows: | Edit:

	학번	이름	학과
▶	20231001	홍길동	인공지능학과
*	NULL	NULL	NULL

❹ 그 외 출력하고 싶은 내용 출력해 보자.

연습 문제

연습 01 파이썬 프로그램을 다루는 환경으로는 크게 클라우드 방식과 스탠드얼론 방식이 있다. 이 두 가지 방식의 차이점이 무엇인지 설명해 보자.

연습 02 데이터베이스 연결 단계를 순서대로 나열해 보자.

연습 문제

연습 03

연습 02에서 데이터베이스 연결 단계 순서를 나열할 때 cursor 생성 경우는 배열 기반(Array Based) 방법과 딕셔너리 기반(Dictionary Based) 방법이 있다. 이 두 가지 출력 방법이 어떻게 다른지 설명해 보자.

연습 04

다음과 같은 결과가 나오도록 MySQL Workbench를 이용해 등록한 데이터베이스가 있다. 이를 각각 컬럼명 별로 출력해 보자.

Result Grid | Filter Rows:

학번	이름	학과
20231004	최천사	무용학과
20231002	이순신	물리학과
20231003	강감찬	역사학과
20231001	홍길동	인공지능학과
NULL	NULL	NULL

| 6장 |

데이터 분석과 SQL

학습 목표

- 공공데이터의 다양한 데이터 수집해 본다.
- 수집한 데이터를 SQL 쿼리문을 이용해 원하는 데이터를 불러오고 분석한다.
- SQL과 ORM의 차이점을 배운다.

1 〉 데이터 분석

우리가 실제 원하는 데이터를 가지고 분석하기 위해서는 먼저 원하는 데이터를 포함한 많은 데이터를 수집해야 한다. 이를 위해 다양한 방법 중 공공데이터 사이트와 캐글(Kaggle)에서 데이터를 수집하는 방법과 이를 이용해 원하는 데이터를 분석할 수 있는 과정을 살펴보자.

1.1 데이터 수집 및 분석

데이터 수집하기 위해서는 크게 두 가지 방법이 있다. 하나는 직접 수집하는 방법, 다른 하나는 국가나 기업에서 제공하는 공공데이터를 활용하는 방법이다. 물론 직접 원하는 데이터를 수집하는 방법이 가장 좋을 수도 있으나 이를 위해서는 많은 시간이 소요되어야 한다. 이에 비해 국가나 기업에서 제공하는 공공데이터는 이미 어마어마하게 많은 자료를 가지고 있어 데이터를 수집할 때 따로 시간적으로의 소모가 훨씬 적어 좋다. 그러나 이 많은 데이터 중 각자에게 필요한 데이터가 무엇인지를 찾고 분석해야 한다는 단점도 있으나, 이는 필요한 데이터를 분석하기 위해 필요한 과정이므로 이 부분에 대해서는 불편함을 감수하여 분석을 진행해야 한다.

그렇다면 공공데이터를 이용하여 데이터를 수집하고 분석하는 방법을 살펴보자. 우리는 이미 여러 곳에서 공공데이터라는 것에 대해 접해 듣고 사용도 해 보았을 것이다.

잠깐만요

우선 간단히 공공데이터의 정의를 살펴보자. 공공데이터란 공공데이터포털(https://www.data.go.kr/) 사이트의 이용 가능에 소개된 정의에 따르면 "공기관이 만들어 내는 모든 자료나 정보, 국민 모두의 소통과 협력을 이끌어내는 공적인 정보를 말한다. 각 공공기관이 보유한 공공데이터 목록과 국민에게 개방할 수 있는 공공데이터를 포털에 등록하면 모두가 공유할 수 있는 양질의 공공데이터로 재탄생하게 된다."라고 소개한다.

공공데이터 사이트는 공공데이터포털 사이트 외에도 서울열린데이터광장, 통계청, 농림축산식품, 각 지자체별 공공데이터포털 사이트 등 엄청나게 많은 공공데이터 사이트가 있다.

공공데이터포털이나 캐글(Kaggle)*을 이용해 우리가 활용할 목적에 맞는 필요한 분석 데이터를 얻어보자.

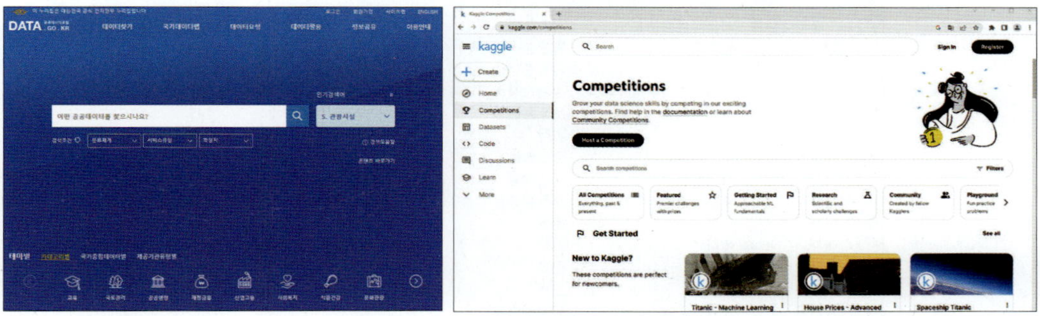

그림 6-1. 공공데이터포털 사이트와 캐글 사이트

공공데이터포털에서 누적 조회순 인기 데이터 중 하나인 『도로교통공단 사고유형별 교통사고 통계』 정보 데이터를 다운로드하여 활용해 보자. 이를 위해서는 먼저 검색창에서 해당 데이터를 검색(또는 인기 데이터 클릭)하고 CSV 파일의 〈다운로드〉 버튼을 클릭하여 다운로드한다.

체크 포인트

* 캐글(Kaggle)이란 캐글(https://www.kaggle.com/getting-started/44916) 홈페이지에 소개된 내용에 따르면, 2010년 설립된 데이터 과학, 기계학습 및 예측 분석 문제를 해결하기 위해 전 세계의 데이터 과학자를 유치, 육성, 교육 및 도전하는 크라우드 소싱 플랫폼이다. 기업 및 단체에서 데이터와 실제 해결과제를 등록하면 데이터 과학자들이 이를 해결하기 위해 상호작용을 하고, 모델을 개발하고 경쟁한다. 2017년 3월 구글에 인수되었다.

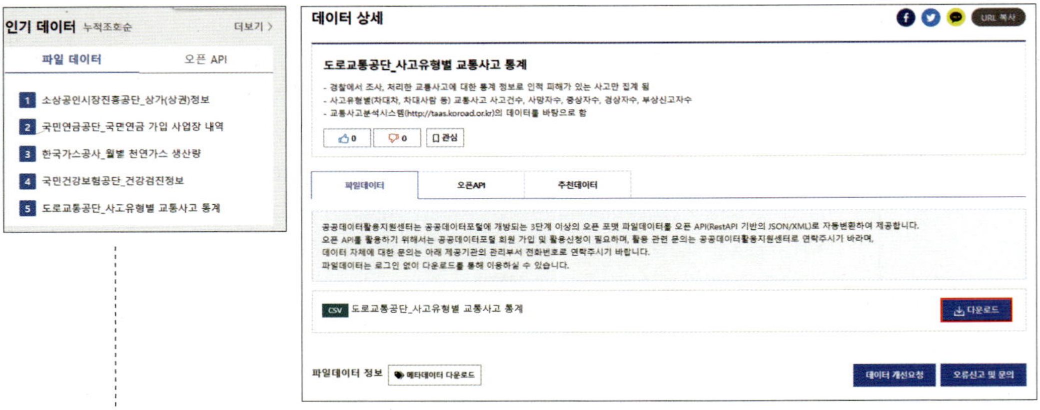

그림 6-2. 도로교통공단 사고유형별 교통사고 통계 자료 다운로드

다운로드한 데이터를 확인하면 다음과 같다.

	A	B	C	D	E	F	G	H
1	사고유형대분류	사고유형중분류	사고유형	사고건수	사망자수	중상자수	경상자수	부상신고자수
2	차대사람	횡단중	횡단중	12767	445	5999	6664	458
3	차대사람	차도통행중	차도통행중	3628	146	1438	2007	183
4	차대사람	길가장자리구역통행중	길가장자리구역통행중	1973	33	563	1330	121
5	차대사람	보도통행중	보도통행중	2226	21	745	1455	131
6	차대사람	기타	기타	14675	333	4887	9139	1062
7	차대차	정면충돌	정면충돌	7892	205	3539	8837	588
8	차대차	측면충돌	측면충돌	71687	404	17756	84667	5781
9	차대차	후진중충돌	후진중충돌	3514	2	304	4172	162
10	차대차	추돌	추돌	32717	379	7564	47111	2748
11	차대차	기타	기타	44222	248	9990	49616	3839
12	차량단독	전도	전도	956	82	384	403	209
13	차량단독	전복	전복	165	36	87	81	27
14	차량단독	공작물충돌	공작물충돌	2742	340	1256	1504	532
15	차량단독	주/정차차량 충돌	주/정차차량 충돌	23	3	7	8	6
16	차량단독	도로이탈	도로이탈 추락	385	73	199	179	44
17	차량단독	도로이탈	도로이탈 기타	156	18	73	79	34
18	차량단독	기타	기타	3401	148	1114	2030	495
19	철길건널목	철길건널목	철길건널목	1	0	0	1	0

그림 6-3. 도로교통공단_사고유형별_교통사고_통계.csv 파일 내용

해당 데이터를 기반으로 '사고건수'가 많은 사고 유형을 분석해 보자. 물론 더 많은 자료가 제공된다면 이를 기반으로 교통사고의 원인도 도로 이용자 측면인지 차량 측면인지 등을 분석할 수 있겠지만, 제시되는 파일에서는 이러한 자료가 제공되지 않으므로 사고 건수가 많은 사고 유형을 SQL과 연동해서 간단하게 분석한다.

데이터 분석 파일 업로드

분석을 위해 다음과 같은 순서로 진행해 보자.

❶ MySQL Workbench를 실행하고 'traffic_accident'라는 이름의 데이터베이스를 생성한다.

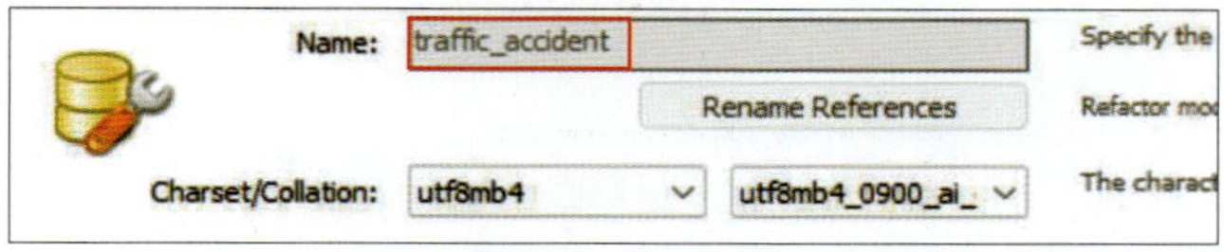

❷ 생성된 데이터베이스에 공공데이터로부터 다운로드한 CSV 파일을 연동하기 위해 오른쪽 마우스를 클릭하여 'Table Data Import Wizard'를 선택한다.

❸ Table Data Import 대화상자가 표시되면 〈Browse〉 버튼을 클릭하여 업로드할 CSV 파일을 선택하고 〈Next〉 버튼을 클릭한다.

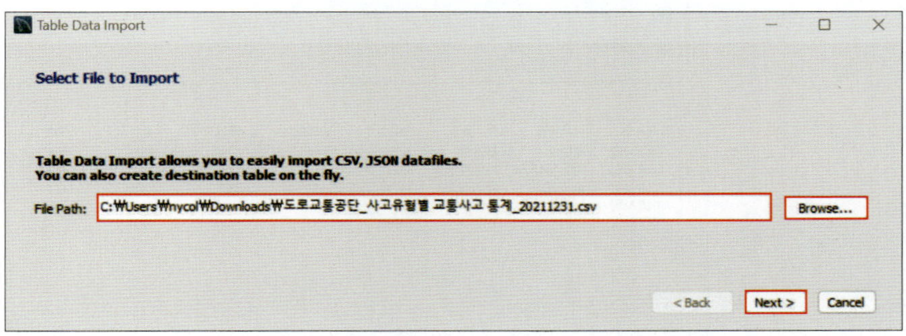

❹ 생성된 데이터베이스(traffic_accident)에 새로운 테이블을 만들기 위해 Select Destination 화면이 표시되면 Create new table에서 'traffic_accident'로 지정하고 'accident'를 입력한 다음 〈Next〉 버튼을 클릭한다.

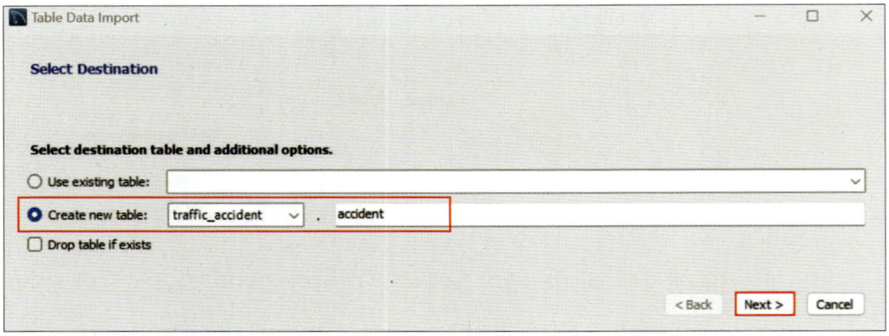

❺ Configure Import Settings 화면이 표시되면 읽어온 데이터의 인코딩 방식이나 해당 컬럼에 들어갈 값들의 속성을 확인하고 〈Next〉 버튼을 클릭한다.

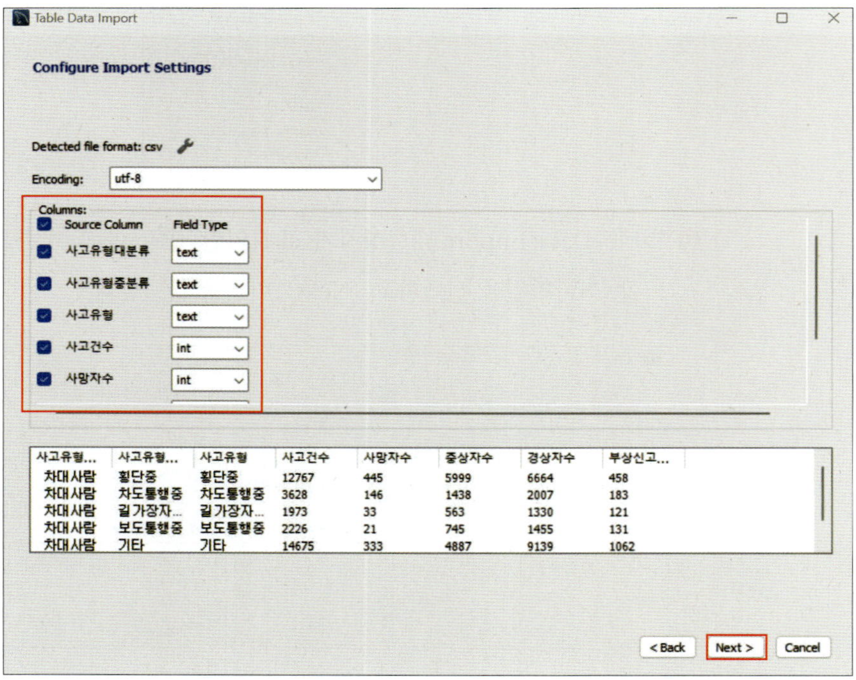

❻ Import Data 화면에서 체크 표시를 확인하고 〈Next〉 버튼을 클릭한다.

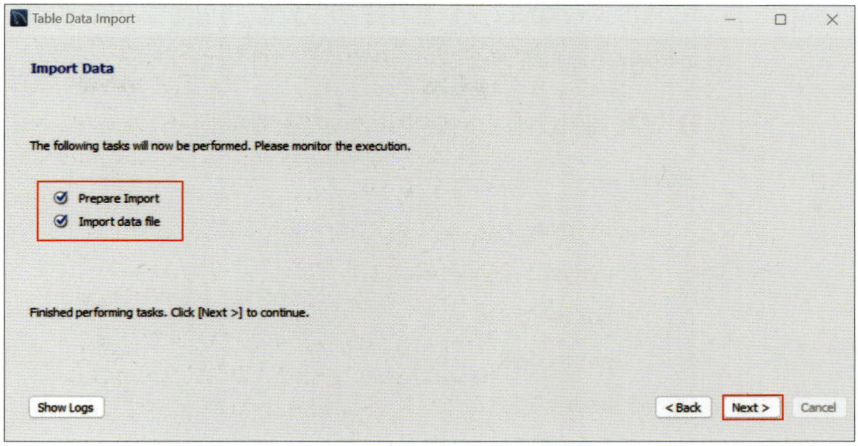

❼ 〈Finish〉 버튼을 클릭한다.

❽ 완료되었다면 설정한 내용이 업로드되었는지 확인한다.

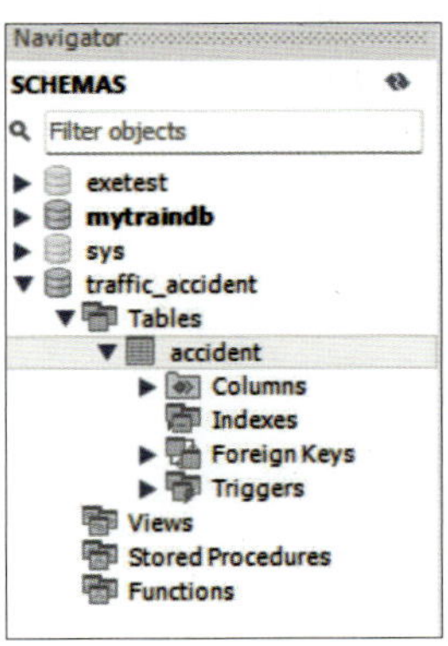

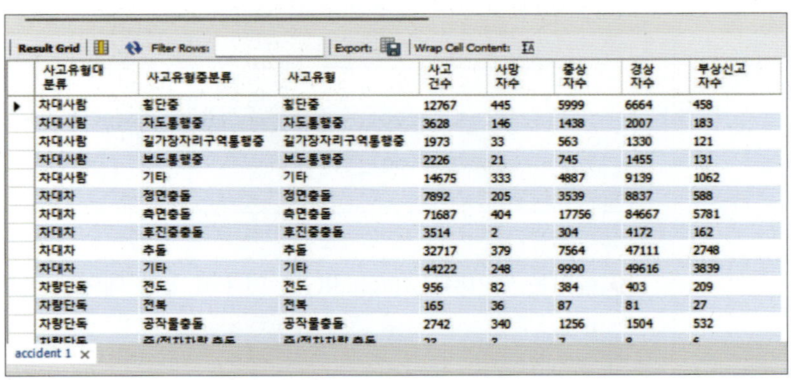

데이터 분석

MySQL Workbench에 불러온 파일들을 파이썬을 이용해 간단한 분석해 보자. 파이썬을 이용해 분석하는 방법은 다음과 같다.

❶ 먼저 데이터베이스에 파이썬을 연동한다.

```
import pymysql
con=pymysql.connect(
    host="127.0.0.1",
    port=3306,
    user="root",
    password="1234",
    db="traffic_accident",
    charset="utf8mb4")
cursor=con.cursor(pymysql.cursors.DictCursor)
```

❷ 데이터베이스와 연동 후 전체 데이터를 '사고건수' 기반으로 SQL 쿼리문을 이용해 내림차순(DESC)으로 정렬하여 데이터를 불러올 수 있도록 수행한다. 내림차순으로 정렬하는 이유는 사고 건수가 많은 것부터 적은 순서로 정렬되기 때문에 이를 기반으로 조금 더 쉽게 내용을 볼 수 있기 때문이다. 이렇게 하면 현재는 총 18개의 데이터가 있다는 것을 확인할 수 있다. 실제 MySQL Workbench에 있는 데이터베이스의 데이터 개수가 18개로 일치함을 확인할 수 있다.

```
sql_select="select * from accident order by 사고건수 DESC"
cursor.execute(sql_select)
```

❸ 불러온 데이터를 fetchall()을 이용해 전체 데이터를 한꺼번에 불러와 출력해 보자.

```
result=cursor.fetchall()
for i in result:
    print(i["사고건수"],i["사고유형"])
```

이렇게 하면 다음과 같은 출력 결과를 얻는다.

```
71687 측면충돌
44222 기타
32717 추돌
14675 기타
12767 횡단중
7892 정면충돌
3628 차도통행중
3514 후진중충돌
3401 기타
2742 공작물충돌
2226 보도통행중
1973 길 가장자리구역통행중
956 전도
385 도로이탈 추락
165 전복
156 도로이탈 기타
23 주/정차차량 충돌
1 철길건널목
```

이를 통해 "사고건수"가 많은 "사고유형"은 "측면충돌"이 "716897건"으로 가장 많다는 것을 확인할 수 있다.

❹ 데이터베이스 사용이 끝나면 연결했던 데이터베이스의 연결을 닫는다.

```
con.close()
```

2 〉 SQL vs ORM

SQL 쿼리문를 사용하기 위해서는 데이터베이스가 있어야 한다. 그러나 ORM (Object Relational Mapping)은 데이터베이스가 반드시 필요하지 않은 방법이며, 이 원리를 파악해 보자. 또한 파이썬을 이용해 표현할 때 SQL과 ORM의 차이점을 생각해 보고, 이를 기반으로 어떻게 활용할 수 있는지 고민해 본다. 더 나아가, ORM이 아닌 SQL을 사용하는 이유는 무엇인지 고민해 보자.

2.1 ORM 개념

ORM이란 Object Relation Mapping의 약자로 '객체와 관계 매핑'의 줄임말이다. 즉, 객체(Object)와 관계형 데이터베이스 사이를 자동으로 매핑(연결)하는 기술이다.

그림 6-4. ORM 개념

그림 6-4와 같이 ORM은 객체와 관계형 데이터베이스 사이에서 중간자 역할을 SQL을 자동으로 생성하여 주어진 문제를 해결한다.

즉, ORM을 사용하면 객체지향 프로그래밍에서 사용되는 객체와 관계형 데이터에서 사용되는 테이블 간의 변환을 자동으로 처리할 수 있다. 이를 통해 데이터베이스 쿼리를 작성하는 대신 ORM 라이브러리를 사용하여 데이터베이스에 접근(Access)할 수 있다.

그렇다면 SQL과 ORM의 가장 큰 차이점은 무엇일까? SQL은 데이터베이스에 직접 쿼리를 보내는 방식인 반면, ORM은 객체와 데이터베이스 간의 매핑을 통해 데이터에 접근한다. 이로 인해 ORM을 사용하면 SQL을 사용하는 것보다 프로그래밍 생산성이 향상되고 코드의 가독성과 유지 보수성이 높아진다.

SQL의 예시는 다음과 같다.

```
SELECT *
FROM users
WHERE age > 25;
```

이 SQL 쿼리는 users라는 테이블에서 나이가 25세 이상의 사용자를 모두 선택하라는 의미이다. 반면, ORM은 클래스를 사용하여 데이터 모델을 정의한다. 즉, 객체-관계 매칭을 수행하기 위해 클래스를 사용한다. 물론 클래스를 사용하지 않고 SQL 쿼리와 ORM을 직접 사용할 수 있으나 여기서는 이 방법을 다루지 않는다.

다음은 Django ORM의 예시이다.

```
from django.db import models

class User(models.Model):
    name = models.CharField(max_length=255)
    age = models.IntegerField()

    def __str__(self):
        return self.name

# 데이터 조회
users = User.objects.filter(age__gte=25)
for user in users:
    print(user)
```

Django ORM은 이미 설정 파일(settings.py)에서 데이터베이스 정보를 읽어오기 때문에 데이터베이스에 대한 추가적인 설명이 필요 없다.

'User' 클래스는 models.Model를 상속받고 name과 age는 각각 CharField와 IntegerField로 정의된다. 그다음 objects.filter를 사용하여 age가 25 이상인 사용자를 필터링하고 이를 반복문을 이용해 출력하는 코드이다.

그렇다면 "왜 ORM을 사용하지 않고 굳이 우리는 SQL을 사용할까?"라는 궁금증이 생길 것이다. ORM은 데이터베이스를 추상화하기 때문에 데이터베이스에 대한 지식이 부족한 사람이라도 상대적으로 쉽게 데이터베이스와 상호작용을 할 수 있게 되어 있고 코드의 가독성과 유지보수가 좋다. ORM을 사용하면 데이터베이스에 접근하는 로직이 추상화되기 때문에 코드가 간결하고 복잡한 쿼리를 작성하는 것이 쉬워져 가독성이 좋아진다. 또한 데이터베이스 스키마 변경 사항을 자동으로 감지하여 이를 데이터베이스와 일치시키기 때문에 유지보수가 수월하다. 반면 SQL을 사용하려면 데이터베이스에 대한 전반적인 이해와 SQL 문법에 대한 지식이 필요하다. 그럼에도 불구하고 SQL을 사용하는 이유는 ORM이 제공하는 인터페이스로 구현이 어려운 복잡한 쿼리를 작성해야 할 경우에는 직접 SQL을 작성하는 것이 훨씬 효율적이다.

예를 들어, 대용량의 데이터를 처리해야 하는 경우 ORM은 객체를 생성하는 과정에서 일부 성능 손실이 발생할 수 있다. 따라서 대량의 데이터를 처리할 때 SQL을 직접 작성하는 것이 훨씬 더 효율적이다. 첫 번째 예로 복잡한 쿼리를 작성해야 하는 경우 ORM은 간단한 쿼리 작성에 최적화되어 있어 복잡한 쿼리를 작성할 때는 SQL을 사용하는 것이 더 유리하다. 두 번째 예로 데이터베이스나 ORM 기능이 제한적인 경우는 제대로 동작하지 않을 수 있다. 이런 경우는 SQL을 직접 작성하는 것이 훨씬 안전하다.

여기서는 이론적으로 SQL과 ORM과 어떤 차이가 있는지에 대해서만 다룬다. 우리는 SQL을 이용해 데이터베이스를 구조화하고, 이를 기반으로 인공지능 알고리즘에 적용하는 것을 목표로 하고 있기 때문에 더 깊이 들어가면 헷갈릴 수 있어 더 이상 자세히 살펴보지 않는다.

연습 문제

연습 01

공공데이터란 무엇인지 작성해 보자.

연습 02

이 장에서 배운 내용을 기반으로 공공 데이터사이트에 접속해서 직접 자신이 원하는 데이터를 다운로드받아 MySQL에 데이베이스를 생성하고 연동하여 데이터를 분석해 보자.

연습 문제

연습 03 SQL과 ORM의 개념에 대해 각각 비교하여 간단히 설명해 보자.

연습 04 ORM을 사용하면 더 좋은점이 많음에도 불구하고 SQL을 사용하는 이유는 무엇인지 작성해 보자.

| 7장 |

비정형 데이터 다루기

학습 목표

- 비정형 데이터의 정의, 특징, 분류 등에 대한 기본 개념을 이해하고 정형 데이터와의 차이점을 파악한다.
- 비정형 데이터를 수집하고 가공하는 방법에 대해 학습하고, 데이터를 분석하기 위한 머신러닝 및 딥러닝 모델 학습을 넘어서 적용 방법을 익힌다.

1 〉 비정형 데이터

딥러닝에서 학습을 하기 위해서는 데이터가 중요하고 꼭 필요하다. 이때 데이터는 크게 정형 데이터, 비정형 데이터, 반정형 데이터로 나뉘어 설명한다.

그렇다면 이 데이터들이 어떻게 다른지를 알기 위해 우선 개념을 확인하고 여기에 기반을 두는 특징과 분류에 대해 살펴보자.

정형 데이터는 구조화되어 있고 일관된 형식을 가지며, 데이터베이스나 엑셀 스프레드시트와 같은 테이블 형태로 저장되는 데이터로 형태는 행과 열의 형태를 가진다. 예를 들어, 고객의 주문내역, 또는 직원의 근무 시간 등과 같이 수치상으로 나타낼 수 있는 것들이 정형 데이터의 예시이다. 이러한 정형 데이터는 SQL과 같은 관계형 데이터베이스 시스템을 이용하여 처리 및 분석이 쉽다.

반면, 비정형 데이터는 정형 데이터와는 다르게 구조화되어 있지 않고 일관된 형식을 가지지 않으며, 비정형 데이터는 텍스트, 이미지, 동영상, 소리(오디오) 등 다양한 형태로 존재할 수 있다. 예를 들어, 소셜 미디어에서 사용자가 작성한 글이나 포스트의 좋아요 또는 싫어요 수 등이 비정형 데이터의 예시이다. 이러한 비정형 데이터는 기존 데이터베이스 시스템으로 처리하기 어렵기 때문에 데이터 저장과 처리에 대한 다른 접근 방식이 필요하다. 이로 인해 빅데이터 분석 및 머신러닝 분야에서 주로 많이 다루어지고 있다.

또 다른 형태로 반정형 데이터가 있다. 반정형 데이터는 정형 데이터와 비정형 데이터 사이의 중간 형태로, 데이터베이스나 엑셀 스프레드시트와 같은 테이블 형태로 저장되지는 않지만 일부는 일정한 구조나 규칙(형식)을 가지고 있는 데이터이다. 예를 들어, XML이나 JSON과 같은 마크업 언어로 작성된 데이터, 로그 파일, 웹 스크래핑을 통해 수집된 데이터 등이 바로 반정형 데이터의 예시이다. 조금 더 구체적인 예시로는 텍스트를 분석하는 것으로 텍스트 분류, 감성 분석,

문서 요약, 기계 번역 등의 작업을 수행하거나, 웹에서 수집한 이미지 데이터를 활용하여 상품 인식이나 이미지 기반 검색을 수행하는 이미지 분석, 음성처리를 하기 위한 음성 인식, 음성 감정 분석, 화자 인식 등의 작업, 더 나아가 비디오 인식, 행동 인식, 객체 추적 등의 작업이 있다. 반정형 데이터는 비정형 데이터와는 달리 일부 구조화가 되어 있어 데이터베이스에 저장 및 분석이 용이하지만, 정형 데이터처럼 구조가 완전히 일관성 있게 유지되는 것이 아니기에 처리 및 분석에 있어 추가적인 작업이 필요하다. 즉, 딥러닝을 활용하여 반정형 데이터를 처리할 때에는 데이터 전처리와 특징 추출 과정이 중요하다. 데이터를 모델에 적합한 형식으로 변환하고, 필요한 특징을 추출하여 모델에 입력해야 한다. 따라서 데이터 전처리와 특징 추출에 충분한 주의를 기울이는 것이 중요하다.

실제 우리의 일상생활에서 수집되는 데이터는 정형 데이터보다는 비정형 데이터나 반정형 데이터들이 훨씬 많다. 현재 알고 있는 범위 또는 대부분의 딥러닝 관련 서적들을 보면 비정형 데이터를 대부분 정형 데이터 형태로 변형해 딥러닝을 적용하고 있다. 매일 방대하게 쌓이는 데이터들을 딥러닝이라는 기술을 이용해 행과 열로 정해진 테이블 형식의 틀에 맞춰진 데이터보다 비정형적인 데이터와 같은 형태를 사용해야 하지 않을까 하는 의문도 들 것이다. 그렇다면 그러한 이유는 무엇인지를 고민하기 위해 이번 장에서는 비정형 데이터를 어떻게 가공 하고 분석하며, 더 나아가 머신러닝 또는 딥러닝 모델 학습을 어떻게 학습시켜야 하는지 살펴보자.

1.1 비정형 데이터 개념

앞에서 간단하게 비정형 데이터를 설명했지만 다시 한 번 짚어보자. 비정형 데이터는 정형 데이터와는 달리 구조화되지 않은 형태의 데이터이다. 정형 데이터는 데이터베이스에 테이블 형태로 구조화되어 있고, 각각 행(Row)과 열(Column)이 명확하게 정의되어 있어 데이터 타입도 일정하다. 반면 비정형 데이터는 사람이 작성한 텍스트, 이미지, 동영상, 음성(소리, 오디오), 소셜 미디어상의 게시글, 웹 로그 등 다양한 형태의 데이터를 포함하고 있다.

그러다 보니 비정형 데이터는 크기가 매우 크고 다양하며, 일반적으로 데이터베이스나 엑셀과 같은 관계형 데이터베이스 시스템에 저장하여 처리하기가 다소 어렵지만 그만큼 가치가 있는 데이터이다. 예를 들어, 소셜 미디어상의 게시글이나 뉴스 기사는 사람들의 다양하고 많은 의견과 감정이 담겨 있기 때문에 이를 분석하여 소비자 동향이나 시장변화와 같은 트렌드를 파악하는 등 다양한 분야에서 활용될 수 있다. 따라서 이를 처리하기 위해 대용량 분산 처리 시스템과 같은 기술적인 도구들이 필요하다.

실제 비정형 데이터는 기존의 데이터베이스 시스템에서는 처리하기 어렵기 때문에 빅데이터 분석 및 인공지능 분야(머신러닝, 딥러닝)에서 주로 다뤄지고 있다. 이를 위해 비정형 데이터 처리 기술과 자연어 처리 기술 등이 발전하고 있다.

이를 통해 텍스트 마이닝, 이미지 분석, 음성 인식, 자연어 처리 등 다양한 기술이 사용된다. 예를 들어, 텍스트 데이터 같은 경우는 주로 문서나 웹 페이지, 소셜 미디어 등에서 추출할 수 있고 텍스트 마이닝이나 자연어 처리 등의 기술을 이용해 분석할 수 있다. 이미지 데이터 같은 경우는 주로 인터넷에서 다운로드 및 스마트폰 등에서 촬영한 이미지 등으로 딥러닝 기술을 이용해 이미지 및 객체를 분석하거나 인식 등을 할 수 있다. 동영상 데이터 같은 경우도 여러 프레임으로 구성된 이미지들이 연속적으로 이루어진 것으로, 비디오 스트리밍, CCTV, 웹 카메라 등에서 추출할 수 있고, 이를 이용해 객체 분석 및 추적 등도 할 수 있다. 즉, 비정형 데이터는 데이터 분석에서 더욱 중요한 자원이 되고 있다.

그러나 비정형 데이터를 분석하기 위해서는 이를 정제하고 구조화하는 과정이 필요하다. 그러한 이유는 무엇일까에 대해 먼저 살펴보자.

첫 번째, 우리 일상생활에서의 데이터들은 대부분 관계형 데이터베이스를 이용해 데이터를 생성하거나 접근하고, 변경한다. 또한 비정형 데이터는 구조화되지 않은 형태를 가지므로 데이터의 내용과 패턴을 이해하기 어렵다. 따라서 데이터를 정제하고 구조화하면 데이터의 특성과 의미를 파악하기 쉬워지며, 데이터의 가시성을 향상시킬 수 있다.

두 번째, 비정형 데이터는 일반적으로 노이즈와 오류가 포함되어 있을 수 있다. 따라서 데이터 정제 과정을 통해 이상치, 누락값, 잘못된 형식 등을 탐지하고 처리하여 데이터의 품질을 향상시킬 수 있다.

세 번째, 비정형 데이터는 다양한 형식과 소스에서 수집되므로 데이터 통합이 필요하다. 즉, 데이터 정제와 구조화는 데이터를 통합하기 위한 일관된 형식과 구조를 확보하는데 도움을 준다. 이를 통해 다양한 데이터간의 일관성을 유지하고 데이터를 통합하여 효과적인 분석을 수행할 수 있다.

네 번째, 대부분의 머신러닝 및 분석 모델은 정형화된 입력 데이터를 가정하고 동작한다. 따라서 비정형 데이터를 모델에 적용하기 위해서는 데이터를 정제하고 구조화하여 모델의 입력 형식에 맞추어야 한다. 모델의 입력으로 사용하기 위해 데이터를 정제하고 구조화하는 작업은 모델의 성능을 향상시키는 데 도움을 준다.

다섯 번째, 비정형 데이터는 대량으로 생성되고 저장되는 경우가 많다. 따라서 데이터를 정제하고 구조화하면 데이터 처리 과정이 더욱 효율적으로 이루어질 수 있다. 예를 들어, 데이터 검색, 필터링, 집계, 쿼리 등의 작업을 빠르게 수행할 수 있다.

더 나아가 현실적으로 마주치는 수많은 문제들을 딥러닝을 활용해 적용할 수 있을 것이다.

1.2 비정형 데이터 구조화 방법

그렇다면 비정형 데이터를 정형 데이터처럼 사용하기 위해서는 어떻게 정제하고 구조화해야 할까? 또한 더 나아가 구조화된 데이터로 앞에서 배운 SQL을 이용하여 분석해 보자.

SQL은 관계형 데이터베이스 시스템에서 정제되고 구조화된 데이터를 다루는 데 주로 사용하는 언어이기 때문에 데이터베이스에서 원하는 데이터를 SQL 질의를 통해 처리한다면 필터링, 조인(JOIN), 그룹화, 집계 등을 통해 적절한 데이터를 추출하고 처리할 수 있다. 그러다 보니 비정형 데이터를 다루는 데는 적합하지 않지만, 비정형 데이터를 SQL을 이용해 정제하여 구조화된 데이터 형태로 만들어서 이를 기반으로 생성된 구조화된 데이터를 SQL을 이용하여 다룰 수 있다.

이 과정을 다음과 같이 표현할 수 있다.

그림 7-1. 비정형 데이터 분석 과정 단계

비정형 데이터 분석 과정 단계를 하나씩 살펴보자.

1. **비정형 데이터 수집 :** 비정형 데이터를 수집하는 단계이다. 이 단계에서는 웹 스크래핑, 로그 파일 수집, 문서 추출 등을 통해 비정형 데이터를 수집한다.
2. **데이터 전처리 :** 이렇게 수집한 비정형 데이터를 전처리하여 데이터의 품질을 개선하고 모델에 적합한 형태로 변환한다. 이때 전처리 작업에는 노이즈 제거, 텍스트 정제, 특수 문자 제거, 토큰화 등이 포함될 수 있다.
3. **구조화된 데이터 변환 :** 전처리된 데이터를 구조화된 형식으로 변환한다. 예를 들어, 텍스트 데이터의 경우 벡터화된 형태로 표현되거나 정형 데이터 형식으로 변환될 수 있다.
4. **데이터베이스 저장 및 SQL 쿼리 사용 데이터 추출 :** 구조화된 데이터를 데이터베이스에 저장하고 SQL 쿼리를 사용하여 필요한 데이터를 추출한다. 이때 SQL 쿼리는 데이터베이스 관리 시스템(DBMS)을 통해 실행된다. 본 교재에서는 MySQL Workbench를 이용한다.

   ※상황에 따라서는 2번부터 4번까지의 과정을 하나의 큰 데이터 전처리 과정으로 봐도 무방하다.
5. **모델 학습 :** 추출된 데이터를 사용하여 머신러닝 알고리즘 또는 딥러닝 모델을 학습시킨다. 이 단계에서는 데이터를 입력과 출력으로 구분하고 모델을 학습시켜 데이터의 패턴과 관계를 학습한다.
6. **모델 성능 평가 및 분석 :** 학습된 모델을 사용하여 새로운 데이터에 대한 예측, 분류, 클러스터링 등의 분석 작업을 수행한다. 이 단계에서는 모델의 성능을 평가하고 결과를 분석한다.
7. **결과 도출 :** 분석 결과를 요약하거나 시각화하여 해석 가능한 형태로 도출한다. 결과는 의사결정을 지원하거나 비즈니스 인텔리전스에 활용될 수 있다.

물론 비정형 데이터의 구조화 과정은 비교적 형태가 복잡하고 데이터의 종류와 상황에 따라 다양한 기술과 방법을 사용해야 하기에 전문적인 지식이 필요하다. 이를 위해서는 데이터사이언스, 머신러닝, 딥러닝 등의 분야에 대한 다양한 이해와 경험이 필요하다. 이러한 경험을 위해 간단한 예시로 하나씩 다뤄보면서 비정형 데이터를 어떻게 다뤄야 하는지에 대해 접근해 보자.

예를 들어, 텍스트 데이터의 경우를 살펴보자.

1. **텍스트 데이터 구조화 :** 텍스트 데이터를 구조화하기 위해서는 필요한 정보를 추출하여 테이블 형태로 구조화해야 한다. 즉, 웹 크롤링을 통해 수집한 뉴스 기사를 분석한다고 가정해 보자. 이 때 필요한 정보인 기사 제목, 내용, 작성일 등을 추출하여 테이블 형태로 구조화할 수 있다.
2. **SQL을 이용해 분석 :** 구조화된 데이터를 SQL을 이용해 분석한다. 즉, 추출한 뉴스 기사 데이터를 이용해 작성일 기준으로 그룹을 지어 날짜별로 몇 건의 뉴스 기사가 작성되었는지 또는 특정 키워드가 포함된 기사의 수, 작성일 별로 기사 수 계산, 특정 주제에 관한 기사의 감정 분석, 특정 기간동안의 기사 작성량 추이 등과 같은 다양한 분석을 할 수 있다.
3. **머신러닝 또는 딥러닝 모델 설계 및 학습, 예측 :** 정제된 데이터를 바탕으로 머신러닝 또는 딥러닝 모델을 설계하여 학습시키고 이를 기반으로 예측한다. 즉, 뉴스 기사의 내용을 바탕으로 해당 기사가 긍정적인 내용인지 부정적인 내용인지 분류하는 모델 생성, 특정 키워드와 관련된 뉴스 추천 모델 생성 등을 할 수 있다.

또 다른 예로 트위터 데이터를 통해 긍정/부정의 경우를 살펴보자.

1. **비정형 데이터 수집** : 트위터에서 사용자들이 특정 주제에 대해 작성한 트윗 데이터를 수집한다. 이 데이터는 텍스트 형태로 되어 있으며 다양한 언어, 문법, 약어 등이 포함되어 있다.
2. **데이터 전처리** : 수집한 트윗 데이터를 전처리하여 정제한다. 이 단계에서는 텍스트 데이터에서 불필요한 문자, 링크, 이모티콘 등을 제거하고, 대소문자 통일, 특수문자 제거, 토큰화(Tokenization) 등의 작업을 수행한다.
3. **구조화된 데이터 변환** : 전처리된 텍스트 데이터를 구조화된 형식으로 변환한다. 예를 들어, 각 트윗을 단어의 빈도수로 표현된 벡터 형태로 변환하거나, 텍스트를 정형 데이터 형식으로 변환하여 분석하기 쉬운 형태로 만든다.
4. **데이터베이스 저장 및 SQL 쿼리 사용 데이터 추출** : 구조화된 데이터를 데이터베이스에 저장하고, SQL 쿼리를 사용하여 필요한 데이터를 추출한다. 예를 들어, 특정 사용자의 트윗을 조회하거나 특정 주제에 대한 트윗을 검색하는 등의 작업을 수행한다.
5. **모델 학습** : 추출한 데이터를 사용하여 모델을 학습시킨다. 예를 들어, 트윗 데이터를 기반으로 긍정/부정 감성 분류 모델을 학습하는 등의 작업을 수행한다. 이 단계에서는 학습 알고리즘을 선택하고, 데이터를 입력하고 출력을 예측할 수 있는 모델을 생성한다.
6. **모델 성능 평가 및 분석** : 학습된 모델의 성능을 평가하고 분석한다. 이 단계에서는 예측 결과와 실제 결과를 비교하여 모델의 정확도, 재현율, 정밀도 등을 평가한다. 또한, 모델의 성능을 개선하기 위해 하이퍼 파라미터 튜닝이나 다른 알고리즘 적용 등을 고려할 수 있다.
7. **결과 도출** : 모델의 성능 평가를 기반으로 원하는 결과를 도출한다. 예를 들어, 트윗 데이터를 분석하여 특정 주제에 대한 사용자들의 감성을 파악하거나, 특정 키워드와 관련된 트윗의 특성을 분석하는 등의 결과를 도출할 수 있다.

또 다른 예시로 물품 리뷰 데이터를 분석하는 예시를 살펴보자.

1. **비정형 데이터 수집** : 온라인 쇼핑 사이트에서 물품에 대한 리뷰 데이터를 수집한다. 이 때 해당 데이터는 텍스트 형태로 되어 있으며, 고객들이 물품에 대한 평가와 의견을 작성한 것이다.
2. **데이터 전처리** : 수집한 리뷰 데이터를 전처리하여 정제한다. 이 단계에서는 텍스트 데이터에서 불필요한 문자, 링크, 이모티콘 등을 제거하고, 대소문자 통일, 특수문자 제거, 토큰화(Tokenization) 등의 작업을 수행한다.
3. **구조화된 데이터 변환** : 전처리된 텍스트 데이터를 구조화된 형식으로 변환한다. 예를 들어, 리뷰 데이터를 긍정/부정 감성으로 분류하기 위해 각 리뷰를 벡터 형태로 표현하거나, 텍스트를 정형 데이터 형식으로 변환하여 분석하기 쉬운 형태로 만든다.
4. **데이터베이스 저장 및 SQL 쿼리 사용 데이터 추출** : 구조화된 데이터를 데이터베이스에 저장하고, SQL 쿼리를 사용하여 필요한 데이터를 추출한다. 예를 들어, 특정 상품에 대한 리뷰를 조회하거나 특정 키워드가 포함된 리뷰를 검색하는 등의 작업을 수행한다.
5. **모델 학습** : 추출한 데이터를 사용하여 감성 분석 모델을 학습시킨다. 예를 들어, 리뷰 데이터를 기반으로 긍정/부정 감성을 분류하는 모델을 학습하는 등의 작업을 수행한다. 이 단계에서는 학습 알고리즘을 선택하고, 데이터를 입력하고 출력을 예측할 수 있는 모델을 생성한다.
6. **모델 성능 평가 및 분석** : 학습된 모델의 성능을 평가하고 분석한다. 이 단계에서는 예측 결과와 실제 결과를 비교하여 모델의 정확도, 재현율, 정밀도 등을 평가한다. 또한, 모델의 성능을 개선하기 위해 하이퍼 파라미터 튜닝이나 다른 알고리즘 적용 등을 고려할 수 있다.
7. **결과 도출** : 모델의 성능 평가를 기반으로 원하는 결과를 도출한다. 예를 들어, 물품 리뷰 데이터를 분석하여 특정 제품의 평판을 파악하거나, 리뷰에 언급된 특정 기능이나 이슈를 분석하는 등의 결과를 도출할 수 있다.

또 다른 예시로 이번에는 음성 녹음 파일을 통해 감정 상태를 분석하는 과정을 살펴보자.

1. **비정형 데이터 수집** : 음성 녹음 파일을 수집한다. 이때, 이 파일들은 다양한 사람들이 다양한 주제에 대해 말하고 있는 음성 데이터이다.
2. **데이터 전처리** : 수집한 음성 녹음 파일을 전처리하여 정제한다. 이 단계에서는 불필요한 잡음을 제거하고, 음성 신호를 정규화하여 일정한 음량으로 조정한다. 또한, 음성을 텍스트로 변환하기 위해 음성 인식 기술을 적용할 수도 있다.
3. **구조화된 데이터 변환** : 전처리된 음성 데이터를 구조화된 형식으로 변환한다. 예를 들어, 음성 인식을 통해 변환된 텍스트를 벡터 형태로 표현하거나, 각 음성 파일을 특징적인 수치로 변환하여 분석하기 쉬운 형태로 만든다.

4. **데이터베이스 저장 및 SQL 쿼리 사용 데이터 추출** : 구조화된 데이터를 데이터베이스에 저장하고, SQL 쿼리를 사용하여 필요한 데이터를 추출한다. 예를 들어, 특정 주제에 대한 음성 데이터를 조회하거나 특정 단어가 포함된 음성 데이터를 검색하는 등의 작업을 수행한다.
5. **모델 학습** : 추출한 데이터를 사용하여 음성 감정 분석 모델을 학습시킨다. 예를 들어, 음성 데이터를 기반으로 감정 상태(기쁨, 슬픔, 분노 등)를 분류하는 모델을 학습하는 등의 작업을 수행한다. 이 단계에서는 학습 알고리즘을 선택하고, 데이터를 입력하고 출력을 예측할 수 있는 모델을 생성한다.
6. **모델 성능 평가 및 분석** : 학습된 모델의 성능을 평가하고 분석한다. 이 단계에서는 예측 결과와 실제 결과를 비교하여 모델의 정확도, 재현율, 정밀도 등을 평가한다. 또한, 모델의 성능을 개선하기 위해 하이퍼 파라미터 튜닝이나 다른 알고리즘 적용 등을 고려할 수 있다.
7. **결과 도출** : 모델의 성능 평가를 기반으로 원하는 결과를 도출한다. 예를 들어, 음성 데이터를 분석하여 감정 상태를 파악하거나, 특정 키워드와 관련된 음성 데이터의 특성을 분석하는 등의 결과를 도출할 수 있다.

이러한 단계를 거치면 비정형 데이터를 수집하여 분석하는 과정을 완료할 수 있다.

이쯤에서 궁금증이 생길 것이다. 지금까지 기존에 머신러닝이나 딥러닝에서 전처리 과정에 대한 다양한 책들에서는 SQL을 사용하여 구조화하는 내용을 본 적이 없을 것이다. 그런데 우리는 왜 SQL을 이용할까? 또한 SQL을 사용해서 구조화하면 어떤 점이 좋은 것일까?

전처리 과정에서 SQL을 사용하지 않는 이유는 주로 SQL이 비교적 구조화된 데이터에 적합하기 때문이다. 머신러닝이나 딥러닝 모델을 사용할 때 필요한 데이터는 다양한 형식의 비정형 데이터일 가능성이 크기 때문에 SQL만으로 충분한 전처리 과정을 수행하기 어려울 수 있다. 그러나 최근에는 빅데이터 처리 기술의 발전과 함께 SQL 역시 다양한 기술적인 발전이 이루고 있어 SQL을 사용한 전처리 기술도 다양하게 연구가 되고 있다.

이 교재는 비전공자들이 대상이므로 깊이 있게 들어가지 않고 간단하고 적절한 예를 이용해 SQL의 원리를 이해하면서 이를 이용해 해결하는 방안에 접근하려고 한다. 이 점을 잊지 말자.

그렇다면 SQL을 사용하면 좋은 점은 무엇일까? SQL을 이용하면 데이터베이스 내의 데이터를 쉽게 정리할 수 있고 필요한 데이터를 추출하여 머신러닝 또는 딥러닝 모델을 학습시키기 적합한 형태로 처리할 수 있다. 머신러닝 또는 딥러닝의 성능을 높이기 위한 전처리 과정에서 SQL을 이용한다면 훨씬 효과적일 수 있다. 즉, SQL을 이용해 데이터를 처리하고 구조화하는 과정에서 입력 데이터와 해당 데이터의 레이블이 나누어져 있어 데이터를 추출하여 전처리 작업을 할 필요가 없으므로 시간을 절약할 수 있고 이를 기반으로 데이터를 분류하고 이를 이용해 머신러닝 또는 딥러닝 알고리즘에 쉽게 적용할 수 있다.

2 〉 웹 크롤링

웹 크롤링을 통해 앞에서 설명한 예시를 기반으로 비정형 데이터인 네이버 뉴스 기사에 대해 구조화해 보자.

이를 위해 우선 웹 크롤링의 개념과 대표적인 방법중 하나인 BeautifulSoup에 대해서 알아보고 이를 이용해 어떻게 추출하고 정제하여 구조화할 수 있는지 예를 이용해 다루어보자.

2.1 웹 크롤링 개념

비정형 데이터를 분석하기 위해서는 주기적으로 수집을 해야 한다. 그러나 말이 쉽지 실제로 실시간 트렌드를 분석한다고 했을 때 단순히 데이터 수집하기란 어려울 수 있다. 또한 많은 데이터를 이용해 어떻게 활용해야 할 것인지도 고려해야 한다. 이를 위해 조금이나 웹 데이터를 모아 분석할 수 있도록 도와주는 방법이 바로 웹 크롤링이다. 웹 크롤링(Web Crawling)이란 "위키백과"를 포함 정의한 내용을 기반으로 정리해 보면 다음과 같이 설명할 수 있다.

> 웹 크롤링(Web Crawling)은 웹 스크래핑(Web Scraping)이라고도 부르며, 인터넷 사이트들을 돌아다니며 필요한 정보를 자동 또는 반자동으로 획득하는 것이다. 웹 크롤링은 인터넷 상에 존재하는 여러 데이터를 자동으로 탐색하는 행위를 말한다. 이때 웹 크롤러(Web Crawler)는 인터넷에 있는 웹 페이지를 방문해 자료를 수집하는 일을 하는 프로그램을 말한다. 웹 크롤러를 이용해 웹 페이지의 정보를 수집하고, 이렇게 수집된 정보는 데이터베이스나 분석 등에 다양하게 활용할 수 있다. 대표적인 방법으로는 BeautifulSoup, Scrapy, Selenium, Request 등이 있다.

실제 웹 크롤링을 이해하기 위해서는 기본적인 동작 원리를 이해하는 것이 필요하다. 간단하게 어떤 원리인지 살펴보자. 크게 두 가지로 클라이언트와 서버로 나눠진다. 예를 들어, 클라이언트는 네트워크를 통해 서비스 페이지를 요청(예 : www.naver.com)하는 사용자 또는 사용 장치가 된다. 반면 서버는 클라이언트의 요청(request)을 처리하고 응답을 생성하여 필요한 서비스나 데이터(네이버 첫 화면)를 제공한다(response). 이를 그림으로 표현하면 다음과 같다.

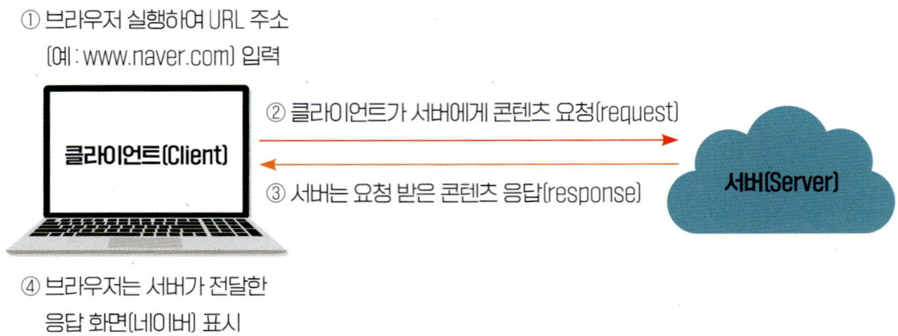

그림 7-2. 웹 기본 동작 원리

웹 기본 동작 원리를 이해했다면 이번에는 데이터 수집 방법에 대해 이해해 보자. 데이터 수집하는 방법으로는 오픈 API(Application Programming Interface)를 사용한 데이터 수집 방법과 웹 크롤링을 이용한 방법 등이 대표적이다.

잠깐만요

API(Application Programming Interface)란 응용프로그램 간 상호작용을 위한 인터페이스를 제공하는 소프트웨어 구성요소 즉, 다른 응용프로그램에서 제공하는 기능 및 데이터에 액세스(Access)할 수 있도록 도와주는 도구이다. API는 다양한 유형과 형식이 있지만, 웹 API는 가장 널리 사용되는 형태로, 웹 기술을 기반으로 하며, 웹 서버에서 제공되는 엔드포인트를 통해 데이터 및 기능에 접근할 수 있다. 주로 HTTP를 사용하여 통신하며, 주요한 웹 API 형식으로는 REST(Representational State Transfer) API와 SOAP(Simple Object Access Protocol) API가 있다. API는 주로 웹 서비스를 통해 제공되며 다른 응용프로그램과의 상호작용을 위해 프로그래머가 사용할 수 있는 명령어 규칙, 프로토콜 등을 정의하여 이를 이용해 개발자는 직접 구현하지 않고도 다른 응용프로그램에서 제공하는 기능 및 데이터를 사용할 수 있다.

예를 들어, 공공데이터 등 국가에서 보유한 데이터가 공개되어 있어 이를 활용할 수 있다. 그 외에도 소셜 미디어 API를 사용하면 다른 응용프로그램에서 트위터, 페이스북, 인스타 등의 소셜 미디어 기능을 사용할 수 있다. 추가적으로 대부분의 데이터가 어느 정도 정제되어 있고 무료로 사용할 수 있어 유용하게 활용할 수 있다.

그 밖에 다음과 같은 작업도 수행할 수 있다.

1. **데이터 접근 :** 외부 시스템이나 서비스의 데이터에 접근하여 읽기 또는 쓰기 작업을 수행할 수 있다. 예를 들어, 공공 데이터 API를 사용하여 날씨 정보를 가져오거나, 소셜 미디어 API를 사용하여 사용자의 프로필 정보를 가져올 수 있다.
2. **기능 확장 :** 다른 애플리케이션이나 서비스의 기능을 활용하여 애플리케이션의 기능을 확장할 수 있다. 예를 들어, 지도 API를 사용하여 애플리케이션에 지도 기능을 추가할 수 있다.
3. **서비스 통합 :** 여러 서비스를 통합하여 사용자 경험을 개선하거나 작업을 자동화할 수 있다. 예를 들어, 결제 서비스의 API를 사용하여 온라인 상점에서 신용카드 결제를 처리할 수 있다.

이와 같이 API는 개발자에게 다른 시스템과의 상호작용을 단순화하고 효율적으로 개발할 수 있는 기능을 제공한다. 또한, API는 서비스 제공자에게는 자신의 기능을 확장하고 다른 애플리케이션과 통합할 수 있는 수단을 제공한다.

그러나 API를 운영하는 회사마다 사용 방법이 다르므로 각 웹 페이지에서 제공하는 호출 방법을 참고해야 한다. 또한 웹 서비스를 통해 제공되는 API는 외부에서 액세스하기 때문에 보안을 고민해야 한다. 이는 데이터를 수집하기 위해 대부분은 본인 인증키(인증서)를 기반으로 하기 때문에 외부에 노출되지 않도록 해야 한다.

2.2 BeautifulSoup

웹 크롤링의 대표적인 방법 중 하나인 BeautifulSoup은 파이썬에서 HTML, XML 등과 같은 마크업 언어로 작성된 문서를 파싱(Parsing)하여 원하는 정보를 추출할 때 많이 사용되는 파이썬 라이브러리로 특히 웹 크롤링과 데이터 마이닝을 하기 위해 사용된다. BeautifulSoup은 다양한 웹 사이트에서 데이터를 가져와 분석하는 데 사용하기 쉽고 강력한 도구로 웹 크롤링 및 데이터 스크래핑 작업에 유용한 기능을 제공한다. bs4로도 불리는데 이는 BeautifulSoup 4 라이브러리 기능을 파이썬 코드에서 사용할 수 있도록 하기 위한 모듈 이름이다.

BeautifulSoup을 사용하면 다음과 같은 작업을 수행할 수 있다.

1. **HTML 파싱 :** BeautifulSoup은 HTML 문서를 파싱하여 트리 구조로 변환한다. 이를 통해 HTML 문서의 요소와 계층 구조에 접근하고 데이터를 추출할 수 있다.
2. **데이터 추출 :** BeautifulSoup을 사용하여 HTML 문서에서 필요한 데이터를 추출할 수 있다. CSS 선택자, 태그 이름, 클래스, id 등 다양한 방법을 사용하여 원하는 요소를 선택하고 데이터를 가져올 수 있다.
3. **데이터 탐색 :** BeautifulSoup은 추출된 데이터를 탐색하고 필요한 작업을 수행하는 데 도움이 된다. 예를 들어, 태그 간 이동, 부모 노드, 자식 노드, 형제 노드 등과 같은 탐색 메서드를 사용하여 데이터를 조작하고 조건에 따라 데이터를 필터링할 수 있다.
4. **데이터 정제 :** 추출된 데이터를 정제하고 필요한 형식으로 변환하는 작업을 수행할 수 있다. BeautifulSoup을 사용하여 텍스트 데이터에서 HTML 태그를 제거하거나, 공백을 제거하거나, 문자열을 변환하는 등의 작업을 할 수 있다.

잠깐만요

마크업 언어(Markup Language)

마크업 언어(Markup Language)란 위키백과 및 백과사전에 정의된 기반에 의해 정리해 보면 다음과 같이 설명할 수 있다.

문서의 구조, 내용, 형식 등을 정의하기 위해 사용되는 언어이다. 사람이 이해하기 쉽고, 컴퓨터가 처리하기 쉽고, 다양한 용도로 활용된다. 태그(Tag)를 사용하여 문서를 구조화하고, 각 요소(Element)에 대한 속성(Attribute)을 정의한다. 태그와 속성을 이용하여 문서의 구조, 스타일 및 내용 등을 표현한다. 대표적인 언어로 HTML, XML 등이 있다.

- **HTML(Hyper Text Markup Language)** : 웹 페이지를 구성하는 데 사용되는 가장 일반적인 마크업 언어이다.
- **XML(Extensible Markup Language)** : HTML이 제한된 몇 개의 태그만으로 충분히 표현할 수 없다는 한계를 극복하기 위해 설계된 것으로 데이터를 저장, 교환, 처리를 좀 더 용이하게 할 수 있도록 만들어진 범용 마크업 언어이다.

지금까지 봐왔던 파이썬 코드와는 조금 다르게 보여 생소할 수 있다. 〈 와 〉로 감싸진 괄호가 많다. 이 〈 〉 괄호는 태그를 나타내기 위한 하나의 약속으로 다음과 같은 예시처럼 표시한다.

용어	예시
〈태그〉 데이터 〈태그〉	• **제목(Header) 태그 :** 문서의 제목 정의로 숫자가 작을수록 글자 크기가 크다. <h1>이것은 제목입니다<h1> • **단락(Paragraph) 태그 :** 텍스트를 단락으로 나누어 준다. <p>이것은 첫 번째 단락입니다</p> <p>이것은 두 번째 단락입니다</p> <p>이것은 세 번째 단락입니다</p>

이 예시는 HTML 태그의 일부에 불과하다. HTML은 웹 페이지 구조를 만들기 위한 다양한 태그와 속성을 제공하기에 필요한 태그를 선택해서 사용할 수 있다.

BeautifulSoup(bs4)을 사용하여 특정 태그와 속성을 포함한 내용을 쉽고 빠르게 찾을 수 있어서 데이터프레임 형태로 만들거나 가공할 수 있다. 즉, 비정형 데이터 수집을 위해서 BeautifulSoup(bs4)을 이용해 웹 크롤링으로 얻은 HTML 문서 중에서 각자 원하는 태그만 찾아 파싱하는 것이다.

웹 크롤링을 하기 위해 BeautifulSoup(bs4)을 설치해 보자. 다음의 명령어를 이용해 설치한다.

```
pip3 install beautifulsoup4
```

잠깐만요

설치하는 명령어 중 pip 또는 pip3으로 표시하는 경우가 있다. 이는 모두 파이썬 패키지 관리자로 둘의 차이는 pip는 python2 버전에서 사용되고, pip3은 python3 버전에서 실행되는 pip 버전이다. python2와 python3의 라이브러리와 패키지 구조가 다르기 때문에 각각 버전에 대한 pip 버전이 분리되어 있다. 따라서 python2를 사용하는 경우는 pip, python3을 사용하는 경우는 pip3을 사용해 패키지를 설치하는 것이 좋다. 이와 관련된 자세한 내용은 앞의 〈5장〉에 더욱 자세히 나와있다.

설치가 완료되면 다음의 명령어를 통해 사용할 수 있다. 코랩(Colab)에서는 bs4를 추가하여 pip3을 이용해 설치하지 않고 바로 다음의 코드를 사용할 수 있다.

```python
from bs4 import BeautifulSoup
```

BeautifulSoup(bs4) 사용 방법을 이해하기 위해 간단한 HTML 예시 코드를 작성해 보자.

```html
<html>
<head>
    <title>Example Page</title>
</head>
<body>
    <div class="article">
        <h2>Article Title 1</h2>
        <p>This is the first article.</p>
    </div>
    <div class="article">
        <h2>Article Title 2</h2>
        <p>This is the second article.</p>
    </div>
</body>
</html>
```

HTML 예시 코드를 BeautifulSoup(bs4)을 이용해 변환한다.

```python
html = """
<html>
<head>
    <title>Example Page</title>
</head>
<body>
    <div class="article">
```

```
        <h2>Article Title 1</h2>
        <p>This is the first article.</p>
    </div>
    <div class="article">
        <h2>Article Title 2</h2>
        <p>This is the second article.</p>
    </div>
</body>
</html>
"""

soup = BeautifulSoup(html, 'html.parser')
```

코드 실행 결과 화면은 그림 7-3과 같다.

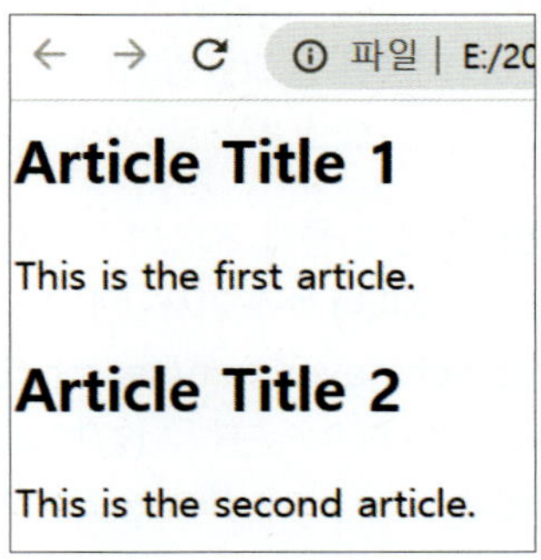

그림 7-3. Example Page.html

추출하고자 하는 정보를 찾아내는 작업을 수행한다. 예를 들어, 모든 제목을 출력하려면 다음과 같이 작성하면 된다.

```
for article in soup.find_all('div', class_='article'):
    title = article.find('h2').text
    print(title)
```

find_all()은 html 코드에서 〈div〉 태그의 'class' 속성이 'article'인 모든 요소를 찾으라는 의미이고, find()는 해당 요소에서 첫 번째로 발견된 〈h2〉 태그의 텍스트를 찾아 출력하라는 의미이다. 이에 따른 결과는 다음과 같다.

〈실행 결과 예〉

```
Article Title 1
Article Title 2
```

이와 같은 방식으로 bs4를 사용하면 HTML 코드에서 원하는 정보를 쉽게 추출할 수 있다.

사용하는 방법을 익혔으니 이제는 실제 텍스트 데이터인 특정 단어(예 : 코로나)를 기반으로 비정형 데이터를 bs4를 이용해 웹 크롤링하여 수집해 보자.

실습 예제

BeautifulSoup 이용한 웹 크롤링 (1)

BeautifulSoup을 이용해 2023.1.1.~2023.4.19.까지의 "코로나"라는 특정 단어 검색어를 포함한 네이버 뉴스 기사 URL은 다음과 같다.

- https://search.naver.com/search.naver?where=news&sm=tab_pge&query=%EC%BD%94%EB%A1%9C%EB%82%98&sort=0&photo=0&field=0&reporter_article=&pd=3&ds=2023.01.01.&de=2023.04.19.&docid=&nso=&mynews=0&cluster_rank=45&start=1&refresh_start=0

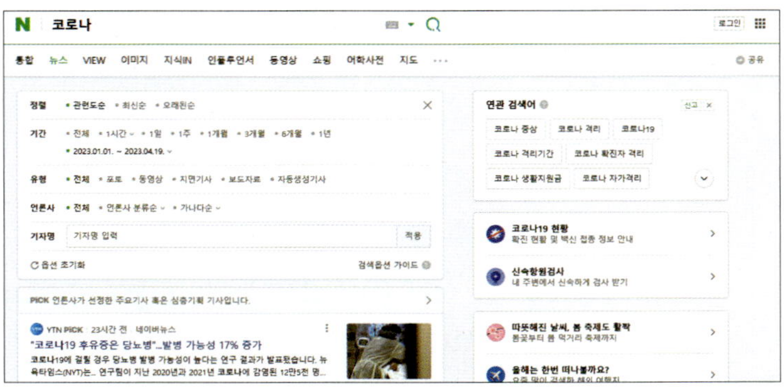

그림 7-4. 특정 기간 네이버 뉴스 기사 "코로나" 검색

뉴스 기사들 중에서 "코로나" 관련 제목과 링크를 출력하는 결과를 추출해 보자.

〈실행 결과 예〉

"코로나19 후유증은 당뇨병"...발병 가능성 17% 증가
https://www.ytn.co.kr/_ln/0104_202304190515558342
60세 이상 코로나 확진 4주째 증가…"고위험군 접종 받아야"
http://www.newsis.com/view/?id=NISX20230419_0002272018&cID=10301&pID=10300
'보복 해외 여행' 코로나 전보다 많아… 1위 여행지는
https://www.chosun.com/economy/market_trend/2023/04/19/3VR7U6N5JFAOXMQMLVEVJ5UPSM/?utm_source=naver&utm_medium=referral&utm_campaign=naver-news
'입대' 제이홉, 코로나19 검사 후 일주일 격리
https://isplus.com/article/view/isp202304190349
'코로나 기원은 중국'...미국 상원 보건위 지목
http://mbn.mk.co.kr/pages/news/newsView.php?category=mbn00008&news_seq_no=4921636
[코로나19] 신규확진 1만6508명…위중증 135명 · 사망 6명
http://www.joseilbo.com/news/news_read.php?uid=484225&class=33&grp=
코로나19 신규 확진자 1만6508명… 지난주보다 2588명 많아
https://biz.chosun.com/topics/topics_social/2023/04/19/JTLAD2RSINBQHIKLJYUFZUVAIA/?utm_source=naver&utm_medium=original&utm_campaign=biz
코로나 안정세 속 고령층 확진은 증가…주간 치명률은 0.06%
https://www.yna.co.kr/view/AKR20230419075900530?input=1195m
'위드코로나' 효과…中 1분기 경제성장률 4.5%
http://www.wowtv.co.kr/NewsCenter/News/Read?articleId=A202304180159&t=NN
코로나 등 위기 발생하면 100일 내 백신개발"
http://www.fnnews.com/news/202304191002462757

〈코드〉

```
import requests
from bs4 import BeautifulSoup
```

```
# 검색 시작일과 종료일
start_date = '20230101'
end_date = '20230419'
# 검색어
keyword = '코로나'

# 네이버 뉴스 검색 URL
url = f'https://search.naver.com/
search.naver?where=news&query=\
{keyword}&sm=tab_opt&sort=0&photo=0&field=0&reporter_article=&p
d=3&ds={start_date}&de={end_date}'

# requests 모듈을 이용해 HTML 문서 가져오기
response=requests.get(url)
html=response.text

# HTML 파일 다운로드
with open('naver_news.html', 'w', encoding='utf-8') as f:
    f.write(html)

# BeautifulSoup을 이용해 HTML 파싱
soup=BeautifulSoup(html, 'html.parser')

# 뉴스 기사 태그 추출
news_list=soup.find_all('li', {'class': 'bx'})

# 뉴스 기사 제목과 링크 출력
for news in news_list:
    # 뉴스 기사 제목 추출
    title_tag = news.find('a', {'class':'news_tit'})
    if title_tag:
        title = title_tag['title']
        print(title)
```

```
        # 뉴스 기사 링크 추출
        link = title_tag['href']
        print(link)
```

코드를 살펴보자. 우선 네이버 뉴스 검색 URL에서 보면 ds={start_date}&de={end_date}라는 부분을 볼 수 있다. 이때 "ds"와 "do"는 각각 검색 시작일과 종료일을 나타낸다.

입력 형식은 "yyyymmdd" 형식으로 각각 start_date 변수에는 '20230101', end_date 변수에는 '20230419'를 입력한다. 이는 2023년 1월 1일부터 2023년 4월 19일까지를 검색하도록 설정한 것을 의미한다.

requests.get(url)을 통해 가져온 HTML 파일을 response.text의 문자열로 가져오고 그다음 open()을 이용하여 'naver_news.html' 파일을 열고, "w" 모드로 설정하여 파일 쓰기 모드로 연 다음 write()를 이용하여 파일을 저장하도록 한다. 이때 with 구문을 이용하여 파일을 열면 파일을 사용한 후 자동으로 닫히게 할 수 있어 마지막에 close()를 사용하지 않아도 된다. 또한 encoding을 통해 파일 인코딩을 'UTF-8'로 설정했다. 이를 통해 한글이 깨지지 않고 출력될 수 있다.

find_all()을 이용해 뉴스 기사 태그를 추출한 후 각 뉴스 기사의 제목과 링크를 추출한다.

잠깐만요

브라우저 없이 파이썬으로 요청하기 위해서는 requests를 설치해서 사용하면 된다. requests를 이용하면 HTML 소스 코드를 서버로부터 받을 수 있다. 설치 방법은 다음과 같다.

```
pip3 install requests
```

이번에는 웹 크롤링한 다음 뉴스 기사를 CSV 파일로 저장해 보자. 물론 웹 페이지의 구조가 복잡하고 동적으로 변하는 부분이 있어 크롤링하기 어려울 수 있다. 만약 그렇다면 일부 기사 내용만 가져 오거나 기사 목록 페이지에서 각 기사의 링크를 추출하고 해당 링크로 이동하여 필요한 내용을 추출할 수 있다.

실습 예제

BeautifulSoup 이용한 웹 크롤링 (2)

다음 뉴스 기사 중 'https://v.daum.net/v/20230420061200788'의 제목, 작성자, 작성일, 내용을 추출하여 CSV 파일로 저장해 보자.

〈실행 결과 예〉

```
sv 파일 추출예.py =========
제목: 애플 제치고 '세계 1위' 탈환…"스마트폰은 역시 삼성이지"
작성자: 정호준 기자(jeong.hojun@mk.co.kr)
작성일: 2023. 4. 20. 06:12
내용: 이 글자크기로 변경됩니다.
(예시) 가장 빠른 뉴스가 있고 다양한 정보  쌍방향 소통이 숨쉬는 다음뉴스를 만나보세요.
다음뉴스는 국내외 주요이슈와 실시간 속보  문화생활 및 다양한 분야의 뉴스를 입체적으로
전달하고 있습니다.

1분기 내놓은 갤럭시 S23 시리즈 판매 호조에 따른 성과다. 다만 지난해 같은 분기 점유율과
비교할 때 애플과의 격차가 좁혀졌고  구글 또한 내달 새로운 폴더블폰을 출시할 것으로 관
측되면서 점유율 경쟁은 더욱 치열해질 것으로 예상된다.
19일 시장조사업체 카날리스의 2023년 1분기 세계 스마트폰 출하량 정보에 따르면  삼성전자
는 점유율 22%를 기록  애플(21%)에 1%포인트 차이로 앞서며 1위를 탈환했다. 중국의 스마
트폰 제조사 샤오미가 11%  오포 10%  비보가 8%로 뒤를 이었으며 기타업체들이 28%를 차
지했다. 직전분기인 지난해 4분기의 경우 애플의 점유율은 25%  삼성전자는 20%를 기록한
바 있다.
1분기 삼성전자가 1위를 탈환한 데에는 지난 2월 선보인 '갤럭시 S23 시리즈' 판매 성과에 따
른 것으로 풀이된다. 삼성전자의 플래그십 스마트폰 신작 갤럭시 S23은 전 세계 주요 국가에
서 전작 판매량을 상회하며 판매 호조를 이어가고 있다. 카날리스는 이번 결과에 대해 "삼성
전자는 전분기 대비 회복세를 거둔 유일한 선도 업체"라고 설명했다.
다만 삼성전자의 1위 탈환에 안심하긴 이른 상황이다. 통상적으로 삼성전자가 핵심 라인업인
갤럭시 S 시리즈를 1분기에 출시하는 반면  애플은 하반기에 새로운 아이폰을 선보이기에 1
분기에는 삼성전자가 줄곧 점유율 1위를 기록해왔기 때문이다. 지난해 1분기의 경우 삼성전
자가 24%  애플이 18%를 기록하며 삼성전자가 6%포인트 차이로 1위를 기록한 바 있는데  올
해 1분기는 이 차이가 1%포인트 차이로 좁혀졌다.
또한 구글이 폴더블폰 '픽셀 폴드' 출격을 준비 중인 것으로 알려지면서  폴더블폰 시장에서
도 치열한 경쟁이 예고되는 점도 삼성전자로서는 하나의 과제다. 외신에 따르면 구글은 내달
10일 픽셀 폴드를 공개한 후 6월에 정식 출시할 것으로 관측된다. 픽셀 폴드는 옆으로 펼치는
형태의 폴더블 스마트폰으로  갤럭시 폴드 모델과 유사한 폼팩터다.
특히 최근 삼성전자가 갤럭시 스마트폰의 기본 검색 엔진을 구글에서 마이크로소프트(MS)
의 '빙'으로 교체하는 방안을 고려하고 있다는 사실이 공개된 시점에 픽셀 폴드의 구체적인
출시 계획이 알려지면서  폴더블폰 시장에서 삼성전자와 구글의 경쟁 구도에 더욱 이목이 집
중된다.
픽셀 폴드는 삼성전자의 갤럭시 폴드 Z4와 하반기 출시 예정인 폴드 Z5와 북미 시장에서 맞
붙게 된다.
```

화면에 출력된 내용

	A	B	C	D
1	제목	작성자	작성일	내용
2	애플 제치	정호준 기	2023. 4. 2(	이 글자크기로 변경됩니다. (예시) 가장 빠른 뉴스가 있고 다양한 정보 쌍방향 소통이 숨쉬는 다음뉴스를 만나보세요. 다음뉴스는 국내외 주요이슈와 실시간 속보 문화생활 및 다양한 분야의 뉴스를 입체적으로 전달하고 있습니다.

daum_news

csv 파일로 저장된 내용

〈코드〉

```
import requests
from bs4 import BeautifulSoup
import csv

url = 'https://v.daum.net/v/20230420061200788'
res = requests.get(url)
soup = BeautifulSoup(res.content, 'html.parser')

# 제목 추출
title = soup.select_one('.tit_view').text.strip()

# 작성자 추출
author = soup.select_one('.txt_info').text.strip()

# 작성일 추출
date = soup.select_one('.txt_info .num_date').text.strip()

# 내용 추출
content = ''
paragraphs = soup.select('p')
for paragraph in paragraphs:
    text = paragraph.text.strip().replace(',', ' ').replace('\n', ' ')
    content += text + '\n'

# 데이터 출력
print("제목:", title)
print("작성자:", author)
print("작성일:", date)
print("내용:", content)

# 데이터 CSV 파일로 저장
data = [[title, author, date, content]]
```

```python
# 추출한 데이터 CSV 파일로 저장
with open('daum_news.csv', 'w', encoding='utf-8-sig', newline='') as f:
    writer = csv.writer(f)
    writer.writerow(['제목', '작성자', '작성일', '내용'])
    writer.writerows(data)
```

CSV 파일을 저장하기 전에 우선 데이터가 제대로 잘 추출되었는지 확인을 위해 화면에 다음 뉴스 기사의 제목, 작성자, 작성일, 내용을 출력하게 한다. 그다음 데이터들을 data라는 리스트에 저장하고 이를 CSV 파일로 저장한다. 이때 with 구문을 사용해 파일을 자동으로 닫을 수 있도록 했다. 이렇게 하면 open()하고 닫지 않아 계속 파일이 열려있어 발생할 수 있는 문제를 예방할 수 있다.

잠깐만요

CSV 파일을 저장할 때 유니코드 문자에 대한 인코딩 문제가 발생할 수 있다. 일반적으로 이를 해결하기 위해 UTF-8 인코딩 방식을 이용한다. 이 방식은 ASCII 문자를 그대로 유지하면서 유니코드 문자를 다른 형태로 변환해 준다. 유니코드가 깨지는 문제를 해결하기 위해 open()에서 encoding 인자를 UTF-8 또는 UTF-8-sig로 설정하면 된다. 일반적으로는 텍스트 파일은 UTF-8로 인코딩하면 문제 없지만, UTF-8로 인코딩해도 CSV 파일이 깨지는 경우가 있다. 이런 경우는 텍스트 파일에서 파일 첫 부분에 특수한 문자가 포함되는 경우이다. 이럴 땐 UTF-8-SIG를 사용하면 CSV 파일에서 한글이 깨지는 문제를 해결할 수 있다.

어느 것을 사용해도 큰 차이는 없으나 특정 상황에서는 uft-8-sig를 사용해야 한다.

연습 문제

연습 01 정형 데이터와 비정형 데이터, 반정형 데이터는 어떤 차이점이 있는지 예시를 들며 간단히 설명해 보자.

연습 02 웹 크롤링이 무엇인지 간단히 정의해 보자.

연습 문제

연습 03 다음은 영화 리뷰 사이트에서 특정 영화 리뷰를 수집해 감성 분석을 수행하려고 한다. 이를 위해서 영화 리뷰 사이트인 IMDb(https://www.imdb.com/title/tt1375666/reviews)에서 인셉션(Inception) 영화 리뷰에 대한 10개 데이터 수집하고 이를 감성 분석해야 한다.

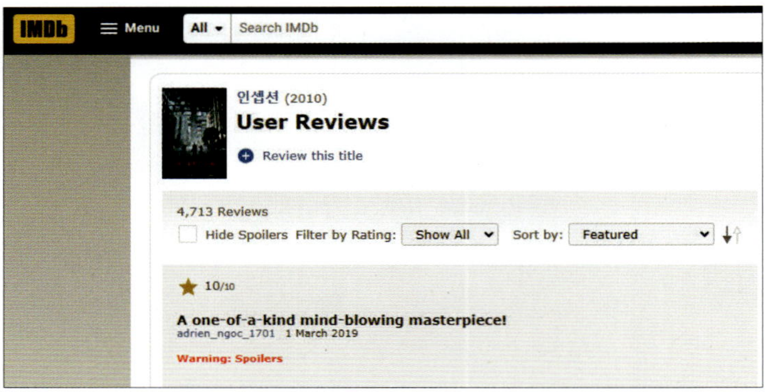

이를 통해 리뷰 텍스트와 감성 점수를 CSV 파일로 저장해 출력해 보자.

〈실행 결과 예〉

	리뷰	감성
1		
2	My 3rd time watching this movie! Yet, it still stunned my mind, kept me enjoyed its every moment and left me with many thoughts afterward.For someone like me, who've rarely slept without dream, it's so exciting watching how Christopher Nolan had illustrated every single characteristic of dream on the big screen. As it's been done so sophisticatedly, I do believe the rumour that Nolan had spent 10 years to finish the script of Inception. In my opinion, it's been so far the greatest achievement in his brilliant writer-director career. I jumped into this conclusion after making a quick benchmark of Nolan's remarkable works: Memento, as his first signature in the cinema history, is tremendous and has stayed the most mind-bending film I've ever seen. But overall, it doesn't reach the same level of Inception.The Prestige is highly impressive but somehow I	0.206543

연습 문제

연습 04 **다음과 같이 네이버 뉴스 기사에서 검색어(키워드)를 '아이브', '뉴진스', 기간을 '2023.1.1.~2023.3.30.까지'로 설정하여 검색하고 이 검색어가 포함된 뉴스 기사 제목과 링크가 출력되게 하자.**

〈검색 주소〉

https://search.naver.com/search.naver?where=nexearch&query=%EC%95%84%EC%9D%B4%EB%B8%8C%2C%20%EB%89%B4%EC%A7%84%EC%8A%A4&sm=tab_opt&nso=p%3Afrom20230101to20230330

〈실행 결과〉

뉴진스 대기록 막아선 아이브 '키치'…흥미진진 1위 싸움
http://starin.edaily.co.kr/news/newspath.asp?newsid=01325126635548568
RM · 아이브 · 뉴진스 등 KM차트 경합
http://www.fnnews.com/news/202303301612222624
아이브, 뉴진스 100일 독주 제동…'Kitsch' 단숨에 1위
http://news.tf.co.kr/read/entertain/2007679.htm
뉴진스 장기집권 누가 깰까…아이브 · 르세라핌 · 에스파 컴백
https://www.hani.co.kr/arti/culture/music/1085486.html
방탄소년단 · 손흥민 · 뉴진스 · 블랙핑크, 3월 스타 브랜드평판 최상위
https://www.etnews.com/20230330000297
살랑살랑…'4세대 걸그룹'의 봄
https://sports.donga.com/article/all/20230329/118585220/3
아이브, 선공개곡 '키치'로 주요 음원 사이트 올킬… 컴백 기대감↑
https://www.viva100.com/main/view.php?key=20230329010009373
뉴진스 독주 막을까, 아이브 → 에스파 '정면승부'[SS뮤직]
https://www.sportsseoul.com/news/read/1300201?ref=naver
아이브, 선공개곡 '키치'로 4연타 홈런 시동…반전 후렴구 매력
https://www.yna.co.kr/view/AKR20230327155500005?input=1195m
뚫기 어려워진 톱100, 중소기획사 걸그룹의 역습
https://www.mk.co.kr/article/10698116

연습 문제

연습 05 연습 04에서 검색한 결과물은 모니터 화면에 출력이 된다. 이를 CSV 파일로 저장해 분석하려고 할 때 어떻게 설정해야 하는지 작성해 보자.

| 8장 |

지도학습 (1)

학습 목표

- 지도학습의 정의에 대해 정리한다.
- SQL을 이용해 지도학습의 대표적인 방법 중 하나인 분류 모델에 사용할 데이터를 직접 추출하고, 이를 기반으로 학습 모델을 구축하는 학습을 진행한다.

1 〉 지도학습

우리는 새로운 무언가를 배울 때 누군가의 가르침 또는 지휘 · 감독을 기반으로 하게 되면 새로 접하는 문제 또는 어려웠던 문제들이 훨씬 수월하다. 이런 방법을 머신러닝에서는 '지도학습'이라고 한다. 머신러닝에는 크게 세 가지 방법이 있다.

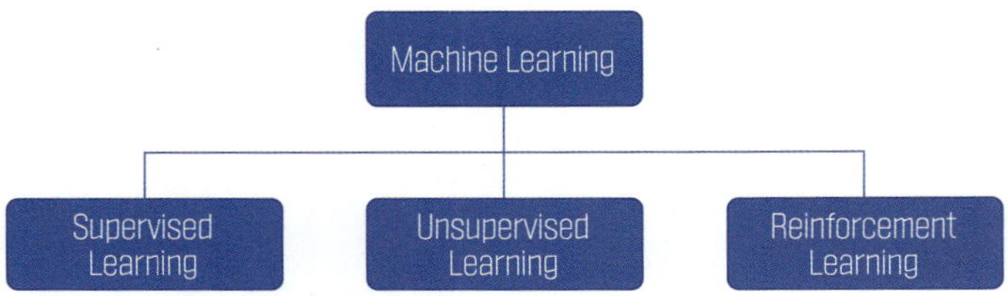

그림 8-1. 머신러닝 종류

이번 장에서는 간단하게 지도학습 개념과 지도학습에서 사용하는 분류 모델에서 사용하는 알고리즘에 대해 살펴보고 이를 이용해 어떤 데이터를 어떻게 활용할 수 있는지 살펴보자.

1.1 지도학습 개념

지도라는 말을 들으면 우리는 순간 'Map'을 생각하게 된다. 그러나 여기서 지도는 map이 아닌 "가르치다"의 'Teach'를 의미한다. 그렇다면 지도학습이란 무엇일까?

지도학습(Supervised Learning)은 문제와 정답(레이블)을 모두 주고 이를 기반으로 학습하는 것이다.

하나의 예를 들어보자. 다음과 같이 개와 고양이 사진(문제)을 보여 주면서 각각 개와 고양이라는 것을 알려주고(정답 또는 레이블) 학습하게 한다.

그림 8-2. 지도학습 방법의 예 : 개와 고양이 학습

학습하던 어느 날 우연히 길을 걸어가는 중 어떤 동물(개)이 반대편에서 다가오는 것을 보게 되었다. 이 동물이 무엇인지를 알아맞히도록 질문했다면 "개"라는 것을 판단하고 "개"라고 말할 수 있다.

그림 8-3. 지도학습 예 : 개와 고양이 구분

이렇게 어떤 사물에 대해 이 사물의 특징(Feature)이 무엇인지를 정확하게 미리 학습하고 새로운 사물이 들어왔을 때 이것이 무엇인지 분류하여 알려주는 방식을 '지도학습'이라고 한다. 지도학습 방식의 대표적인 방법으로는 분류(Classification)와 회귀(Regression)가 있다.

간단한 예시를 통해 각 방법에 대해 살펴보자. 첫 번째로 분류에 대해 알아보자.

실습 예제

지도학습 : 분류

다음과 같이 사과와 바나나가 있다. 그림에서처럼 사과 이미지와 함께 사과라고 알려주고, 바나나 이미지와 함께 바나나라는 것을 미리 알려준다.
이런 학습 방법을 무엇이라고 하는가?
새로운 이미지(사과)가 들어왔을 때 사과로 구분하는 방법을 무엇이라고 부르는가?

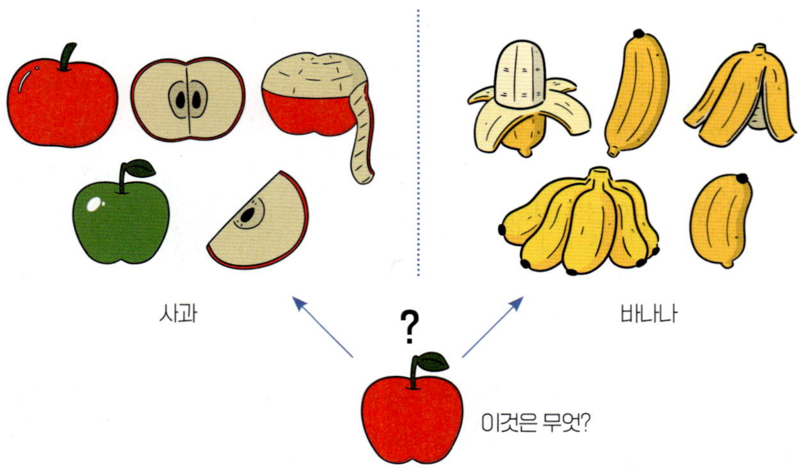

그림 8-4. 지도학습 방법 중 분류 방식

지도학습은 머신러닝의 한 유형으로 레이블 또는 정답이 주어진 데이터를 사용하여 모델을 학습시키는 방법이다. 사과와 바나나 분류 문제 예시를 살펴보자.

1. **데이터 수집 :** 사과와 바나나에 대한 이미지 데이터를 수집한다. 이 데이터는 각 이미지에 대한 레이블(정답)이 포함되어야 한다. 예를 들어, 사과 이미지에는 "사과" 레이블이, 바나나 이미지에는 "바나나" 레이블이 할당되어야 한다.

2. **데이터 전처리 :** 수집한 이미지 데이터를 전처리한다. 이 단계에서는 이미지를 적절한 크기로 조정하고 필요한 경우 이미지를 회전시키거나 명암 조정 등을 수행할 수 있고, 이미지 데이터를 숫자 형태로 변환하여 머신러닝 알고리즘이 이해할 수 있는 형태로 만든다. 일반적으로 이미지는 픽셀값의 배열로 변환한다.
3. **학습 데이터 준비 :** 전처리된 이미지 데이터와 해당하는 데이터와 해당 레이블을 학습 데이터로 준비한다. 이 데이터는 모델에 입력으로 제공하여 학습을 진행한다. 학습 데이터는 사과 이미지에 "사과" 레이블, 바나나 이미지에 "바나나" 레이블을 함께 제공한다.
4. **모델 학습 :** 준비된 학습 데이터를 사용하여 모델을 학습시킨다. 지도학습에서는 주어진 입력(이미지)과 해당하는 정답(레이블) 사이의 관계를 학습하도록 모델을 조정한다. 이를 위해 다양한 딥러닝 알고리즘 중 하나인 신경망을 사용할 수 있다. 모델은 학습 데이터를 통해 입력과 정답 사이의 패턴을 학습하고, 이를 기반으로 예측을 수행할 수 있다.
5. **모델 평가 :** 학습된 모델을 평가하기 위해 테스트 데이터 세트를 사용한다. 테스트 데이터에는 이미지와 그에 해당하는 레이블이 포함되어 있다. 학습된 모델은 테스트 데이터를 입력으로 받아 예측을 수행하고, 예측 결과와 실제 레이블을 비교하여 모델의 정확도를 평가한다.
6. **예측 :** 학습된 모델을 사용하여 새로운 이미지를 분류한다. 모델에 입력으로 주어진 이미지에 대해 모델은 "사과" 또는 "바나나" 중 어디에 속하는지 예측한다. 이를 통해 모델은 새로운 이미지의 분류 결과를 출력한다.

지도학습(Supervised Learning)은 머신러닝의 한 유형으로, 컴퓨터 시스템이 입력 데이터와 그에 해당하는 정답(레이블)을 활용하여 패턴과 관계를 학습하는 방법이다. 이러한 학습 과정을 통해 모델은 새로운 입력 데이터에 대한 정확한 예측을 수행할 수 있다.

앞에서 예를 들었던 사과와 바나나를 분류하는 문제를 생각해 보자. 이때 컴퓨터에게 사과와 바나나의 이미지들을 제공하고 각각의 이미지에 대해 "사과" 또는 "바나나" 정답(레이블)을 함께 제공한다. 이러한 이미지와 레이블로 이루어진 학습 데이터를 기반으로, 지도학습 모델은 사과와 바나나 이미지의 특징을 학습하고 이를 구분할 수 있는 패턴과 관계를 찾는다.

모델은 사과와 바나나 이미지에 대해 각각 특정한 픽셀, 색상, 형태, 크기 등과 같은 특징을 추출하고 이를 학습 데이터의 레이블과 연결하여 관계를 파악한다.

예를 들어, 사과의 경우 빨간색일 확률이 높고, 바나나는 노란색일 가능성이 높다는 것을 학습할 수 있다.

이러한 학습 과정을 거친 모델은 새로운 이미지가 주어졌을 때, 이미 학습한 사과와 바나나의 특징과 관계를 활용하여 해당 이미지가 사과인지 바나나인지를 예측할 수 있다. 즉, 새로운 이미지의 특징을 추출하고 그 특징과 이전에 학습한 관계를 비교하여 이미지를 분류한다.

지도학습을 사용한 모델은 다양한 분야에서 매우 유용하게 활용된다. 예를 들어, 의료 분야에서는 환자의 의료 데이터와 진단 정보를 이용하여 질병을 예측하거나 분류하는데 활용되며, 자연어 처리 분야에서는 문장을 감정에 따라 분류하거나 번역할 때 사용될 수 있다. 이러한 방식으로 지도학습은 컴퓨터 시스템이 인간의 판단을 모사하고, 데이터로부터 패턴과 관계를 학습하여 다양한 예측 및 분류 작업을 수행할 수 있게 해 준다.

두 번째로 회귀에 대해 살펴보자.

실습 예제

지도학습 : 회귀

다음과 같이 서울과 지방의 아파트 가격에 대한 정보가 있다. 가격에 대한 수치를 통해 어떤 패턴들을 예측할 수 있다.
이런 학습 방법을 무엇이라고 하는가?
이를 기반으로 특정 패턴을 통해 트렌드를 예측할 수 있다.
이런 방법을 무엇이라고 부르는가?

지역	평형	가격
서울	28	15억 원
서울	33	28억 원
서울	44	35억 원
지방	25	12억 원
지방	31	20억 원
지방	40	30억 원
서울	38	?

회귀분석은 지도학습의 한 유형으로, 입력 데이터와 연속적인 결괏값 사이의 관계를 모델링하고 예측하는 방법이다. 예를 들어, 주어진 해당 지역의 아파트 평형을 입력으로 받고, 해당 평형에 따른 집값을 예측하는 문제를 생각해 보자.

1. **데이터 수집 :** 회귀분석을 위해 지역별 아파트 평형과 집값에 대한 데이터를 수집한다. 이 데이터에는 각 지역의 아파트 평형과 해당하는 집값이 포함되어야 한다. 예를 들어, 서울의 특정 지역의 아파트 평형과 집값, 부산의 특정 지역의 아파트 평형과 집값 등을 수집한다.
2. **데이터 전처리 :** 수집한 데이터를 전처리한다. 이 단계에서는 데이터를 정제하고 필요한 형식으로 변환한다. 예를 들어, 입력 데이터인 아파트 평형을 표준화하거나 정규화하여 모든 데이터가 동일한 범위에 있도록 처리한다.
3. **학습 데이터 준비 :** 전처리된 데이터를 학습 데이터로 준비한다. 이 데이터를 회귀 모델에 입력으로 제공하여 학습을 진행한다. 학습 데이터에는 지역별 아파트 평형과 해당하는 집값이 함께 제공한다.
4. **회귀 모델 학습 :** 준비된 학습 데이터를 사용하여 회귀 모델을 학습시킨다. 회귀 모델은 입력 데이터와 결괏값 사이의 관계를 학습하고, 이를 기반으로 새로운 입력 데이터에 대한 결괏값을 예측할 수 있다. 일반적으로 선형 회귀, 다항 회귀, 결정 트리, 랜덤 포레스트 등의 회귀 알고리즘을 사용한다.
5. **모델 평가 :** 학습된 회귀 모델을 평가하기 위해 테스트 데이터 세트를 사용한다. 테스트 데이터에는 입력 데이터와 실제 결괏값이 포함되어 있다. 학습된 모델은 테스트 데이터를 입력으로 받아 예측을 수행하고, 예측 결과와 실제 결괏값을 비교하여 모델의 성능을 평가한다. 이를 통해 모델의 정확도와 예측력을 평가할 수 있다.
6. **예측 :** 학습된 모델을 사용하여 새로운 입력 데이터인 지역별 아파트 평형을 받아 해당하는 집값을 예측한다. 모델은 입력 데이터와 학습 시에 학습한 관계를 기반으로 예측을 수행하고, 예측 결과를 출력한다.

회귀분석은 주어진 입력 데이터와 연속적인 결괏값(연속형 종속변수) 사이의 관계를 모델링하는 데 사용되는 통계적 기법이다. 이 방법은 데이터 간의 관계를 파악하고, 이를 바탕으로 예측 모델을 구축하여 새로운 입력 데이터에 대한 결과값을 예측하는 데에 유용하게 활용된다.

회귀분석에서의 주요 목표는 독립변수(입력 데이터)와 종속변수(결괏값) 사이의 함수적 관계를 찾는 것으로 이 관계를 찾기 위해 회귀분석은 주어진 데이터를 가장 잘 설명할 수 있는 선형 또는 비선형 함수를 모델링한다.

선형 회귀분석은 가장 기본적인 형태로, 독립변수와 종속변수 간의 선형 관계를 모델링한다. 예를 들어, 집의 크기, 위치, 방의 개수 등과 같은 특성(독립변수)과 집의 가격(종속변수) 간의 선형 관계를 분석하여 집 가격을 예측하는 모델을 만들 수 있다.

비선형 회귀분석은 독립변수와 종속변수 사이의 관계가 선형이 아닌 경우에 사용된다. 이는 보다 복잡한 데이터 관계를 모델링할 수 있게 해준다. 예를 들어, 성적과 시험 공부 시간 간의 관계를 모델링할 때, 선형적인 관계가 아닐 수 있으므로 비선형 회귀분석을 사용하여 더 정확한 예측 모델을 구축할 수 있다.

회귀분석은 학습 데이터를 사용하여 모델의 파라미터를 추정하는데 이렇게 학습된 모델은 새로운 입력 데이터에 대해 예측을 수행할 수 있다. 예를 들어, 이전에 보지 못한 집의 특성(크기, 위치, 방의 개수 등)을 모델에 입력하면 해당 집의 가격을 예측할 수 있다.

회귀분석은 데이터 분석, 경제학, 금융, 공학, 의학 등 다양한 분야에서 활용되며, 예측이나 추정에 필요한 문제들을 효과적으로 해결하는 데에 도움을 준다. 데이터의 패턴을 파악하고, 미래 값을 예측하는 능력으로 인해 의사결정에 중요한 도구로 활용되고 있다.

2 〉 분류 모델

앞에서 지도학습에 대한 개념을 정리했다면, 이번에는 지도학습에서의 방법 중 분류 모델을 이용하여 데이터를 다루고 학습해 보자.

2.1 분류 모델 개념

분류 모델이란 입력 데이터에 대해 사전에 정의된 두 가지 또는 그 이상의 클래스 중 어느 하나에 속하는지를 예측하는 모델이다. 두 개의 클래스 중 하나를 선택해야 한다면 이진 분류(Binary Classification), 둘 이상의 클래스 중 어느 하나를 선택해야 한다면 다항 분류(Multiclass Classfication)라고 한다.

예를 들어, 이메일을 분류하는 이진 분류(Binary Classification) 문제를 살펴보자. 주어진 이메일 데이터를 기반으로 해당 이메일이 "정상 메일"인지 아니면 "스팸" 인지를 분류한다. 이때, 여기서 "정상 메일"과 "스팸"은 두 개의 클래스로 구분된다. 이진 분류 모델은 이메일의 특징과 해당 클래스 간의 관계를 학습하여 새로운 이메일이 어느 클래스에 속하는지 예측할 수 있다.

또 다른 예로 암 진단 문제를 고려해 보자. 이때, 여기서는 환자의 의료 정보를 바탕으로 암 여부를 판단하는 이진 분류 문제를 다룬다. "양성"과 "음성"이라는 두 개의 클래스로 나누어지며, 이진 분류 모델은 환자의 특징과 해당 클래스 간의 관계를 학습하여 새로운 환자의 암 여부를 예측할 수 있다.

반면, 다항 분류(Multiclass Classification) 문제를 생각해 보자. 여러 종류의 이미지를 분류하는 문제에서는 클래스가 개, 고양이, 새, 비행기, 자동차 등 다양한 종류로 구성하자. 이 경우 입력 이미지를 분석하여 해당 이미지가 어떤 클래스에 속하는지를 예측하는 것이 목표다. 다항 분류 모델은 이미지의 특징과 각 클래스 간의 관계를 학습하여 새로운 이미지를 정확히 분류할 수 있도록 한다.

이진 분류와 다항 분류는 머신러닝에서 흔히 사용되는 분류 문제의 두 가지 주요 유형이다. 이진 분류는 두 개의 클래스로 분류하고, 다항 분류는 여러 개의 클래스 중 하나로 분류하는 문제이다. 각 문제의 특성에 맞게 적절한 알고리즘과 모델을 선택하여 분류 작업을 수행할 수 있다.

특히, 다항 분류 모델 같은 경우는 클래스 수에 따라 출력 노드의 수가 결정되고, 각 노드는 해당 클래스에 속할 확률을 출력한다. 일반적으로 다항 분류에서는 소프트맥스(softmax) 함수를 사용하여 각 클래스에 대한 확률을 계산한다.

잠깐만요

다항 분류 문제에서 사용하는 소프트맥스와 원-핫 인코딩에 대해 간단히 역할을 설명해 보자.

소프트맥스(Softmax)는 다항 분류 문제에서 각 클래스의 확률값을 계산하는 함수로, 입력된 벡터를 정규화하여 각 클래스에 속할 확률값을 0과 1 사이의 값으로 변환시킨다. 이때 변환된 값은 확률값으로 사용되며 전체 합이 1이 되도록 한다. 예를 들어, 3개의 클래스로 구성된 다항 분류 문제를 가정해 보자. 이 경우 모델은 3개의 출력 노드를 가지게 되고, 각 노드는 해당 클래스에 속할 확률을 출력한다. 이 확률들은 소프트맥스 함수를 통해 계산되며, 모든 확률의 합은 1이 된다. 예를 들어, 클래스 A에 대한 확률이 0.2, 클래스 B에 대한 확률이 0.5, 클래스 C에 대한 확률이 0.3이라면, 모델은 입력 데이터가 클래스 B에 속한다고 판단한다.

원-핫 인코딩(One-hot Encoding)은 다항 분류 문제에서 각 클래스를 벡터화하여 분류 모델이 이해할 수 있도록 만들어 주는 방법으로, 각 클래스에 유일한 인덱스를 할당하고 해당 클래스에 해당하는 인덱스 원소는 1, 나머지는 모두 0으로 만들어 벡터로 변환한다. 이때 변환된 벡터는 각 클래스를 구분하는 데 사용한다. 예를 들어, 다항 분류 문제에서 세 가지 클래스가 있다고 가정해 보자. 이때 이 세 가지 클래스를 각각 A, B, C로 표시하고 원-핫 인코딩하면 각각 클래스 A에 해당하는 샘플의 원-핫 인코딩 표현은 [1, 0, 0]이 된다. 클래스 B에 해당하는 샘플은 [0, 1, 0]으로 표현되며, 클래스 C에 해당하는 샘플은 [0, 0, 1]과 같은 벡터로 표현할 수 있다. 이 벡터를 분류 모델의 출력으로 사용하면 해당 입력 데이터가 어떤 클래스에 속하는지 예측할 수 있다.

소프트맥스 함수와 연결하면, 예측 결과로 나오는 값은 각 클래스에 속할 확률로 표현된다. 위의 예시를 종합해 보자. 주어진 입력 샘플에 대해 모델의 출력이 [0.2, 0.5, 0.3]이라면, 소프트맥스 함수를 통해 정규화된 확률값으로 해석할 수 있고, 이를 다시 원-핫 인코딩으로 표현하면, 예측된 클래스는 B로 해석된다.

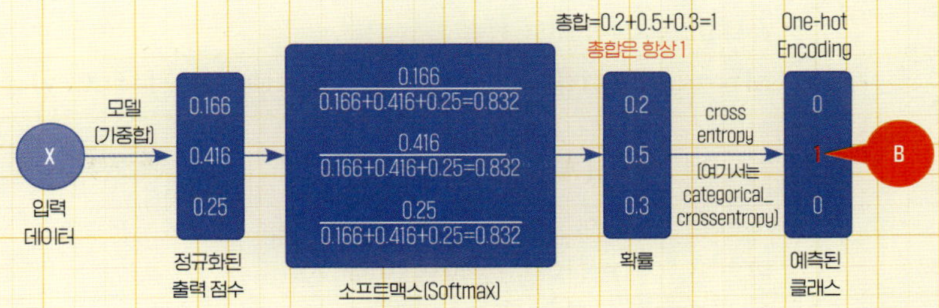

$$y_k = \frac{\exp(a_k)}{\sum_{i=1}^{n} \exp(a_i)}$$

그림 8-5. 소프트맥스와 원-핫 인코딩을 통한 예측 예

분류 모델의 대표적인 알고리즘 방법에는 로지스틱 회귀(Logistic Regression), 나이브 베이즈(Naive Bayes), 의사결정 트리(Decision Tree), K-NN(K-Nearest Neighber), SVM(Support Vector Machine), 랜덤 포레스트(Random Forest) 등이 있다.

어떤 것을 사용할지 결정하기 위해서는 우선 각 알고리즘의 개념과 원리를 간단하게 알아보자.

로지스틱 회귀 분류

로지스틱 회귀(Logistic Regression)는 이름은 회귀지만 실제로는 분류 모델 중 하나로 특히 이진 분류 문제에서 사용된다. 로지스틱 회귀는 입력 데이터에 대해 로지스틱 함수를 적용해 해당 데이터가 어떤 클래스에 속하는지에 대한 확률값을 계산하여 예측하는 분류 모델이다.

간단한 예를 하나 들어보자. 다음은 두 개의 입력변수 x1과 x2가 있다고 가정한 y의 값을 예측하는 이진 분류 모델이다.

```
from sklearn.linear_model import LogisticRegression

# 입력변수와 목표 변수
X = [[0.5, 1], [0.3, 0.8], [1, 1], [0.8, 0.6]]
y = [1, 0, 1, 0]
```

```
# 로지스틱 회귀 모델 학습
clf = LogisticRegression(random_state=0).fit(X, y)

# 새로운 데이터에 대한 예측
new_X = [[0.6, 0.9], [0.2, 0.7]]
predicted_y = clf.predict(new_X)

print(predicted_y)
```

Sklearn(사이킷런)의 LogisticRegression 모델과 LogisticRegression() 함수를 이용하여 로지스틱 회귀 모델을 학습한다. 이때 "random_state=0"은 모델을 학습할 난수 발생 시드값을 0으로 고정하겠다는 의미로, 이를 통해 모델을 실행할 때마다 다른 결과가 나오지 않도록 하기 위한 것이다. fit()은 X와 y 데이터를 이용해 모델을 학습시킨다. predict() 함수를 이용해 새로운 데이터([[0.6, 0.9], [0.2, 0.7]])에 대한 y 값을 예측한다. 이에 따른 결괏값 예측은 각각 1과 0으로 나온다.

실습 예제

로지스틱 회귀 분류 모델

학생의 시험 성적, 출석률, 과제 제출 여부 등의 다양한 변수를 입력받아 이 학생이 시험을 통과 여부를 예측하는 이진 분류 문제가 있다고 가정해 보자. 로지스틱 회귀 모델은 이러한 입력변수들을 이용하여 해당 학생이 시험을 통과 여부를 0 또는 1의 값으로 분류할 수 있다.

시험 성적	출석률	과제 제출 여부	시험 통과 여부
90	85	1	1
60	70	0	0
70	80	1	1
40	50	0	0
80	90	1	1

학습된 로지스틱 회귀 분류 모델을 이용하여 새로운 학생 정보를 입력하고, 해당 학생의 시험 통과 여부를 예측해 보자.

〈코드〉

```
from sklearn.linear_model import LogisticRegression

# 입력변수와 시험 통과 여부 데이터- 시험 성적, 출석률, 과제 제출 여부
X = [[90, 85, 1], [60, 70, 0], [70, 80, 1], [40, 50, 0], [80, 90, 1]]
y = [1, 0, 1, 0, 1]

# 로지스틱 회귀 모델 생성
model = LogisticRegression()

# 모델 학습
model.fit(X, y)

# 새로운 학생 정보 입력
new_student = [[70, 75, 1]]

# 예측
prediction = model.predict(new_student)
print(prediction)
```

주어진 입력변수 X와 시험 통과 여부 데이터 y를 이용하여 로지스틱 회귀 모델을 생성하고 학습하는 코드로 이때 입력변수 X는 각 학생의 "[시험 성적, 출석률, 과제 제출 여부]"를 포함하고, 시험 통과 여부 데이터 y는 해당 학생이 시험을 통과했는지 여부를 나타낸다.

LogisticRegression()을 이용해 로지스틱 회귀 모델을 생성한 후 fit() 함수를 이용하여 모델을 학습한다. 이후, 새로운 학생 정보를 입력하고 predict() 함수를 이용하여 해당 학생이 시험을 통과 여부를 예측한다. 새로운 학생의 정보로 [70, 75, 1]을 입력했을 때, 해당 모델이 이 학생이 시험을 통과(1)할 것으로 예측했다.

나이브 베이즈

나이브 베이즈(Naive Bayes)는 확률 기반의 분류 알고리즘으로, 베이즈 이론을 기반으로 한다.

잠깐만요

나이브 베이즈는 베이즈 이론을 기반으로 하기에 이에 대한 개념을 짚고 넘어가자.

베이즈 이론은 주어진 조건에 따라 어떤 사건의 확률을 계산하는 이론이다. 이 이론은 베이즈 확률론이라는 수학적 이론의 일부로, 이론의 이름은 이를 발견한 영국의 수학자인 토마스 베이즈에 따른 것으로 사건 A가 일어날 확률을 계산하기 위해 사건 A와 관련된 다른 사건들의 확률을 이용한다. 이러한 다른 사건들을 가리켜 '사전 확률'이라고 한다. 그리고 사건 A가 일어났을 때 이를 일으키는 다른 사건들의 확률을 가리켜 '사후 확률'이라고 한다.

예를 들어, "사과가 상자에 들어있다."라는 문장이 주어졌을 때, 이 상자 안에 사과가 있는 확률을 계산해 보자. 이때, 사전 확률은 이 상자 안에 과일이 있는 확률로 가정하고, 이 확률은 0.7이라고 하자. 그리고 "사과가 상자에 들어있다."는 사건을 A라고 가정하면, 이 사건이 일어날 확률인 사후 확률을 계산할 수 있다.

베이즈 이론에 따르면 사후 확률은 다음과 같이 계산할 수 있다.

```
P(A|B) = P(B|A) * P(A) / P(B)
```

여기서 P(A|B)는 사건 A가 일어날 확률이며, P(B|A)는 사건 A가 일어났을 때 B가 일어날 확률, P(A)는 사전 확률, P(B)는 B가 일어날 확률이다.

따라서 "사과가 상자에 들어 있다."는 사건 A에 대해서 사후 확률인 P(A|B)를 계산하면 다음과 같다.

```
P(A|B) = P(B|A) * P(A) / P(B) = 1 * 0.7 / 1 = 0.7
```

즉, 상자 안에 사과가 있는 확률이 0.7일 때, "사과가 상자에 들어있다."는 사건이 일어날 확률은 0.7이라는 것을 의미한다.

이와 같이 베이즈 이론은 다양한 분야에서 확률 계산을 수행하는 데 사용된다.

이 알고리즘은 "naive"라는 이름에서 알 수 있듯 변수들 간의 독립성을 가정하고 동작한다. 대부분의 경우 간단하고 빠르게 구현할 수 있으며, 성능도 꽤 우수하다. 그러나 변수 간 독립성 가정이 항상 성립하지 않는 경우에는 성능이 떨어질 수 있다.

머신 러닝 분야에서는 Naive Bayes 분류기와 같은 알고리즘에서 사용되는데, Naive Bayes 분류기는 베이즈 이론을 기반으로 한 확률적 분류 알고리즘 중 하나이다. 이 알고리즘은 입력 데이터의 특징들을 사용하여 분류 작업을 수행하며, 베이즈 이론을 사용하여 입력 데이터가 주어졌을 때 각 클래스(카테고리)에 속할 확률을 계산한다. 이를 통해 가장 높은 확률을 가지는 클래스로 분류를 결정한다.

Naive Bayes 분류기는 다양한 분야에서 사용된다. 예를 들어, 스팸 필터링, 문서 분류, 감성 분석 등에서 사용되는데, 이 알고리즘은 단순하면서도 높은 정확도를 보이는 것으로 알려져 있으며, 대규모 데이터 셋에서도 빠르게 분류 작업을 수행할 수 있어서 널리 사용되고 있다.

실습 예제

나이브 베이즈를 이용한 사과와 배 분류

나이브 베이즈 분류기는 주어진 데이터에서 각각의 특성(Feature)이 독립적으로 영향을 미치며, 각 클래스의 조건부 확률을 계산하여 데이터를 분류하는 모델이다. 따라서 각 클래스별로 특성(Feature)의 분포를 추정하고, 주어진 데이터에 대해 각 클래스의 조건부 확률을 계산한 후, 확률이 더 높은 클래스를 선택한다.

사과와 배의 색깔과 크기를 변수로 사용하기 위해 이를 각각 딕셔너리로 정의한다.

```
apple = {'색깔': '빨간색', '크기': '작음'}
pear = {'색깔': '노란색', '크기': '큼'}
```

그다음, 사과와 배의 전체 개수를 세어 각각의 확률을 구한다.

```
total_apples = 10
total_pears = 20
p_apple = total_apples /(total_apples + total_pears)
p_pear = total_pears /(total_apples + total_pears)
```

이때 "total_apples"와 "total_pears" 변수는 각각 전체 사과 개수와 배의 개수이다. 이 예시에서는 이전에 수집한 데이터로부터 이 정보를 사용한다고 가정한다.

나이브 베이즈 분류기를 사용하여 사과와 배를 분류해 보자. 이때 예시로 {'색깔': '빨간색', '크기': '작음'}을 통해 사과인지 배인지 분류한다.

〈코드〉

```
def naive_bayes(fruit):
    # 각 클래스(사과, 배)별 조건부 확률 계산
    p_apple_given_fruit = 1
    p_pear_given_fruit = 1
    for key, value in fruit.items():
        if key == '색깔':
            if value == '빨간색':
                p_apple_given_fruit *= 0.8
                p_pear_given_fruit *= 0.4
            else:
                p_apple_given_fruit *= 0.2
                p_pear_given_fruit *= 0.6
        elif key == '크기':
            if value == '작음':
                p_apple_given_fruit *= 0.6
                p_pear_given_fruit *= 0.4
            else:
                p_apple_given_fruit *= 0.4
                p_pear_given_fruit *= 0.6

    # 각 클래스(사과, 배)별 확률 계산
    p_fruit = p_apple_given_fruit * p_apple + p_pear_given_fruit * p_pear
    p_apple_given_fruit = p_apple_given_fruit * p_apple / p_fruit
    p_pear_given_fruit = p_pear_given_fruit * p_pear / p_fruit
```

```
    # 결과 출력
    if p_apple_given_fruit > p_pear_given_fruit:
        print("입력한 과일은 사과입니다.")
    else:
        print("입력한 과일은 배입니다.")

# 예시
test_fruit = {'색깔': '빨간색', '크기': '작음'}
naive_bayes(test_fruit)
```

naive_bayes() 함수는 입력으로 속성값(Feature)들을 가진 딕셔너리 fruit를 받아서 주어진 속성값들에 대해 사과와 배의 조건부 확률을 계산하고, 이를 바탕으로 사과와 배의 확률을 계산한다. 이후, 입력된 과일이 사과일 확률과 배일 확률을 비교하여 더 높은 확률을 가지는 과일이 입력된 과일의 종류로 판단한다.

test_fruit 변수는 예시로 사용할 입력값을 가진 딕셔너리이다. 이 예시에서는 이 입력값이 사과인지 배인지를 구분하는 데 사용된다.

의사결정 트리

의사결정 트리(Decision Tree)는 데이터 마이닝과 머신 러닝에서 사용되는 지도 학습 분류 알고리즘이다. 이 알고리즘은 데이터 셋을 분할하고 각각의 분할마다 가장 좋은 특징을 선택하여 트리를 생성하는 방식으로 작동한다. 예를 들어, 다음과 같은 데이터 셋이 있다고 가정해 보자.

나이	성별	결혼 여부
25	남	결혼 x
30	여	결혼 x
35	여	결혼 o
40	남	결혼 x
45	남	결혼 o
50	여	결혼 o

이 데이터 셋은 각각의 사람들이 결혼 여부에 따라 분류되어 있다. 이 데이터 셋을 기반으로 의사결정 트리 알고리즘을 사용하여 새로운 데이터를 분류해 보자.

먼저, 가장 좋은 분할 지점을 선택해야 한다. 이것은 각 특징을 사용하여 분류된 데이터를 비교하여 결정된다. 예를 들어, "성별" 특징을 사용하여 데이터를 분할하면 다음과 같다.

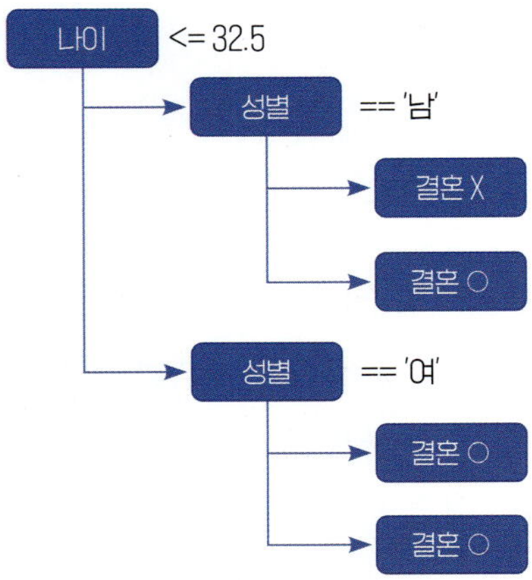

위의 트리는 "나이" 특징을 사용하여 분류한 것보다 더 나은 분류를 제공한다. 이제 새로운 데이터를 이 트리를 사용하여 분류해 볼 수 있다.

예를 들어, 다음과 같은 데이터가 있다고 가정해 보자.

나이	성별	결혼 여부
27	남	결혼 x

이 데이터는 "나이"가 32.5보다 작고 "성별"이 "남"인 경우에 속한다. 따라서 이 데이터는 "결혼 x"로 분류된다.

의사결정 트리는 데이터를 분류하거나 예측하는 데 사용되는 지도학습 알고리즘이다. 데이터를 분류하거나 예측하기 위해 트리 구조로 구성된 결정 규칙을 사용한다.

예를 들어, 스팸 메일인지 정상 메일인지를 구분하기 위해 의사결정 트리를 만들어 새로운 메일이 오면 이 메일이 스팸인지 아닌지를 예측할 수 있다.

이때 다음과 같은 특징들이 주어졌다고 가정해 보자.

- 보낸 사람의 이메일 주소
- 제목에 포함된 단어
- 메일의 본문 내용
- 첨부 파일의 종류

의사결정 트리는 이러한 특징들을 분석하여 스팸 메일과 일반 메일을 분류할 수 있는 규칙을 만들어 낸다. 예를 들어, "보낸 사람의 이메일 주소" 특징이 "spam.com" 도메인을 가지는 경우 스팸 메일로 분류하고, "제목에 포함된 단어" 특징이 "현금"과 같은 단어를 포함하는 경우 스팸 메일로 분류하는 등의 규칙을 만들어 낼 수 있다.

이러한 규칙들을 트리 구조로 연결하여 결정 규칙을 만들고, 새로운 메일이 주어졌을 때 이 결정 규칙을 따라 분류한다. 이러한 방식으로 의사결정 트리는 분류나 예측 작업에서 좋은 성능을 발휘할 수 있다.

앞에서 사용했던 사과와 배를 구분하는 예제를 다시 이용해 보자.

실습 예제

의사결정 트리 : 사과와 배 분류

의사결정 트리 알고리즘의 원리를 이해하기 위해 사과와 배를 구별하는 과정을 코드로 살펴보고 이를 그림으로 표현해 보자.

이때 각 특징(색상, 크기)을 기반으로 분류 규칙을 만들고 이 규칙을 만들기 위해 분기점을 설정한 다음 각 분기점마다 특정 조건에 따라 왼쪽 또는 오른쪽 가지(Branch)를 하나 선택한다. 이를 파이썬으로 if-else 문으로 각각의 분기점마다 적절한 가지를 선택하는 방식으로 의사결정 트리 모델을 만들어 보자.

<코드>

```
# 분류할 데이터
fruit = {'색깔': '빨간색', '크기': '작음'}

# 분류 규칙 정의
def classify(fruit):
    if fruit['색깔'] == '빨간색':
        if fruit['크기'] == '작음':
            return '사과'
        else:
            return '배'
    else:
        return '배'

# 결과 출력
result = classify(fruit)
print(result)
```

<실행 결과 예>

```
사과
```

위 코드에서 classify 함수는 분류 규칙을 정의한 것이다. 먼저 입력된 과일의 색깔이 빨간색인지 확인하고 크기가 작으면 사과, 크기가 크면 배로 분류한다. 색깔이 빨간색이 아닌 경우에는 항상 배로 분류한다. 입력된 과일이 사과인지 배인지를 출력한다.

이 예시에서는 간단한 분류 규칙을 사용했지만, 실제 응용에서는 더 복잡한 분류 규칙을 사용할 수 있다.

이를 통해 의사결정 트리를 그림으로 표현하면 다음과 같다.

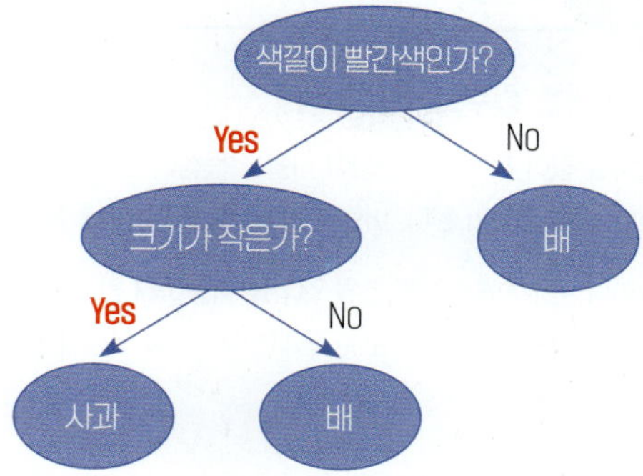

그림 8-6. 의사결정 트리를 이용한 사과 배 구분

K-NN(K-Nearest Neighber)

K-NN(K-Nearest Neighbors)은 지도학습 중 분류(Classification)나 회귀(Regression)에 사용되는 알고리즘으로, 새로운 데이터가 들어오면 기존 데이터들 중 가장 가까운 K개의 데이터를 찾아 그 데이터들의 레이블(클래스) 또는 값들을 참고하여 새로운 데이터의 레이블 또는 값들을 예측한다.

K-NN 알고리즘의 동작 방식은 다음과 같다. 먼저, 새로운 데이터가 주어지면 기존 데이터 포인트들과의 거리를 계산한다. K-NN 알고리즘에서 가장 중요한 개념은 "거리"로 일반적으로 유클리드 거리(Euclidean Distance)를 사용하여 데이터 간의 거리를 측정한다. 이때 유클리드 거리는 두 점 사이의 직선거리를 의미한다. 그다음 거리가 가까운 순서대로 K개의 이웃 데이터를 선택한다.

분류 문제에서는 K개의 이웃 데이터 중 가장 많은 레이블을 가진 클래스를 선택하여 새로운 데이터의 레이블로 예측한다. 반면 회귀 문제에서는 K개의 이웃 데이터의 값들을 평균이나 가중 평균 등을 활용하여 새로운 데이터의 값을 예측한다.

K-NN 알고리즘에서는 K 값을 정해 주어야 한다. K는 최근접 이웃의 개수를 나타내며 보통 홀수로 설정한다. K가 작을수록 모델은 더 복잡해지고, K가 클수록 모델은 더 단순해진다.

잠깐만요

왜 K개를 홀수로 설정할까?

만약 k 값이 짝수라면 동점이 나올 가능성이 있다. 예를 들어, k=4인 경우 사과 2개, 배 2개가 주변에 있는 경우가 된다. 이런 경우 분류 결과가 불확실하게 된다.

그러나 k개가 홀수라면 분류 결과를 확실하게 만들어 줄 수 있다. 예를 들어, k=3인 경우 사과 2개, 배 1개가 있는 경우, 분류 결과는 "사과"로 확실하게 결정된다. 따라서 k의 개수는 홀수로 설정하는 이유이다.

간단한 예시 코드를 작성해 보자.

실습 예제

K-NN 알고리즘을 이용한 사과와 배 분류

K-NN 알고리즘을 사용하여 사과와 배를 분류하기 위해서는 사과와 배의 특징(색깔, 크기 등)에 대한 데이터가 필요하다. 색깔과 크기만을 고려하여 간단한 데이터 셋을 만들면 다음과 같다.

과일	크기(cm)	색깔
사과	7.0	빨간색
사과	6.0	빨간색
사과	6.5	빨간색
사과	7.5	빨간색
배	11.0	녹색
배	12.0	노란색
배	10.0	녹색
배	11.5	노란색

이 데이터 셋은 사과와 배의 크기와 색깔 정보를 담고 있다.
이를 기반으로 K-NN 알고리즘을 사용하여 사과와 배를 분류해 보자.

〈코드〉

```
import matplotlib.pyplot as plt
import numpy as np
from matplotlib import font_manager, rc

# 폰트 지정
font_path = "/usr/share/fonts/truetype/nanum/NanumMyeongjo.ttf"
font = font_manager.FontProperties(fname=font_path).get_name()
rc('font', family=font)

# 학습 데이터셋
X_train = np.array([[7.0, 1], [6.0, 1], [11.0, 0], [12.0, 2], [8.0,
1.5], [10.0, 1], [9.0, 0.5], [13.0, 1.5]])
y_train = np.array(['사과', '사과', '배', '배', '사과', '사과', '배', '배'])

# 예측할 데이터
X_test = np.array([[8.0, 1], [9.0, 0]])

# K-NN 알고리즘 적용
from sklearn.neighbors import KNeighborsClassifier

k = 1  # 이웃의 개수
model = KNeighborsClassifier(n_neighbors=k)
model.fit(X_train, y_train) # 모델 학습
y_pred = model.predict(X_test)  # 모델 예측
print(y_pred)

# 그래프 그리기
fig, ax = plt.subplots()
ax.scatter(X_train[:, 0], X_train[:, 1], c=['r', 'r', 'b', 'b',
'r', 'r', 'b', 'b'], marker='o', label=['사과', '배'])
ax.scatter(X_test[:, 0], X_test[:, 1], c=['g', 'purple'], marker='x',
label=['예측1', '예측2'])
ax.legend()
plt.show()
print(y_pred)  # ['사과' '배']
```

〈실행 결과〉

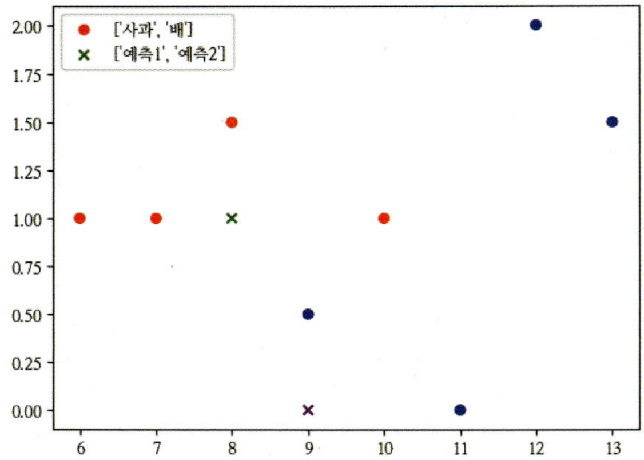

그림 8-7. KNN을 이용한 사과, 배 분류

SVM(Support Vector Machine)

SVM(Support Vector Machine)은 지도학습 중 하나로, 데이터를 분류하는 분류 모델이다. 물론 회귀 모델에서도 사용될 수 있으나 주로 분류 문제에 많이 적용된다.

이 모델은 선형 분류와 비선형 분류 모두를 수행할 수 있으며, 데이터의 차원이 커지더라도 높은 성능을 보인다. SVM은 주어진 데이터를 가장 잘 분류하는 결정 경계를 찾는 것이 주요 목표이다. 클래스를 잘 나누려면 결정 경계(Decision Boundary)를 찾는 것이 핵심으로, 이 결정 경계는 최대 마진(Maximum Margin)을 갖는 선, 면, 또는 초평면(Hyperplane)으로 나타낼 수 있다.

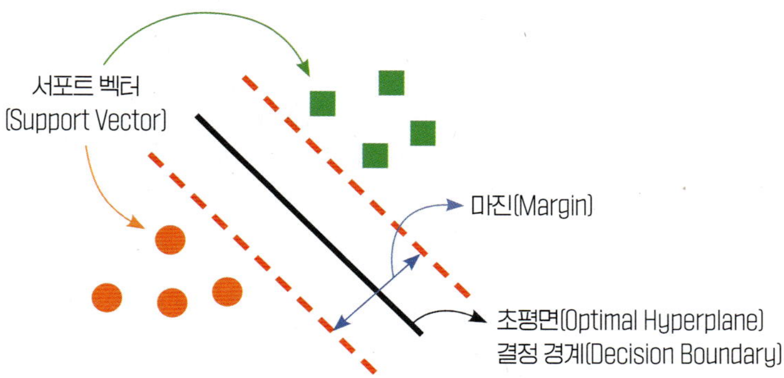

그림 8-8. SVM 개념

SVM은 데이터가 적어야 성능이 좋다. 반면 데이터양이 많아지면 활용이 쉽지 않으므로 이점을 고려해 선택하면 좋다. SVM은 파이썬 Sklearn(사이킷런)에서 제공하는 클래스에서는 SVC와 SVR로 크게 나뉜다. SVC는 분류 문제 해결을 위해 사용되고, SVR은 예측 문제 해결을 위해 사용된다.

가장 많이 알려진 iris 데이터 셋을 사용하여 SVM 모델을 학습하고 분류하는 경우는 다음과 같이 나타낼 수 있다.

실습 예제

SVM을 이용해 iris 분류하기

다음은 SVM을 이용하여 irsi를 분류하는 코드를 작성하여 이를 기반으로 새로운 데이터가 입력시 세 가지 중 어느 품종에 속하는지 확인해 보자.
분류를 위한 새로운 데이터 샘플은 다음과 같다.

```
new_sample = [[5.0, 3.6, 1.3, 0.25]]
```

〈실행 결과 예〉

```
분류 결과는 [0]으로 setosa 품종입니다.
```

〈코드〉

```
from sklearn import datasets
from sklearn.svm import SVC

# 붓꽃 데이터 셋 로드
iris = datasets.load_iris()
X = iris.data
y = iris.target

# SVM 모델 생성
svm_model = SVC(random_state=42)
```

```
# 모델 학습
svm_model.fit(X, y)

# 새로운 데이터 샘플 생성
new_sample = [[5.0, 3.6, 1.3, 0.25]]

# SVM 모델을 이용하여 분류 결과 예측
result = svm_model.predict(new_sample)

# 분류 결과 출력
if result==0:
  print(f'분류 결과는 {result}으로 setosa 품종입니다.')
elif result==1:
  print(f'분류 결과는 {result}로 versicolor 품종입니다.')
else:
  print(f'분류 결과는 {result}로 virginica 품종입니다.')
elif result==1:
  print(f'분류 결과는 {result}로 versicolor 품종입니다.')
else:
  print(f'분류 결과는 {result}로 virginica 품종입니다.')
```

SVM 모델을 학습한 후에는 새로운 데이터 샘플을 분류해 보는 것이 좋다. 따라서 새로운 데이터 샘플을 생성하고, predict 메서드를 이용하여 분류 결과를 확인할 수 있다. 그 결과 꽃받침 길이, 폭, 꽃잎 길이, 폭 값을 각각 5.0, 3.6, 1.3, 0.25로 설정한 새로운 데이터 샘플을 생성한 후, predict 메서드를 이용하여 해당 데이터 샘플을 분류한 결과인 "분류 결과는 [0]으로 setosa 품종입니다."를 출력하게 된다.

이번에는 지금까지 분류 알고리즘을 설명할 때 사용했던 사과와 배의 분류 예시를 이용하여 다른 방법으로 분류해 보자.

실습 예제

SVM을 이용한 사과와 배 분류

지금까지의 예시로 들었던 사과와 배를 분류하는 것을 SVM을 이용해 보자.
학습을 위한 데이터 셋은 다음과 같다.

feature 1	feature 2	label
8	120	사과
10	150	사과
12	180	배
15	200	배

분류를 판단하기 위해 새로운 데이터는 다음과 같다.

```
new_data = [[9, 130], [14, 190]]
```

〈실행 결과 예〉

```
[9, 130] : ['사과']
[14, 190] : ['배']
```

〈코드〉

```
import numpy as np
from sklearn import svm

# 학습 데이터 셋
X = np.array([[8, 120], [10, 150], [12, 180], [15, 200]])
y = np.array(['사과', '사과', '배', '배'])

# SVM 모델 생성
svm_model = svm.SVC(random_state=42)

# 모델 학습
svm_model.fit(X, y)
```

```python
# 새로운 데이터 샘플 생성 및 분류 결과 출력
new_data = [[9, 130], [14, 190]]
for data in new_data:
    result = svm_model.predict([data])
    print(f"{data}: {result}")
```

랜덤 포레스트(Random Forest)

랜덤 포레스트(Random Forest)는 여러 개의 의사결정 트리(Decision Tree)를 만들어 각각의 트리들의 결과를 모아 최종적으로 예측하는 알고리즘이다. 랜덤 포레스트는 각각의 의사결정 나무를 만들 때 사용하는 데이터의 일부만 사용하며, 이를 통해 일반화(Generalization) 성능을 향상시킬 수 있다.

예를 들어, 지금까지 사용해서 익숙한 사과와 배를 분류하는 문제를 랜덤 포레스트로 풀어보자. 학습 데이터 셋과 테스트 데이터 셋은 보통 8:2나 7:3의 비율로 분할하는데 여기서는 8:2로 해 보자. 이렇게 분할한 후에 학습 데이터 셋으로 모델을 학습하고 테스트 데이터 셋으로 모델의 성능을 평가한다. 이후에 새로운 데이터에 대해서도 분류 예측할 수 있다.

실습 예제

랜덤 포레스트를 이용한 사과와 배 분류 및 예측

랜덤 포레스트를 이용해 사과와 배를 구분해 보자. 이를 위한 데이터 셋은 앞에서 다루었던 데이터 셋을 그대로 사용하겠다.

feature 1	feature 2	label
8	120	사과
10	150	사과
12	180	배
15	200	배

분류를 위해 새로운 데이터 샘플 분류 데이터는 다음과 같다.

```python
new_data = [[9, 130], [13, 190], [11, 160]]
```

〈실행 결과 예〉

```
Accuracy: 1.0
[9, 130] : ['사과']
[13, 190] : ['배']
[11, 160] : ['배']
```

〈코드〉

```
import numpy as np
from sklearn.ensemble import RandomForestClassifier
from sklearn.model_selection import train_test_split

# 학습 데이터 셋
X_train = np.array([[8, 120], [10, 150], [12, 180], [15, 200]])
y_train = np.array(['사과', '사과', '배', '배'])

# 새로운 데이터 생성
new_data = [[9, 130], [13, 190], [11, 160]]

# 학습 데이터 셋과 테스트 데이터 셋 분할
X_train, X_test, y_train, y_test = train_test_split(X_train, y_
train, test_size=0.2, random_state=42)

# 랜덤 포레스트 모델 생성
rf_model = RandomForestClassifier(random_state=42)

# 모델 학습
rf_model.fit(X_train, y_train)

# 모델 예측
y_pred = rf_model.predict(X_test)
```

```
# 모델 성능 평가
accuracy = np.mean(y_pred == y_test)
print(f"Accuracy: {accuracy}")

# 새로운 데이터 분류
for data in new_data:
    pred = rf_model.predict([data])
    print(f"{data}: {pred}")
```

위 코드는 RandomForestClassifier 모델을 사용하여 과일의 종류를 분류하는 것이다. 이때 학습 데이터 셋(X_train, y_train)을 훈련용 데이터 셋(X_train, y_train)과 테스트 데이터 셋(X_test, y_test)으로 분리하는 데 사용한다. 그다음 train_test_split() 함수는 먼저 X_train과 y_train을 인자로 받고 test_size 매개변수를 사용하여 테스트 데이터 셋의 크기를 지정한다. 여기서는 test_size=0.2로 설정되어 있으므로 학습 데이터 셋과 테스트 데이터 셋이 각각 8:2로 사용되었다는 의미이다. 마지막으로 random_state 매개변수를 사용하여 데이터 셋을 분할하는데 사용되는 난수 생성기의 시드값을 지정했다. 따라서, 이 코드는 학습 데이터 셋을 훈련용 데이터 셋과 테스트용 데이터 셋으로 분할하고, 이들을 각각 X_train, X_test, y_train, y_test 변수에 할당한다.

y_pred는 모델이 예측한 값의 배열이고 y_test는 실제 값의 배열이다. "y_pred == y_test"는 예측값과 실제값이 같은 경우에는 True를 반환하고, 다른 경우에는 False를 반환한다. np.mean() 함수는 이 True와 False 값을 0과 1로 변환하여 평균값을 계산하고 이 평균값은 모델의 정확도를 나타낸다. 따라서 이 코드는 모델의 정확도를 계산하고, 이를 Accuracy : 1.0 [9, 130] : ['사과'] [13, 190] : ['배'] [11, 160] : ['배']와 같은 결과로 출력한다.

자 이렇게 여섯 가지 분류 모델에 대한 알고리즘을 살펴보았다. 이 중 하나를 선택해 실제 분류 모델을 다뤄보자.

3 〉 분류 모델 구축 및 학습

비정형 데이터를 다운로드하여 SQL 쿼리문을 통해 데이터를 정제시켜 구조화시킨 후 이를 앞에서 배웠던 머신러닝 지도학습의 여섯 가지 분류 모델 알고리즘 중 하나인 랜덤 포레스트를 선택하여 실제 분류 및 정확도를 예측하자.

3.1 데이터 셋 준비

로또 번호는 무작위로 추첨되므로 예측이 매우 어렵다. 따라서 실제 로또 번호 예측 모델은 실용성이 조금 떨어질 수도 있다. 그렇지만 여기서는 지도학습을 위한 분류 모델의 예시로 다루어보겠다. 동행 복권(https://dhlottery.co.kr/gameResult.do?method=byWin) 사이트에서 1회부터 지금까지의 회차별 당첨 번호 데이터를 다운로드하자. 그다음 전체 데이터 중 로또 당첨 번호 데이터를 MySQL Workbench를 사용하여 추출하고 데이터베이스에 저장하자.

이때 데이터 셋은 다음과 같은 형식으로 구성되도록 해야 한다.

id	date	num1	num2	num3	num4	num5	num6	bonus
1	2023.04.22	3	6	9	18	22	35	14
2	2023.04.15	3	6	22	23	24	38	30
3	2023.04.08	20	31	32	40	41	45	12
4	2023.04.01	4	24	27	35	37	45	15
5	2023.03.25	3	10	24	33	38	45	36
...	...	...	...	...	...	...	...	...

로또 데이터의 인코딩 및 컬럼 속성 확인

다음과 같은 순서로 진행한다.

❶ MySQL Workbench를 열어 'lotto'라는 데이터베이스를 생성한다.

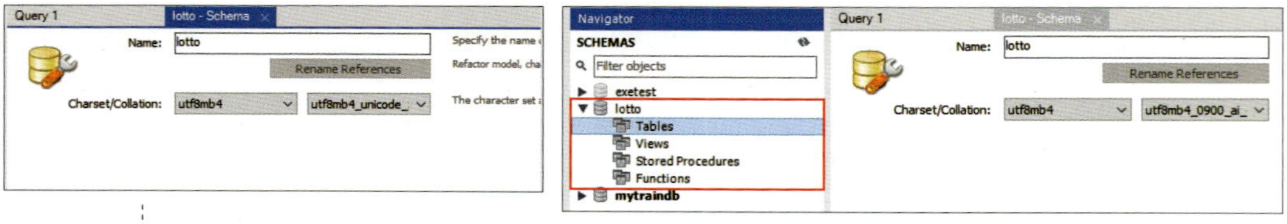

그림 8-9. MySQL Workbench에서 lotto 데이터베이스 생성

❷ 생성된 lotto 데이터베이스에 다운로드한 파일을 연동한다.

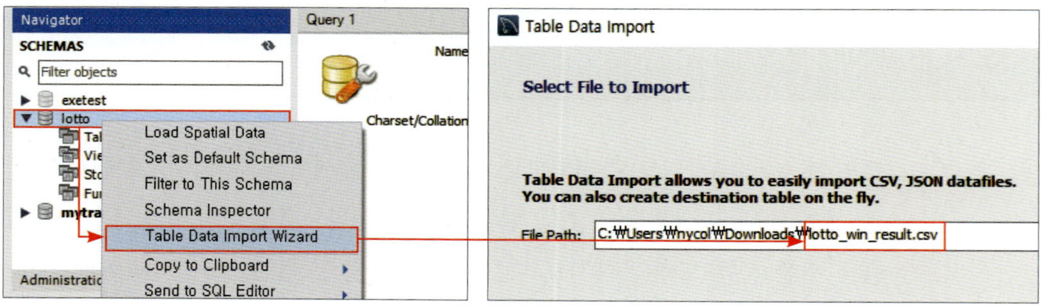

그림 8-10. 다운로드한 파일 연동

❸ 읽어온 데이터의 인코딩 방식 및 해당 컬럼 속성 확인한다.

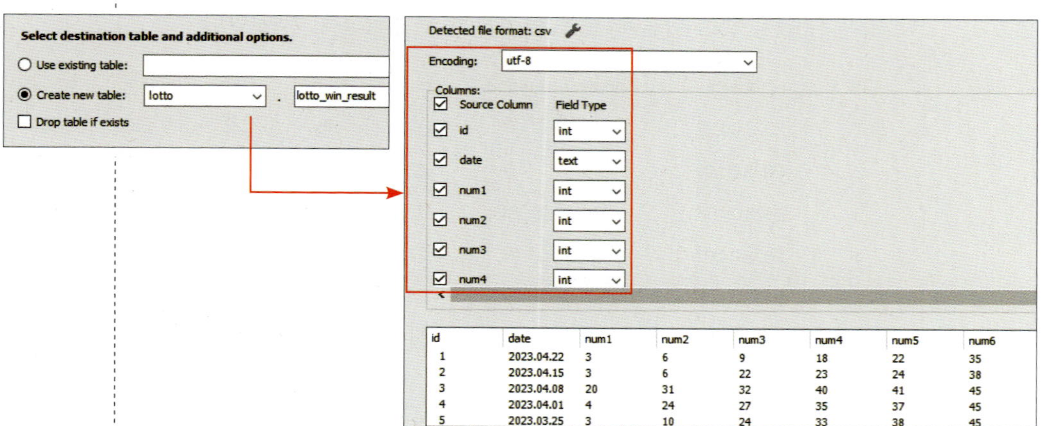

그림 8-11. 데이터 인코딩 및 컬럼 속성 확인

❹ 완료되면 업로드가 잘 되었는지 확인한다.

```
SELECT id, date, num1, num2, num3, num4, num5, num6, bonus FROM
lotto.lotto_win_result ORDER BY id ASC;
```

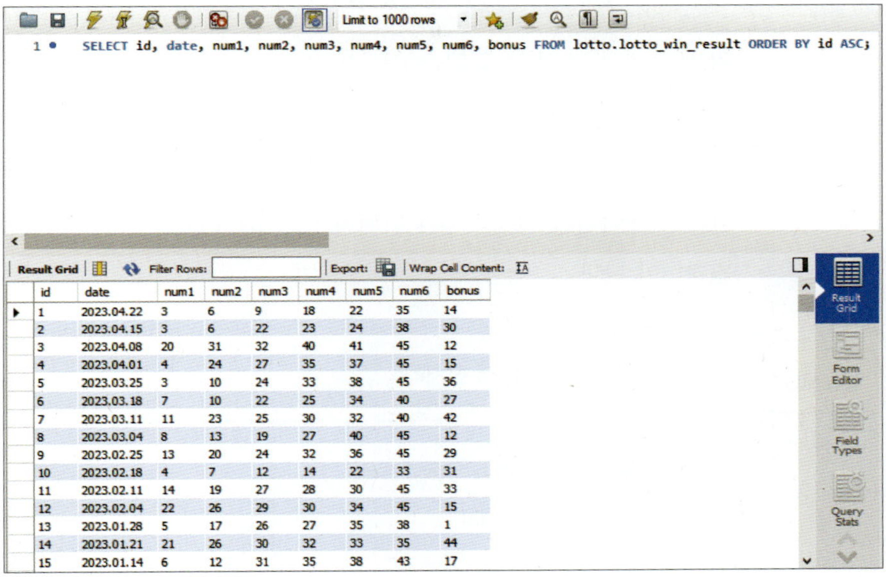

id	date	num1	num2	num3	num4	num5	num6	bonus
1	2023.04.22	3	6	9	18	22	35	14
2	2023.04.15	3	6	22	23	24	38	30
3	2023.04.08	20	31	32	40	41	45	12
4	2023.04.01	4	24	27	35	37	45	15
5	2023.03.25	3	10	24	33	38	45	36
6	2023.03.18	7	10	22	25	34	40	27
7	2023.03.11	11	23	25	30	32	40	42
8	2023.03.04	8	13	19	27	40	45	12
9	2023.02.25	13	20	24	32	36	45	29
10	2023.02.18	4	7	12	14	22	33	31
11	2023.02.11	14	19	27	28	30	45	33
12	2023.02.04	22	26	29	30	34	45	15
13	2023.01.28	5	17	26	27	35	38	1
14	2023.01.21	21	26	30	32	33	35	44
15	2023.01.14	6	12	31	35	38	43	17

3.2 데이터 전처리

SQL 쿼리문을 통해 필요한 데이터를 랜덤 포레스트 모델이 학습할 수 있는 형태로 전처리해야 한다. 즉, 로또 당첨 번호 예측을 위해 각 회차별로 나온 숫자들을 0과 1로 이루어진 이진 벡터로 변환해야 한다.

예를 들어, 1번 회차의 당첨 번호가 (10, 23, 29, 33, 37, 40)이라면, 이를 이진 벡터로 변환하기 위해 '원-핫 인코딩(One-hot encoding)'이라는 기법을 사용한다. 앞서 간단하게 설명한 것과 같이 이진 벡터의 길이는 전체 범주의 수와 같으며, 각 범주에 대응하는 인덱스의 값은 1, 나머지는 모두 0으로 설정한다.

예를 들어, (10, 23, 29, 33, 37, 40)이라는 당첨 번호를 원-핫 인코딩으로 변환하려면, 전체 범주의 수가 45이므로 길이가 45인 이진 벡터를 만든다. 그리고 당첨 번호에 해당하는 인덱스의 값을 1로 설정하고, 나머지는 모두 0으로 설정한다. 따라서 (10, 23, 29, 33, 37, 40)은 다음과 같이 이진 벡터로 변환된다.

(1,0,0,0,0,0,....,0,0,1,0,0,0,....,0,0,1,0,0,0,....,0,1,0,0,1,0,....,0,0,1,0,1,0)

위 벡터에서 첫 번째 인덱스(1)는 10번, 23번, 29번, 33번, 37번, 40번 숫자 중 10번에 해당하는 값을 가리키며, 네 번째 인덱스(1)는 33번에 해당하는 값을 가리킨다. 나머지 인덱스는 모두 0으로 설정된다.

따라서 데이터를 전처리하기 위해서는 각 회차별로 나온 숫자들을 이진 벡터로 변환해야 한다.

실습 예제

로또 당첨 번호 데이터 전처리

```
# 필요한 라이브러리 import
import pandas as pd
import pymysql

con=pymysql.connect(
    host="127.0.0.1",
    port=3306,
    user="root",
    password="1234",
    db="lotto",
    charset="utf8mb4")

cursor=con.cursor(pymysql.cursors.DictCursor)

# SQL 쿼리문을 실행하여 데이터 추출
mycursor = con.cursor()
mycursor.execute("SELECT * FROM lotto_win_result")
myresult = mycursor.fetchall()
```

```python
# 추출된 데이터를 Pandas DataFrame으로 변환
df = pd.DataFrame(myresult, columns=['id', 'date', 'num1', 'num2',
'num3', 'num4', 'num5', 'num6', 'bonus'])

# 이진 벡터로 변환
for i in range(1, 7):
    col_name = 'num'+ str(i)
    df[col_name] = df[col_name].apply(lambdax: 1 if x > 0 else 0)

# 입력변수(X)와 출력변수(y)로 데이터 분할
X = df.drop(['id', 'date', 'bonus'], axis=1)
y = df['bonus']
```

〈코드 설명〉

1. **필요한 라이브러리 import** : 필요한 라이브러리를 import 한다. 여기서는 import pandas as pd와 import pymysql을 import 한다. 이때 pymysql 라이브러리를 사용하여 로컬 데이터베이스에 연결한다.
2. **SQL 쿼리문을 실행하여 데이터 추출** : mysql에 접속하여 데이터를 추출한다. 이때 cursor() 함수를 이용해 커서 객체를 생성한다. 이 커서 객체를 이용하여 SQL 쿼리문을 실행하고 그 결과를 가져온다.
3. **추출된 데이터를 Pandas DataFrame으로 변환** : 추출된 데이터를 pandas DataFrame으로 변환한다. DataFrame으로 변환하는 이유는 DataFrame은 데이터를 표 형태로 저장할 수 있으며, 이를 활용해 데이터의 분석 및 가공이 용이하다. 즉, 데이터 전처리 작업, 데이터 시각화, 기초 통계 분석 등 다양한 기능을 제공하기 때문에 이를 활용해 다양한 데이터를 불러오고 처리 및 분석할 수 있다.
4. **이진 벡터로 변환** : 로또 번호를 이진 벡터로 변환한다(로또 번호 1~45 중 당첨 번호인 경우 1, 그렇지 않으면 0으로 처리).
5. **입력변수(X)와 출력변수(y)로 데이터 분할** : 입력변수(X)와 출력변수(y)로 데이터를 분할한다. id, date, bonus 열은 입력변수(x)에서 제외한다. 이때 drop() 함수를 이용해 데이터프레임에서 필요 없는 열을 제거한다. X는 이진 벡터로 변환한 로또 번호 6개 열을, y는 보너스 번호 열을 나타낸다. 이제 전처리된 X와 y를 이용해 데이터 셋을 분할할 수 있다.

3.3 모델 학습 및 성능 평가

데이터 셋을 학습 데이터 셋과 테스트 데이터 셋으로 각각 8:2로 분할 후 분류 모델을 생성하고 학습시킨다. 이때 여기서는 랜덤 포레스트(Random Forest) 분류 모델을 사용했다. 학습 데이터로 모델을 학습했고 테스트 데이터로 모델 성능을 평가했고 이에 따른 정확도(Accuracy)를 이용하여 성능을 평가한다. 예측 결과와 정답(실제 결과)을 비교하여 예측 성능을 평가한다. 모델을 학습시킨 후 새로운 데이터에 대해 예측을 수행한다. 새로운 데이터는 이진 벡터로 변환하는 과정을 거친 후 모델의 predict() 함수를 이용해 분류한다.

실습 예제

로또 당첨 번호 랜덤 포레스트 분류 모델 생성, 학습, 성능 평가

```
# 학습 데이터 셋과 테스트 데이터 셋 분할
from sklearn.model_selection import train_test_split
X_train, X_test, y_train, y_test = train_test_split(X, y, test_size
=0.2, random_state=42)

# 랜덤 포레스트 분류 모델 생성
from sklearn.ensemble import RandomForestClassifier
model = RandomForestClassifier(n_estimators=100, random_state=42)

# 학습 데이터로 모델 학습
model.fit(X_train, y_train)

# 테스트 데이터로 모델 성능 평가
import numpy as np
y_pred = model.predict(X_test)
accuracy = np.mean(y_pred == y_test)
print(f"Accuracy: {accuracy}")
```

〈코드 설명〉

1. **학습 데이터 셋과 테스트 데이터 셋 분할** : scikit-learn 라이브러리의 train_test_split() 함수를 사용하여 입력변수 X와 출력변수 y를 학습 데이터 셋과 테스트 데이터 셋으로 분할한다.
2. **랜덤 포레스트 분류 모델 생성** : 그 후, RandomForestClassifier() 함수를 사용하여 랜덤 포레스트 분류 모델을 생성한다.
3. **학습 데이터로 모델 학습** : X_train과 y_train을 사용하여 모델을 학습한 후, X_test와 y_test를 사용하여 모델을 평가한다.
4. **테스트 데이터로 모델 성능 평가** : 이때 모델의 예측값 y_pred와 실제값 y_test를 비교하여 정확도(accuracy)를 계산한다. 즉, 정확하게 예측한 데이터의 비율을 계산하여 모델의 성능을 평가한다.

모델의 성능을 평가 결과를 보면 어떤 알고리즘을 선택했느냐에 따라서도 달라질 수 있다. 또한 데이터의 특성에 따라서도 달라진다. 앞서 말한 것처럼 로또는 랜덤이기에 좋은 성능을 나타내기는 어려울 수 있다는 점을 고려해야 한다. 여기서는 랜덤 포레스트를 분류 모델로 사용했고 이에 따른 분석에 의해 20%의 정확도로 1등 당첨 여부를 분류할 수 있다.

이 코드의 전체 코드는 다음과 같다.

실습 예제

로또 당첨 번호 랜덤 포레스트를 이용하는 전체 코드

```
# 필요한 라이브러리 import
import pandas as pd
import pymysql
from sklearn.model_selection import train_test_split
from sklearn.ensemble import RandomForestClassifier
import numpy as np

con=pymysql.connect(
    host="127.0.0.1",
    port=3306,
    user="root",
```

```
    password="1234",
    db="lotto",
    charset="utf8mb4")
cursor=con.cursor(pymysql.cursors.DictCursor)

# SQL 쿼리문 실행하여 데이터 추출
mycursor = con.cursor()
mycursor.execute("SELECT * FROM lotto_win_result")
myresult = mycursor.fetchall()

# 추출된 데이터를 Pandas DataFrame으로 변환
df = pd.DataFrame(myresult, columns=['id', 'date', 'num1', 'num2',
'num3', 'num4', 'num5', 'num6', 'bonus'])

# 이진 벡터로 변환
for i in range(1, 7):
    col_name = 'num'+str(i)
    df[col_name] = df[col_name].apply(lambdax: 1 if x > 0 else 0)

# 입력변수(X)와 출력변수(y)로 데이터 분할
X = df.drop(['id', 'date', 'bonus'], axis=1)
y = df['bonus']

# 학습 데이터 셋과 테스트 데이터 셋 분할
X_train, X_test, y_train, y_test = train_test_split(X, y, test_size=
0.2, random_state=42)

# 랜덤 포레스트 분류 모델 생성
model = RandomForestClassifier(n_estimators=100, random_state=42)

# 학습 데이터로 모델 학습
model.fit(X_train, y_train)

# 테스트 데이터로 모델 성능 평가
y_pred = model.predict(X_test)
accuracy = np.mean(y_pred == y_test)
print(f"Accuracy: {accuracy}")
```

전체 코드를 자세히 설명하면 다음과 같다.

❶ 필요한 라이브러리를 import 한다.

```
import pandas as pd
import pymysql
from sklearn.model_selection import train_test_split
from sklearn.ensemble import RandomForestClassifier
import numpy as np
```

- **pandas** : 데이터 처리를 위한 라이브러리이다.
- **pymysql** : Python과 MySQL 데이터베이스를 연결하기 위한 라이브러리이다.
- **train_test_split** : 데이터를 학습 데이터 셋과 테스트 데이터 셋으로 분할하기 위한 함수를 제공하는 라이브러리이다.
- **RandomForestClassifier** : 랜덤 포레스트 분류 모델을 생성하기 위한 라이브러리이다.
- **numpy** : 수치 계산을 위한 라이브러리이다.

❷ MySQL 데이터베이스에 접속하여 SQL 쿼리문을 실행하여 데이터를 추출한다.

```
con = pymysql.connect(
        host="127.0.0.1",
        port=3306,
        user="root",
        password="1234",
        db="lotto",
        charset="utf8mb4"
        )
cursor = con.cursor(pymysql.cursors.DictCursor)

mycursor = con.cursor()
mycursor.execute("SELECT * FROM lotto_win_result")
myresult = mycursor.fetchall()
```

- pymysql.connect : MySQL 데이터베이스에 연결하기 위한 함수로, 호스트, 포트, 사용자 이름, 비밀번호, 데이터베이스 이름 등을 올바르게 설정해야 한다.
- con.cursor : 커서 객체를 생성한다. 이때, 커서는 SQL 문을 실행하고 결과를 검색하는 데 사용된다.
- mycursor.execute : SQL 쿼리문을 실행한다.
- mycursor.fetchall : 실행한 쿼리문의 결과를 가져온다.

❸ 추출된 데이터를 이진 벡터로 변환한다.

```
for in range(1, 7):
  col_name = 'num'+str(i)
  df[col_name] = df[col_name].apply(lambdax: 1 if x > 0 else 0)
```

- 'num1', 'num2', ..., 'num6' 열의 각 원소에 대해 조건식을 적용하여 0보다 크면 1로, 그렇지 않으면 0으로 변환한다.

❹ 입력 변수(X)와 출력 변수(y)로 데이터를 분할한다.

```
X = df.drop(['id', 'date', 'bonus'], axis=1)
y = df['bonus']
```

- df.drop : DataFrame에서 'id', 'date', 'bonus' 열을 제외한 열들을 선택하여 X로 설정한다.
- df['bonus'] : DataFrame에서 'bonus' 열을 선택하여 y로 설정한다.

❺ 학습 데이터 셋과 테스트 데이터 셋을 분할한다.

```
X_train, X_test, y_train, y_test = train_test_split(X, y, test_
size=0.2, random_state=42)
```

- **train_test_split** : 데이터를 학습 데이터 셋과 테스트 데이터 셋으로 분할한다. 이때, test_size는 테스트 데이터 셋의 비율을 의미하며, random_state는 분할 시에 발생하는 난수를 제어하기 위한 값이다.

❻ RandomForestClassifier를 사용하여 랜덤 포레스트 분류 모델을 생성한다.

```
model = RandomForestClassifier(n_estimators=100, random_state=42)
```

- **RandomForestClassifier** : 랜덤 포레스트 분류 모델을 생성한다. 이때 n_estimators는 생성할 트리의 개수를 의미한다.

❼ 학습 데이터로 모델을 학습시킨다.

```
model.fit(X_train, y_train)
```

- **model.fit** : 모델을 학습 데이터로 학습시킨다.

❽ 테스트 데이터로 모델의 성능을 평가한다.

```
y_pred = model.predict(X_test)
accuracy = np.mean(y_pred == y_test)
print(f"Accuracy: {accuracy}")
```

- **model.predict** : 테스트 데이터에 대한 예측값을 구한다.
- **np.mean(y_pred == y_test)** : 예측값과 실제값을 비교하여 정확도를 계산한다.
- **print(f"Accuracy: {accuracy}")** : 정확도를 출력한다.

연습 문제

연습 01

K-NN 알고리즘을 이용해 로또 번호를 분석해 보자.

- 학습 데이터와 테스트 데이터는 각각 7:3으로 한다. 테스트용 데이터 셋에서 정확도가 어느정도 인지를 통해 당첨 여부를 분류해 보자.

연습 02

로지스틱 회귀를 이용해 앞에서 다룬 로또 번호를 분석해 보자.

연습 문제

연습 03 다음과 같이 소득과 주택 크기, 위치 등을 기반으로 고객을 고소득층과 저소득층으로 분류하는 문제를 위한 데이터(customer_data.csv)가 있다.

CustomerID	Income	HouseSize	Location	Category
1	150000	300	Rural	고소득층
2	80000	150	City	고소득층
3	60000	120	Rural	저소득층
4	120000	200	City	고소득층
5	90000	160	City	고소득층
6	40000	90	Rural	저소득층
7	75000	140	City	고소득층
8	55000	110	Rural	저소득층
9	95000	180	City	고소득층
10	65000	130	Rural	저소득층
11	110000	190	City	고소득층
12	30000	80	Rural	저소득층
13	72000	135	City	고소득층
14	58000	115	Rural	저소득층
15	88000	170	City	고소득층
16	65000	140	City	고소득층
17	40000	95	Rural	저소득층
18	78000	145	City	고소득층
19	57000	105	Rural	저소득층
20	92000	175	City	고소득층

분류 알고리즘 중 의사결정 트리를 이용해 모델을 학습하고 분석 및 예측해 보자.

SQL 쿼리를 이용해 쿼리는 고객정보 테이블에서 소득(Income), 주택크기(House Size), 위치(Location), 등급(Category) 열을 선택하여 데이터를 가져와서 이를 CSV 파일로 데이터를 불러와서 사용해 보자.

| 9장 |

지도학습 (2)

학습 목표

- 지도학습의 대표적인 방법 중 하나인 회귀 모델의 데이터를 이용해 직접 필요한 데이터를 구하고, 이를 기반으로 모델을 구축하고 학습한다.

1 〉 회귀 모델

회귀 모델은 입력 데이터와 출력 데이터 간의 관계를 찾아내는 지도학습(Supervised Learning)의 또 다른 방법이다. 회귀 모델의 개념과 회귀 모델의 대표적인 알고리즘들에 대해 살펴보자. 또한 이를 이용해 회귀 모델을 구축하고 학습해 보자.

1.1 회귀 모델 개념

회귀(Regression)란, 입력변수와 출력변수 간의 관계를 모델링하는 지도학습 알고리즘에서 사용되는 개념으로 데이터 분석, 예측 및 모델링 분야에서 중요한 개념이다.

회귀(Regression) 모델은 주어진 입력변수(또는 독립변수)와 연속적인 출력변수(또는 종속변수)간의 관계를 모델링하는 지도학습 알고리즘으로 특정 입력에 대해 연속적인 출력값을 예측하는 데 사용된다.

예를 들어, 다음과 같은 상황에서 회귀 모델을 사용할 수 있다. 어떤 회사의 수익은 광고 비용, 제품 가격, 경쟁 업체의 수 등과 같은 다양한 요소에 의해 결정된다. 회귀 모델은 이러한 요소들과 수익 간의 관계를 파악하여 어떤 요소가 수익에 가장 큰 영향을 미치는지 파악하고 예측하는 데 사용된다. 또 다른 예시로 주택 가격 예측, 매출량 예측, 주식 가격 예측 등의 문제에 회귀 모델을 적용할 수 있다. 이를 위해 주어진 데이터에서 입력변수(예: 주택 크기, 위치, 인구 수 등)와 출력변수(예: 주택 가격) 간의 관계를 학습하여 새로운 입력에 대한 출력 값을 예측하는 모델을 구축할 수 있다.

회귀 모델은 여러 가지 유형이 있다. 선형 회귀(Linear Regression)는 입력변수와 출력변수 간의 선형 관계를 모델링하는 가장 기본적인 회귀 모델이다. 다항 회귀(Polynomial Regression)는 다항식으로 표현되는 비선형 관계를 모델링하는 방법이다. 또한, 릿지 회귀(Ridge Regression), 라쏘 회귀(Lasso Regression)와 같은 정규화 기법을 사용하는 회귀 모델도 있다. 각각의 모델은 다양한 특성과 장단점이 있다.

회귀 모델을 선택할 때는 데이터의 특성과 목적에 따라 적합한 모델을 선택해야 한다. 또한, 모델의 성능을 평가하기 위해 일반적으로 평균 제곱 오차(Mean Squared Error), 결정 계수(Coefficient of Determination) 등과 같은 평가 지표를 사용한다. 이를 통해 모델의 예측 성능을 평가하고 비교할 수 있다.

우선 각각의 알고리즘에 대한 개념을 살펴보자.

선형 회귀

선형 회귀(Linear Regression) 알고리즘은 입력변수와 출력변수 간의 선형 관계를 모델링하는 지도학습 알고리즘이다. 즉, 선형 회귀는 주어진 데이터에서 입력변수와 출력변수 간의 관계를 파악하여 새로운 입력값에 대한 출력값을 예측하는 데 사용된다.

선형 회귀는 일반적으로 최소 제곱법(Least Squares Method)을 사용하여 모델 파라미터를 학습한다. 최소 제곱법은 데이터의 분산을 최소화하는 파라미터 값을 찾아내는 방법이다. 예를 들어, 선형 회귀 모델에서는 입력변수 X와 출력변수 Y 간의 관계를 'Y = aX + b'와 같은 선형식으로 모델링한다. 여기서 a와 b는 최소 제곱법을 사용하여 학습한다.

선형 회귀는 다양한 응용 분야에서 사용된다. 예를 들어, 특정 광고 비용에 대한 매출 증가 예측, 주택 가격에 대한 요인 분석 등에서 사용된다. 선형 회귀 알고리즘은 간단하고 빠르며, 선형성이 가정되는 경우에는 매우 효과적인 예측 모델이 될 수 있다.

다음은 선형 회귀(단순) 즉, 입력값(또는 독립변수) x가 1개일 때를 구현한 예시이다.

실습 예제

선형 회귀 모델

```
# scikit-learn 라이브러리에서 필요한 모듈과 클래스 임포트
from sklearn.linear_model import LinearRegression
import numpy as np

# 독립변수(x)와 종속변수(y) 데이터 생성
x = np.array([1, 2, 3, 4, 5]).reshape(-1, 1)
y = np.array([2, 4, 6, 8, 10])

# 데이터를 산점도로 표시
plt.scatter(x, y)
```

코드에서는 1부터 5까지의 입력값(x)과 그에 해당하는 출력값(y) 데이터를 생성하고, 이를 LinearRegression 클래스를 사용하여 회귀 모델을 학습한다. 이를 대입하여 입력값(x)과 결괏값(y) 그림으로 표현하면 다음과 같다.

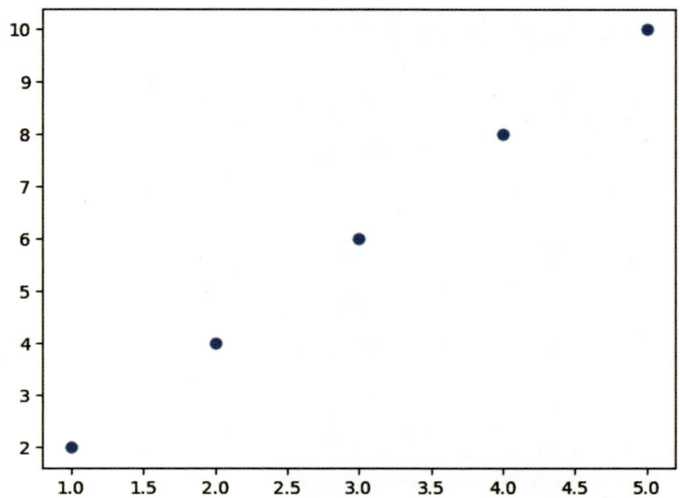

그림 9-1. 선형회귀 입력값(x)과 출력값(y)에 대응 위치

그다음 결과에서 직선의 방정식을 나타내보기 위해 기울기와 절편값을 출력한다.

```
# LinearRegression 클래스를 사용하여 회귀 모델 학습
model = LinearRegression().fit(x, y)

# 회귀 모델의 기울기와 y 절편 값 추출
slope = model.coef_[0]
intercept = model.intercept_
print(f'기울기={slope}, y 절편={intercept}')
```

코드에서 model.coef_는 회귀 모델의 기울기를 나타내는 속성이며, model.intercept_는 y 절편을 나타내는 속성이다.

선형 회귀 모델의 기본 방정식은 y = a * x+b이다. 여기서 b는 'y 절편'이고, a는 '기울기'이다. model.coef_는 기울기인 a 값을 나타내며, model.intercept_는 절편 b 값을 나타낸다.

따라서 slope = model.coef_[0]은 회귀 모델의 기울기 값을 추출하는 코드이고, intercept = model.intercept_는 y 절편 값을 추출하는 코드로 추출한 이 값들은 회귀 직선을 그리기 위해 사용된다. 이때 회귀 직선은 기울기=2.0 , y 절편=0.0 값을 출력한다.

그다음 학습된 모델을 사용하여 입력값이 6인 새로운 데이터에 대한 출력값을 예측하고, 이에 따른 결과 12.0으로 예측하는 결과가 출력한다.

```
# 학습된 회귀 모델을 사용하여 새로운 독립변수 값에 대한 종속변수 값 예측
x_new = np.array([6]).reshape(-1, 1)
y_pred = model.predict(x_new)

# 예측 결과를 산점도에 추가로 표시하고 회귀 직선 그리기
plt.scatter(x_new, y_pred, color='red')
plt.plot(x, slope*x + intercept, 'r')
```

```
# 그래프 표시
plt.show()
```

코드는 주어진 선형 회귀 모델을 사용하여 x=6일 때의 y 값을 예측하고 이를 산점도에 추가로 표시하고 회귀 직선을 그리는 코드이다.

np.array([6]).reshape(-1, 1)는 x 값이 6인 새로운 독립변수 데이터를 생성하는 코드로, 이를 model.predict(x_new)로 예측하고 plt.scatter(x_new, y_pred, color='red')로 예측 결과를 산점도에 추가로 표시한다.

마지막으로 plt.plot(x, slope*x + intercept, 'r')을 사용하여 회귀 직선을 그리면 산점도에 빨간색으로 표시된 하나의 점과 회귀 직선이 그려진 그래프가 출력된다.

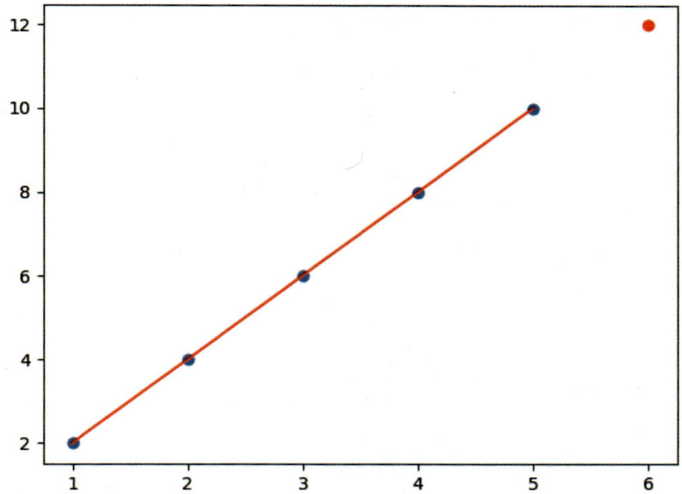

그림 9-2. 선형 회귀 예측 결과 산포도 출력

단순 선형 회귀를 다뤄봤다면 이번에는 다중 선형 회귀에 대해 살펴보자. 다중 선형 회귀 모델도 단순 선형 회귀 모델과 마찬가지로 모델을 생성하고 학습하는 과정은 동일하다. 다중 선형회귀는 종속변수(y)와 두 개 이상의 독립변수(x1, x2,

..., xn) 간의 선형 관계를 모델링하는 회귀 모델 기법이다. 예를 들어, 부동산 가격 예측 문제에서 집 크기, 위치, 건물 연식, 방 개수 등 여러 독립변수가 있을 수 있다.

일반적으로 다중 선형 회귀 모델은 독립변수들의 가중치를 조절하여 종속변수 값을 예측하는 선형 함수로 표현된다. 따라서 회귀 분석을 통해 독립변수들의 영향력을 파악할 수 있다.

다중 선형 회귀는 선형 회귀의 확장된 형태이며, scikit-learn 라이브러리에서는 LinearRegression 클래스를 사용하여 구현할 수 있다.

실습 예제

다중 선형 회귀 모델

```
# scikit-learn 라이브러리에서 필요한 모듈과 클래스 임포트
from sklearn.linear_model import LinearRegression
import numpy as np
import matplotlib.pyplot as plt

# 독립변수(x1, x2)와 종속변수(y) 데이터 생성
x = np.array([[1, 2], [2, 4], [3, 6], [4, 8], [5, 10]])
y = np.array([3, 6, 9, 12, 15])

# LinearRegression 클래스를 사용하여 회귀 모델 학습
model = LinearRegression().fit(x, y)

# 학습된 회귀 모델을 사용하여 새로운 독립변수 값에 대한 종속변수 값 예측
x_new = np.array([[6, 12]])
y_pred = model.predict(x_new)

# 예측 결과 출력
print(y_pred)
```

코드에서 독립변수 x와 종속변수 y 데이터를 생성한다. 이때 데이터는 2차원 배열로 표현되며, x는 2개의 열(column)로 구성되어 있다. 그다음, LinearRegression 클래스를 사용하여 회귀 모델을 학습한다. 이때 fit() 메서드는 주어진 독립변수와 종속변수 데이터를 사용하여 모델을 학습한다. 그다음으로 학습된 모델을 사용하여 새로운 독립변수 값에 대한 종속변수 값을 예측하는데 이때 predict() 메서드는 주어진 독립변수 데이터에 대한 종속변수 값을 예측한다. 이를 통해 예측 결과를 출력한다.

다항 회귀

다항 회귀(Polynomial Regression)는 선형 회귀 방식의 일종이지만 독립변수와 종속변수간의 비선형적인 관계를 모델링할 때 사용한다. 즉, 선형 회귀와 달리 다항 회귀는 독립변수(x)와 종속변수(y) 사이의 관계를 2차 함수, 3차 함수 등 고차 함수의 형태로 모델링하는 방법이다.

다항 회귀는 선형 회귀와 마찬가지로 최적의 회귀 계수를 추정하기 위해 주어진 데이터를 기반으로 모델을 학습한다. 다만, 다항 회귀에서는 독립변수의 차수를 증가시켜 고차항을 추가함으로써 비선형 관계를 모델링할 수 있다. 예를 들어, 독립변수 x와 종속변수 y 사이의 관계가 곡선 형태를 가지는 경우, 2차 함수 형태로 모델링하면 다음과 같은 수식이 나온다.

$$y = ax^2 + bx + c$$

다항 회귀는 비선형 데이터를 모델링하는데 유용하게 사용된다. 데이터가 비선형적인 특성을 가질 때, 다항 회귀 모델을 사용하여 더 좋은 예측 성능을 얻을 수 있다. 그러나 고차항을 추가하면 모델의 복잡도가 증가하므로, 적절한 차수를 선택하는 것이 중요하다. 모델의 과적합(Overfitting)을 방지하기 위해 규제 기법을 적용할 수도 있다. 이를 통해 모델의 일반화 성능을 향상시킬 수 있다. 따라서 데이터 특성과 관계를 고려하여 적절한 차수의 다항식을 선택하고 모델을 학습 및 평가하여 원하는 예측을 수행할 수 있다.

실습 예제

다항 회귀 모델

```
# scikit-learn 라이브러리에서 필요한 모듈과 클래스 임포트
from sklearn.preprocessing import PolynomialFeatures
from sklearn.linear_model import LinearRegression
import numpy as np
import matplotlib.pyplot as plt

# 독립변수(x)와 종속변수(y) 데이터 생성
x = np.array([1, 2, 3, 4, 5]).reshape(-1, 1)
y = np.array([1, 4, 9, 16, 25])

# 2차 다항식 변환 수행
poly = PolynomialFeatures(degree=2)
x_poly = poly.fit_transform(x)

# LinearRegression 클래스를 사용하여 회귀 모델 학습
model = LinearRegression().fit(x_poly, y)

# 학습된 회귀 모델을 사용하여 새로운 독립변수 값에 대한 종속변수 값 예측
x_new = np.array([6]).reshape(-1, 1)
x_new_poly = poly.transform(x_new)
y_pred = model.predict(x_new_poly)

# 예측 결과 출력
print(y_pred)

# 예측 결과를 그래프로 시각화
plt.scatter(x, y)
plt.plot(x, model.predict(x_poly), color='red')
plt.scatter(x_new, y_pred, color='red')
plt.show()
```

코드는 다항 회귀 모델을 사용하여 2차 함수 형태의 데이터를 예측하는 문제로 독립변수(x)와 종속변수(y) 데이터를 생성한다. 이때 x가 1부터 5까지의 값이며, y는 각 x 값의 제곱이다. 그다음 2차 다항식 변환을 수행한다. PolynomialFeatures 클래스는 입력된 차수(degree)에 따라 다항식 변환을 수행한다. 이때 degree=2로 지정하여 2차 다항식 변환을 수행한다. 변환 결과 x_poly는 [1, x, x^2] 형태로 변환된다.

그 다음으로 LinearRegression 클래스를 사용하여 회귀 모델을 학습하는데 이때, x_poly와 y를 사용하여 회귀 모델을 학습한다. 학습된 회귀 모델을 사용하여 새로운 독립변수 값에 대한 종속변수 값을 예측한다. x_new=6을 사용하여 새로운 독립변수 값을 지정하고, PolynomialFeatures 클래스를 사용하여 x_new를 변환한 x_new_poly를 만든다. 그리고 LinearRegression 클래스의 predict() 메서드를 사용하여 예측 값을 계산하고 예측 결과인 [36.0]을 출력하여 그래프로 시각화한다. x와 y의 산점도를 그리고, 회귀 모델이 예측한 값과 x_new에 대한 예측 값을 빨간색으로 표시한다.

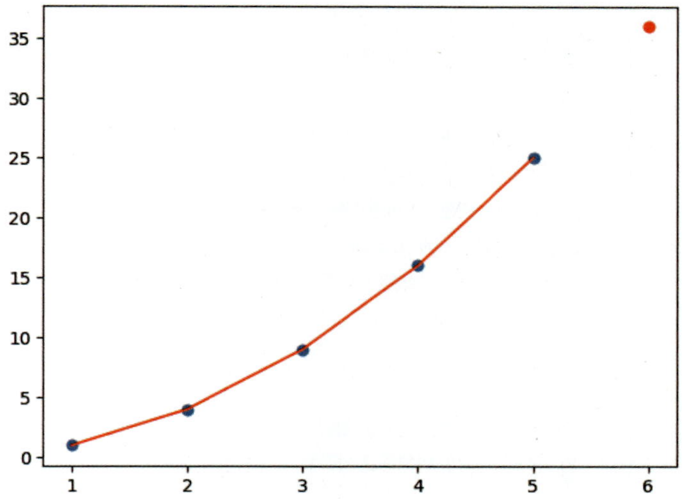

그림 9-3. 다항 회귀 산점도 이용한 예측 결과

릿지 회귀

릿지 회귀(Ridge Regression)는 다중선형 회귀에서 발생하는 문제 중 하나인 다중공선성(Multicollinearity)을 해결하기 위한 방법 중 하나로, 모델의 일반화 성능을 향상시키기 위해 사용되는 회귀 모델이다.

잠깐만요

다중공선성이란 회귀분석에서 독립변수들 간에 강한 선형 상관관계가 있어 한 독립변수의 변화가 종속변수에 대한 영향을 뚜렷하게 알 수 없게 만들어 지는 현상이다. 즉, 독립변수들간에 서로 종속적인 관계가 있을 때 발생하는 문제이다. 이때 회귀 모델의 추정 계수들에 불안정성을 초래할 수 있다. 이는 회귀 모델의 해석을 어렵게 만들고, 모델의 성능을 저하시킬 수 있다. 또한, 독립변수들의 영향력을 정확하게 평가하는 것을 어렵게 만들어 모델의 해석력을 저하시킬 수 있다.

다중 공선성 문제는 주로 다음과 같은 상황에서 발생할 수 있다.

1. 독립변수들 간에 강한 선형 상관 관계가 있는 경우
2. 독립변수들 중 하나가 다른 독립변수들의 조합으로 이루어진 경우
3. 독립변수들이 동일한 데이터를 나타내는 경우

그렇다면 다중 공선성을 해결하기 위한 몇 가지 방법으로는 다음과 같은 접근 방법을 사용한다.

1. **변수 선택** : 상관 관계가 강한 독립변수들 중 하나를 선택하거나, 변수 선택 알고리즘을 사용하여 가장 중요한 변수들을 선택한다.
2. **변수 변환** : 독립변수들을 변환하거나 조합하여 새로운 변수를 생성한다.
3. **규제(Regularization)** : 규제 기법을 사용하여 회귀 계수들의 크기를 제한하고 다중 공선성을 완화한다. 예를 들어, 릿지 회귀와 라쏘 회귀는 규제를 통해 다중 공선성을 해결하는 방법이다.

따라서 다중 공선성 문제는 회귀 분석을 수행할 때 주의해야 할 중요한 요소 중 하나이며, 데이터의 특성을 정확히 이해하고 적절한 대처 방법을 선택하는 것이 중요하다.

릿지 회귀는 이 문제를 해결하기 위해 회귀 모형의 예측값과 실제값의 차이(잔차)와 회귀 계수의 크기를 동시에 최소화하는 방법이다. 이를 위해 L2 규제(Regularization)를 사용한다.

잠깐만요

L2 규제란, 회귀 모형에서 회귀 계수의 크기를 제한하는 것으로 각 회귀 계수의 크기가 커지지 않도록 제약을 주는 것이다. 이때 제약조건은 다음과 같이 정의된다.

- **제약조건** : 회귀계수의 제곱합(Sum of Squares of Regression Coefficients)을 가능한 한 작게 만든다.

즉, 회귀 모형에서 사용되는 독립변수의 수가 많아지거나, 각 독립변수들이 강한 상관관계를 가질 때, L2 규제를 적용하여 모형의 예측력을 향상시킬 수 있다.

릿지 회귀는 일반적으로 다음과 같은 단계로 수행된다.

1. 모든 독립변수를 포함한 다중 선형 회귀 모형을 만든다.
2. 규제 파라미터인 alpha 값을 설정한다.
3. 모형에 L2 규제를 적용하여 회귀 계수를 추정한다.
4. 모형의 성능을 평가한다.
5. alpha 값을 조정하여 최적의 모형을 찾는다.

첫째, 모든 독립변수를 포함한 다중 선형 회귀 모델을 구축한다. 즉, 종속변수와 여러 독립변수 간의 선형 관계를 나타내는 모델을 만들고 그다음 규제 파라미터인 alpha 값을 설정한다. 이때 alpha 값은 규제의 강도를 조절하는 하이퍼 파라미터로, 모델의 복잡성과 편향-분산 트레이드오프를 조정하는 데 사용된다. 일반적으로 사용자가 지정하며, 큰 값을 설정할수록 규제가 강화된다. 셋째, L2 규제(릿지 규제)를 적용하여 회귀 계수를 추정한다. L2 규제는 회귀 계수의 크기를 제한함으로써 다중 공선성을 완화하는 역할을 한다. 이를 통해 모델의 안정성과 일반화 성능을 향상시킬 수 있다. 넷째, 모델의 성능을 평가하는데 이때 회귀 모델의 성능 평가는 주로 평균 제곱 오차(Mean Squared Error, MSE)나 결정 계수(R-squared) 등을 사용하여 수행된다. 이를 통해 모델이 주어진 데이터에 얼마나 적합한지를 평가할 수 있다.

마지막으로 alpha 값을 조정하여 최적의 모델을 찾는다. 초기에 설정한 alpha 값을 기반으로 모델의 성능을 평가하고, 필요에 따라 alpha 값을 조정하면서 최적의 모델을 찾는 과정을 수행한다. 이를 통해 최적의 규제 강도를 선택하여 모델을 향상시킬 수 있다.

릿지 회귀는 다중 공선성을 해결하고 모델의 일반화 성능을 향상시킬 수 있는 유용한 회귀 분석 기법 중 하나이다. 규제 파라미터인 alpha 값을 조절하면서 최적의 모델을 찾는 것이 중요하다.

이렇게 수행된 릿지 회귀 모델은 다중 선형 회귀 모형보다 예측력이 높아지면서 모형의 안정성을 유지할 수 있다.

실습 예제

릿지 회귀 모델

```
from sklearn.datasets import fetch_openml
from sklearn.linear_model import Ridge
from sklearn.model_selection import train_test_split
from sklearn.metrics import mean_squared_error
import numpy as np
import pandas as pd

# 데이터 불러오기
boston = fetch_openml(name='boston')

# 입력변수와 목표변수 지정
X, y = boston.data, boston.target

# 훈련/테스트 데이터 나누기
X_train, X_test, y_train, y_test = train_test_split(X, y, test_size=
0.3, random_state=42)
```

```
# X_train과 X_test가 리스트(list) 형태일 경우
X_train = np.array(X_train)
X_test = np.array(X_test)

# 릿지 회귀 모형 만들기
ridge = Ridge(alpha=1.0)

# 모형 학습
ridge.fit(X_train, y_train)

# 테스트 데이터에 대한 예측값 계산
y_pred = ridge.predict(X_test)

# 입력 데이터인 X_test가 list 형태라면, numpy array로 변환
if type(X_test) == list:
  X_test = np.array(X_test)

# 입력 데이터인 X_test가 pandas dataframe 형태라면, numpy array로 변환
if type(X_test) == pd.DataFrame:
  X_test = X_test.values

# 성능 평가
mse = mean_squared_error(y_test, y_pred)
print("Mean Squared Error : ", mse)
```

다음 코드는 scikit-learn을 사용하여 릿지 회귀(Ridge Regression)를 수행하는 코드이다.

fetch_openml() 함수를 사용하여 boston 데이터를 불러온다. train_test_split() 함수를 사용하여 데이터를 훈련 데이터와 테스트 데이터로 나눈다. Ridge() 함수를 사용하여 릿지 회귀 모델을 만든다. fit() 메서드를 사용하여 모델을 학습시킨다. predict() 메서드를 사용하여 테스트 데이터에 대한 예측값을 계산한다. mean_squared_error() 함수를 사용하여 예측값과 실제값 간의 평균 제곱 오차(MSE)를 계산하여 모델의 성능을 평가한다.

이에 따른 결과로 "Mean Squared Error : 22.044053089861013"라는 결과가 나왔다.

또한, 코드 내에는 입력 데이터인 X_test가 리스트 형태이거나 Pandas Dataframe 형태일 경우를 고려하여 numpy array로 변환하는 코드가 포함되어 있다. 이는 predict() 메서드에서 numpy array 형태의 데이터만 사용할 수 있기 때문이다.

라쏘 회귀

라쏘 회귀 모델(Lasso Regression Model)은 선형 회귀 모델(Linear Regression Model)의 한 종류로, 릿지 회귀 모델(Ridge Regression Model)과 마찬가지로 과적합(Overfitting)을 방지하고 일반화 성능을 높이기 위해 사용된다. 회귀 모형에서 가중치(w)가 작은값이 되도록 한다. 이를 통해 불필요한 변수들을 모형에서 제거할 수 있다.

라쏘 회귀는 L1 규제를 사용한다. L1 규제는 모형의 가중치(w)를 작게 만들면서, 일부 가중치를 0으로 만들 수 있다. 이러한 특성으로 인해 라쏘 회귀는 변수 선택에 유용하게 사용된다. 즉, 가중치를 제한하는 값인 alpha 값이 커질수록 가중치가 0에 가까워지는 특징이 있다. 따라서 alpha 값을 조정함으로써 가중치의 크기를 조정할 수 있다.

예를 들어, 주어진 데이터에서 상관관계가 높은 변수들이 있을 경우, 이 중 하나를 선택하고 다른 변수들은 제거하는 방법을 사용할 수 있다. 이러한 방법을 통해 모형이 불필요한 변수에 대한 정보를 배제할 수 있으며, 더욱 간결한 모형을 만들 수 있다.

앞에서 사용했던 보스턴 집값 예제를 다시 이용하여 라쏘 회귀 모델의 성능을 분석해 보자.

실습 예제

라쏘 회귀 모델

```
from sklearn.datasets import fetch_openml
from sklearn.linear_model import Lasso
from sklearn.model_selection import train_test_split
from sklearn.metrics import mean_squared_error
import numpy as np

# 데이터 불러오기
boston = fetch_openml(name='boston')

# 입력변수와 목표변수 지정
X, y = boston.data, boston.target

# 훈련/테스트 데이터 나누기
X_train, X_test, y_train, y_test = train_test_split(X, y, test_size=
0.3, random_state=42)

# X_train과 X_test가 리스트(list) 형태일 경우
X_train = np.array(X_train)
X_test = np.array(X_test)

# 라쏘 회귀 모형 만들기
lasso = Lasso(alpha=1.0)

# 모형 학습
lasso.fit(X_train, y_train)

# 테스트 데이터에 대한 예측값 계산
y_pred = lasso.predict(X_test)

# 성능 평가
mse = mean_squared_error(y_test, y_pred)
print("Mean Squared Error : ", mse)
```

코드를 살펴보면 먼저 fetch_openml 함수를 사용하여 보스턴 주택 가격 데이터 셋을 불러온다. 이후 train_test_split 함수를 사용하여 데이터를 훈련용과 테스트용으로 나눈다.

그다음 Lasso 클래스를 사용하여 라쏘 회귀 모델을 만드는데, 이때 alpha 매개변수는 규제 강도를 조절한다. 모델 학습은 fit 메서드를 호출하여 이루어진다. predict 메서드를 사용하여 테스트 데이터에 대한 예측값을 계산하고, mean_squared_error 함수를 사용하여 성능을 평가한다. mean_squared_error 함수는 예측값과 실제값 사이의 평균 제곱 오차(MSE)를 계산한다.

결과적으로 이 코드는 보스턴 주택 가격 데이터 셋에 대한 라쏘 회귀 모델의 성능을 MSE로 나타낸다. 이에 따른 결과는 "Mean Squared Error : 25.639502928043992"로 나왔다.

회귀 모델 알고리즘을 파악했다면 이제 하나의 알고리즘을 선택하여 실제 다뤄보자.

2 〉 회귀 모델 구축 및 학습

앞장에서 배웠던 로또 번호 예제를 다시 이용해 보자. 이번에는 로또 번호 예측 문제에는 비정규화 모델 중에서도 가장 간단한 선형 회귀 모델이 적합하다고 볼 수 있다. 이전에 나온 로또 번호들을 입력변수로 하고, 다음 번호를 출력변수로 하여 학습하면 된다.

2.1 데이터 셋 준비

앞장에서 진행했던 것처럼 데이터 셋을 준비해 보자. 이번에는 이전 장에서 이미 다운로드를 받은 파일이 있기에 한결 쉽게 데이터 셋을 준비할 수 있다.

데이터 셋은 MySQL Workbench로 이미 로또 당첨번호를 추출해서 데이터베이스에 저장되어 있는 것을 활용하자.

id	date	num1	num2	num3	num4	num5	num6	bonus
1	2023.04.22	3	6	9	18	22	35	14
2	2023.04.15	3	6	22	23	24	38	30
3	2023.04.08	20	31	32	40	41	45	12
4	2023.04.01	4	24	27	35	37	45	15
5	2023.03.25	3	10	24	33	38	45	36
...	...	...	...	...	...	...	...	...

앞장에서 데이터 셋하는 과정을 했었기에 여기서는 추가적인 설명을 생략하겠다. 우리에게 필요한 부분을 MySQL Workbench에서 SQL 쿼리문을 이용해 불러오자.

```
SELECT id, date, num1, num2, num3, num4, num5, num6, bonus FROM
lotto.lotto_win_result ORDER BY id ASC;
```

주어진 SQL 쿼리는 "lotto_win_result" 테이블에서 id, date, num1, num2, num3, num4, num5, num6, bonus 열을 선택하고, id를 오름차순으로 정렬하여 조회하라는 의미이다.

2.2 데이터 전처리

SQL 쿼리문을 통해 필요한 로또 당첨번호 데이터를 저장했다. 다행히 로또 번호 예측 문제는 출력변수(보너스 번호)가 연속형 변수이기 때문에 이진 벡터 변환이 필요하지 않다. 따라서 이곳에서는 데이터 전처리를 필수로 하지 않아도 된다.

2.3 모델 학습 및 성능 평가

선형회귀 모델을 이용한 로또 번호 예측

❶ 필요한 라이브러리를 import 하고 MySQL Workbench 데이터베이스에 접속한다. 이때 pymysql을 사용하여 MySQL 데이터베이스에 접속하고 host, port, user, password, db, charset 파라미터를 설정한다.

```
# 필요한 라이브러리 import
import pandas as pd
import pymysql
```

```
con=pymysql.connect(
  host="127.0.0.1",
  port=3306,
  user="root",
  password="1234",
  db="lotto",
  charset="utf8mb4")

cursor=con.cursor(pymysql.cursors.DictCursor)
```

❷ SQL 쿼리문 실행하여 데이터 추출한다. 이때 con.cursor()를 호출하여 커서 객체를 생성하고, mycursor.execute()를 사용하여 SQL 쿼리문을 실행한다. mycursor.fetchall()을 호출하여 추출된 데이터를 변수에 저장한다.

```
# SQL 쿼리 실행하여 데이터 추출
mycursor = con.cursor()
mycursor.execute("SELECT * FROM lotto_win_nums")
myresult = mycursor.fetchall()
```

❸ 추출된 데이터를 Pandas DataFrame으로 변환한다. myresult에서 추출된 데이터를 pd.DataFrame()으로 변환한다. columns 파라미터를 사용하여 각 열의 이름을 지정한다.

```
# 추출된 데이터를 Pandas DataFrame으로 변환
df = pd.DataFrame(myresult, columns=['id', 'date', 'num1', 'num2',
'num3', 'num4', 'num5', 'num6', 'bonus'])
```

❹ 입력변수(X)와 출력변수(y)로 데이터 분할한다.

```
# 입력변수(X)와 출력변수(y)로 데이터 분할
X = df.drop(['id', 'date', 'bonus'], axis=1)
y = df['bonus']
```

df.drop()을 사용하여 id, date, bonus 열을 제거한다. X는 입력변수, y는 출력변수가 된다.

❺ 모델 학습을 진행한다.

```
# 모델 학습
model = LinearRegression( )
model.fit(X, y)
```

LinearRegression()을 사용하여 선형 회귀 모델을 생성하고, model.fit()을 사용하여 모델을 학습시킨다.

❻ 테스트 데이터에 대한 예측값 계산한다.

```
# 테스트 데이터에 대한 예측값 계산
y_pred = model.predict(X)
```

model.predict()을 사용하여 테스트 데이터에 대한 예측 값을 계산한다.

❼ 성능 평가를 한다.

```
# 성능 평가
mse = mean_squared_error(y, y_pred)
print("Mean Squared Error : ", mse)
```

mean_squared_error()를 사용하여 MSE를 계산하고, 계산된 MSE를 출력한다.

❽ 마지막으로 로또 번호 예측값을 출력한다.

```
# 예측값 출력
print("Predicted Bonus Numbers: ", y_pred)
```

선형 회귀 모델을 통해 예측값을 출력할 수 있다.

이 코드의 전체 코드는 다음과 같다.

실습 예제

선형회귀 모델을 이용한 로또 번호 예측

```
# 필요한 라이브러리 import
import pandas as pd
import pymysql

con=pymysql.connect(
  host="127.0.0.1",
  port=3306,
  user="root",
  password="1234",
  db="lotto",
  charset="utf8mb4")
cursor=con.cursor(pymysql.cursors.DictCursor)

# SQL 쿼리를 실행하여 데이터 추출
mycursor = con.cursor()
mycursor.execute("SELECT * FROM lotto_win_nums")
myresult = mycursor.fetchall()
```

```python
# 추출된 데이터를 Pandas DataFrame으로 변환
df = pd.DataFrame(myresult, columns=['id', 'date', 'num1', 'num2',
'num3', 'num4', 'num5', 'num6', 'bonus'])

# 입력변수(X)와 출력변수(y)로 데이터 분할
X = df.drop(['id', 'date', 'bonus'], axis=1)
y = df['bonus']

# 모델 학습
model = LinearRegression()
model.fit(X, y)

# 테스트 데이터에 대한 예측값 계산
y_pred = model.predict(X)

# 성능 평가
mse = mean_squared_error(y, y_pred)
print("Mean Squared Error : ", mse)

# 예측값 출력
print("Predicted Bonus Numbers: ", y_pred)
```

연습 문제

연습 01

키(Height)와 몸무게(Weight) 데이터를 이용하여 선형 회귀 모델을 학습하고, 회귀선을 시각화한 후 성능 평가를 해 보자.

제공되는 'hw_200.csv' 파일을 이용해 키와 몸무게 데이터를 이용해 학습하고 회귀 직선을 시각화하고 성능 평가를 해 보자.

Index	Height(Ir	"Weight(Pounds)"
1	65.78	112.99
2	71.52	136.49
3	69.4	153.03
4	68.22	142.34
5	67.79	144.3
6	68.7	123.3
7	69.8	141.49
8	70.01	136.46
9	67.9	112.37

연습 문제

연습 02

연습 01에서 사용한 키(Height)와 몸무게(Weight) 데이터를 이용하여 라쏘 회귀 모델을 생성하고 학습 데이터를 이용하여 모델을 학습시킨 후 테스트 데이터를 통해 예측값 계산 및 MSE를 통해 성능 평가를 해 보자.

연습 03

당뇨병 환자 데이터를 다중 회귀 모델을 이용해 학습하고 이를 기반으로 예측해 보자. 이를 위해 https://archive.ics.uci.edu/dataset/296/diabetes+130-us+hospitals+for+years+1999-2008 사이트에서 데이터를 다운로드하고 이 중 키와 몸무게, 나이를 이용해 예측해 보자.

| 10장 |

비지도학습

학습 목표

- 비지도학습의 개념과 대표적인 군집 모델의 개념에 대해 정의한다.
- 군집 모델 알고리즘을 이용해 모델을 생성하고 학습 및 분석하는 과정을 다룬다.

1 〉 비지도학습

머신러닝은 크게 지도학습과 비지도학습으로 나뉘며, 이전 장에서는 지도학습에 대해 다루었다. 이번 장에서는 비지도학습에 대해 살펴보고, 비지도학습의 개념과 대표적인 모델에 어떤 종류가 있는지 관련 모델을 살펴본다. 또한 이를 기반으로 모델을 선정하여 데이터 셋을 준비하고 이에 대한 모델을 생성하며 학습 및 분석하는 과정을 만들어 보자.

1.1 비지도학습 개념

비지도학습(Unsupervised Learning)은 머신러닝 분야 중 하나로, 입력 데이터가 주어졌을 때 지도학습과는 달리 입력 데이터가 사전에 정의된 레이블(정답)이 없이 데이터의 구조, 패턴, 관계 등을 발견하여 이를 기반으로 학습하는 방법이다. 이를 통해 데이터에서 숨겨진 구조나 패턴을 파악하고, 새로운 데이터를 생성하거나 데이터를 분류하거나 클러스터링하는 등의 작업을 수행할 수 있다.

비지도학습은 입력 데이터가 주어졌을 때, 컴퓨터가 스스로 학습하여 데이터의 특징이나 패턴을 파악하기 때문에 지도학습과 달리 입력 데이터에 대한 레이블(정답)이 필요하지 않다. 이를 위해 대표적으로 사용되는 기법으로는 데이터 마이닝, 클러스터링, 차원 축소, 이상치 탐지, 생성 모델링 등이 있고 다양한 분야에서 활용되고 있다.

군집(Clustering)은 비지도학습에서 많이 사용되는 대표적인 모델 중 하나이다. 군집은 비슷한 특성을 가지는 데이터를 그룹으로 묶는 작업을 의미한다. 이를 통해 데이터의 유사성이나 패턴을 파악할 수 있다. 대표적인 군집 알고리즘으로는 K-means, DBSCAN, 계층적 군집화 등이 있다.

그 밖에도 여러 가지가 있다. 차원 축소(Dimensionality Reduction)는 고차원 데이터의 특징을 추출하여 저차원으로 표현하는 기법으로, 이를 통해 데이터의 차원을 줄이고 중요한 정보를 보존하면서 노이즈를 제거할 수 있다. 주성분 분석(PCA)은 가장 대표적인 차원 축소 기법으로 사용된다.

생성 모델링(Generative Modeling)은 주어진 데이터의 분포를 학습하여 새로운 데이터를 생성하는 기법으로 Variational Autoencoder(VAE)와 GAN(Generative Adversarial Network) 등이 주로 사용된다. Variational Autoencoder(VAE)는 모델이 학습하는 고차원 데이터의 숨겨진 표현하는 잠재 변수를 학습하여 데이터의 분포를 모델링하고 새로운 데이터를 생성하는 방법이다. GAN(Generative Adversarial Network)은 생성자와 판별자라는 두 개의 신경망을 경쟁시켜 실제와 유사한 데이터를 생성하는 방법이다.

비지도학습은 데이터에 대한 사전 정보 없이도 데이터의 구조와 패턴을 파악할 수 있으므로 데이터 분석과 탐색적 데이터 분석(EDA), 데이터 전처리 등 다양한 분야에서 유용하게 활용된다.

2 〉 군집 모델

비지도학습에는 크게 군집, 차원 축소, 생성 모델링 등이 있다. 이 중 군집에 대한 개념과 모델을 생성하는 방법을 살펴보자.

2.1 군집 모델 개념

비지도학습의 대표적인 모델 중 하나인 군집은 비슷한 특성을 가진 데이터들을 여러 그룹으로 분류하는 작업을 수행하는 모델이다. 이러한 그룹을 클러스터(Cluster)라고 하며, 데이터의 유사성을 기반으로 패턴을 발견하고 분석하는 데 사용된다. 각 클러스터는 서로 다른 특징들을 가지며, 군집 모델은 데이터 간의 상호작용이나 패턴을 파악하거나 데이터를 분류하고 요약하는 데 사용한다.

군집 모델은 다양한 분야에서 사용된다. 예를 들어, 고객 데이터에서 유사한 고객들을 같은 클러스터로 묶어서 마케팅 전략을 수립하거나, 의료 데이터에서 환자들을 클러스터링하여 질병 패턴을 파악하는 등의 응용이 있다. 일반적으로 군집 모델은 데이터 분석의 초기 단계에서 사용되며, 데이터의 특성을 파악하는 데 큰 도움이 된다.

대표적 군집 모델을 살펴보기에 앞서 하나 짚고 넘어가 보자. 인공지능이 비지도학습의 클러스터로 유사한 것을 묶어 그룹을 생성한다고 했는데 도대체 "유사하다" 또는 "비슷하다"는 것을 어떻게 구별할까?

인공지능에서 "유사하다" 또는 "비슷하다"는 개념은 주어진 데이터의 특징 또는 속성이 서로 얼마나 비슷한지를 나타낸다. 이를 판단하기 위해서는 각 데이터 간의 거리나 유사도를 측정하는 방법을 사용해야 한다. 예를 들어, 유클리드 거리

(Euclidean Distance)나 코사인 유사도(Cosine Similarity), 자카드(Jaccard) 계수 등을 사용하여 데이터 간의 유사도를 측정할 수 있다.

클러스터링 알고리즘은 이러한 거리나 유사도 측정 기법을 기반으로 데이터를 그룹으로 묶어준다. 알고리즘이 사용하는 측정 기준에 따라 "유사하다" 또는 "비슷하다"는 것이 판단된다. 예를 들어, 유클리드 거리 기반의 K-means 알고리즘은 거리가 가까운 데이터를 동일한 클러스터로 묶고 코사인 유사도(Cosine Similarity)기반의 계층적 군집화 알고리즘은 벡터간의 각도를 고려하여 유사한 데이터를 클러스터로 그룹화한다. 자카드(Jaccard) 계수 기반의 클러스터링 알고리즘은 집합에서 중복되는 요소의 비율을 고려하여 유사한 데이터를 동일한 그룹으로 묶는다.

따라서 클러스터링 알고리즘에서의 "유사하다" 또는 "비슷하다"는 것은 주어진 거리, 각도, 빈도 유사도 기준에 따라 데이터가 서로 얼마나 비슷한지를 판단하는 것을 의미한다. 이를 통해 알고리즘은 데이터의 특성을 파악하고 패턴을 발견하여 그룹을 형성하게 된다.

유사도 기반 측정 방법에 따른 계산 방법을 먼저 살펴보자.

거리 유사도 기반 측정 : 유클리드 거리(Euclidean Distance)

거리 유사도를 측정하는 방법으로는 유클리드 거리(Euclidean Distance)가 있다. 유클리드 거리는 두 점 사이의 거리를 구하는 방법 중 가장 일반적으로 사용되는 방법으로 두 점 사이의 직선 거리를 계산하는 방법이다. 2차원 평면에서 두 점 (x1, y1)과 (x2, y2) 간의 유클리드 거리 d는 다음과 같이 계산된다.

$$d = \sqrt{(x2 - x1)^2 + (y2 - y1)^2}$$

이 수식에서 $\sqrt{\ }$ 는 제곱근을 나타내며 위첨자로 쓰여진 2는 제곱을 나타내며, 이를 일반화하면 n 차원에서도 적용이 가능하다. 두 점 (x1, y1, ..., xn)과 (x2, y2, ..., xn) 간의 유클리드 거리는 다음과 같이 계산한다.

$$d = \sqrt{(x2 - x1)^2 + (y2 - y1)^2 + \ldots (xn - xn)^2}$$

즉, 두 점의 차이의 제곱을 합한 뒤, 그 결과에 제곱근을 취한 것이 유클리드 거리인 것이다.

하나의 예를 들어 설명해 보자. 두 점 (1, 2)와 (4, 5)가 있다. 이를 유클리드 거리를 이용해 계산하면 다음과 같다.

$$d = \sqrt{(4-1)^2 + (5-2)^2} = \sqrt{9+9} = \sqrt{18} \approx 4.242640687119285$$

이 유클리드 거리를 이용하여 계산한 수식을 코드로 표현하면 다음과 같다.

실습 예제

거리 유사도 기반 측정 : 유클리드 거리(Euclidean Distance)

```
import numpy as np

def euclidean_distance(point1, point2):
    """두 점 간의 유클리드 거리를 계산하는 함수"""
    return np.sqrt((point1[0]-point2[0])**2+(point1[1]-point2[1])**2)

# 예시 데이터
point1 = [1, 2]
point2 = [4, 5]

# 유클리드 거리 계산
distance = euclidean_distance(point1, point2)
print(f'{point1}와 {point2} 두 점 간의 유클리드 거리:{distance}')
```

〈실행 결과 예〉

```
[1, 2]와 [4, 5] 두 점 간의 유클리드 거리:4.242640687119285
```

이 코드는 두 점 간의 유클리드 거리를 계산하는 함수를 정의하고, 해당 함수를 사용하여 유클리드 거리를 계산하는 예시 코드이다. euclidean_distance 함수를 사용하여 [1, 2]와 [4, 5] 두 점 간의 유클리드 거리를 계산한다. 함수는 주어진 두 점의 x, y 좌표를 사용하여 유클리드 거리 공식을 적용하여 거리를 계산하고, 계산 결과를 반환한다. 이에 따라 [1, 2]와 [4, 5] 두 점 간의 유클리드 거리는 약 '4.24'이다.

각도 유사도 기반 측정 : 코사인 유사도(Cosine Similarity)

각도 유사도를 측정하는 방법으로는 코사인 유사도(Cosine Similarity)가 있다. 코사인 유사도는 문서나 문장 등을 벡터화하여 비교할 때, 그 방향의 유사도를 측정하는 방법이다. 예를 들어, 두 벡터 A, B가 있을 때, A와 B의 방향이 얼마나 비슷한지를 측정하여 유사도를 산출한다. 이 방법은 특히, 문서의 길이나 단어의 빈도 등에 영향을 받지 않아서 자주 사용되는 유사도 측정 방법 중 하나이다. 코사인 유사도는 −1에서 1 사이의 값을 가진다. 1에 가까울수록 두 벡터의 방향이 유사하다는 것을 의미하며, 0에 가까울수록 방향이 다르다는 것을 의미한다. −1에 가까울수록 벡터의 방향이 완전히 반대라는 것을 의미한다.

두 벡터 A, B 사이의 코사인 유사도(Cosine Similarity)는 다음의 수식으로 계산된다.

$$CosineSimilarity(A, B) = \frac{(A \cdot B)}{||A||\,||B||}$$

여기서 A dot B(A · B)는 벡터 A와 B의 내적(dot product)을 의미하며, ||A||와 ||B||는 각각 벡터 A와 B의 크기(norm)를 의미한다. 즉, 벡터 A와 B의 방향이 얼마나 비슷한지를 계산한 후, 각 벡터의 크기로 나누어 주는 것이 코사인 유사도이다.

하나의 예를 들어 보자. A와 B는 각각 유저(User)가 평가한 영화의 평점을 벡터로 나타낸 것이다. 두 벡터 A와 B를 각각 [1, 2, 3]과 [2, 3, 4]로 정의하고, 코사인 유사도를 계산해 보자.

우선 먼저 벡터 A와 벡터 B의 내적을 구한다. 벡터 A와 B의 각 차원(Dimension)을 곱한 뒤 모두 더한 값이다.

이를 식으로 나타내면 내적은 20으로 다음과 같이 계산된다.

내적(A · B) = A[0] * B[0] + A[1] * B[1] + A[2] * B[2] = 1*2 + 2*3 + 3*4
= 2 + 6 + 12 = 20

다음으로 벡터 A와 B의 크기(norm)를 구한다. 크기는 해당 벡터의 각 차원값을 제곱한 뒤 모두 더한 값에 제곱근을 취한 것이다.

$$A = \sqrt{A[0]^2 + A[1]^2 + A[2]^2} = \sqrt{1^2 + 2^2 + 3^2} = \sqrt{14} = 3.7416573867739413$$

$$B = \sqrt{B[0]^2 + B[1]^2 + B[2]^2} = \sqrt{2^2 + 3^2 + 4^2} = \sqrt{29} = 5.385164807134504$$

마지막으로 내적을 벡터 A와 벡터 B의 크기 곱으로 나눈다.

$$\text{코사인 유사도} = \frac{\text{내적}}{(A\text{크기} * B\text{크기})} = \frac{20}{\sqrt{14}\sqrt{29}} = 0.9925833339709303$$

이렇게 계산된 값을 계산해 보면 유사도가 0.9925833339709303으로 1에 가까운 결과가 나왔다. 이를 통해 두 벡터 A와 벡터 B가 유사하다는 것을 판단할 수 있다. 이를 코드로 표현하면 다음과 같다.

실습 예제

각도 유사도 기반 측정 : 코사인 유사도(Cosine Similarity)

```
import numpy as np

def cosine_similarity(A, B):
    dot_product = np.dot(A, B)  # 벡터 A와 B의 내적
    norm_A = np.linalg.norm(A)  # 벡터 A의 크기(norm)
    norm_B = np.linalg.norm(B)  # 벡터 B의 크기(norm)
```

```
    print(f'내적: {dot_product}')
    print(f'A의 크기: {norm_A}')
    print(f'B의 크기: {norm_B}')
    similarity = dot_product /(norm_A * norm_B)  # 코사인 유사도 계산
    return similarity

A = np.array([1, 2, 3])
B = np.array([2, 3, 4])

c_similarity = cosine_similarity(A, B)
print(f'A와 B간의 코사인 유사도: {c_similarity}')
```

〈실행 결과 예〉

```
내적: 20
A의 크기: 3.7416573867739413
B의 크기: 5.385164807134504
A와 B간의 코사인 유사도: 0.9925833339709303
```

이 코드는 코사인 유사도를 계산하는 함수를 작성한 코드로, 주어진 벡터 A와 B의 코사인 유사도를 계산하기 위해 cosine_similarity 함수를 정의하고 내적, 벡터의 크기 계산, 코사인 유사도 계산 등의 단계를 포함하고 있다. np.linalg.norm()은 NumPy 파이썬 라이브러리의 함수로, 주어진 벡터의 크기 또는 노름(norm)을 계산하는 역할을 한다. 이때 사용하는 형식 및 주요 매개변수는 다음과 같다.

np.linalg.norm(x, ord=None, axis=None, keepdims=False)

- **x** : 크기 또는 노름을 계산하려는 벡터 또는 배열이다.
- **ord** : 크기 또는 노름의 종류를 지정하는 매개변수로, 기본값은 None이며, 이 경우 기본적으로

2-노름(Euclidean 노름)을 계산한다. 다른 가능한 값으로 1-노름(Manhattan 노름)이나 무한-노름(Chebyshev 노름)을 사용할 수 있다.

- **axis** : 배열의 축을 지정하여 해당 축을 따라 노름을 계산할 수 있다. 기본값은 None으로 전체 배열에 대한 노름을 계산한다.
- **keepdims** : True로 설정하면, 축의 차원이 유지된 상태로 결과를 반환한다. 기본값은 False로 결과는 스칼라 값으로 반환된다.

이를 통해 벡터 A([1, 2, 3])와 B([2, 3, 4])의 코사인 유사도는 약 0.993이다. 이는 두 벡터의 방향이 매우 유사하다는 것을 의미한다.

빈도 유사도 기반 측정 : 자카드 계수(Jaccard Coefficient)

빈도 유사도를 측정하는 방법으로는 자카드 계수(Jaccard Coefficient)가 있다. 자카드 계수는 두 집합이 얼마나 유사한지 측정하기 위해 사용하는 통계량이며, 두 집합의 교집합 크기를 합집합 크기로 나눈 값으로 계산이다.

수식으로 나타내면, 두 집합 A와 B 사이의 자카드 계수 J(A,B)는 다음과 같다.

$$J(A,B) = \frac{A \cap B}{|A \cup B|} = \frac{A \cap B}{|A| + |B| - |A \cap B|}$$

여기서 |A|와 |B|는 각각 집합 A의 원소 개수, B의 원소 개수를 나타낸다. 따라서 자카드 계수는 0에서 1 사이의 값을 가지며, 1에 가까울수록 두 집합이 유사하다는 것을 의미한다.

하나의 예를 들어, 문서 2개가 있다고 가정하자. 문서 1에는 "apple", "banana", "orange", "pear"이라는 4개의 단어가 있고, 문서 2에는 "apple", "banana", "grape"라는 3개의 단어가 있다. 이때 문서 1과 문서 2의 자카드 계수를 구하면 다음과 같다.

문서 1의 단어 집합 : {"apple", "banana", "orange", "pear"}
문서 2의 단어 집합 : {"apple", "banana", "grape"}

이때 합집합은 {"apple", "banana", "orange", "pear", "grape"}가 되고, 교집합은 {"apple", "banana"}가 된다. 따라서 자카드 계수는 교집합의 크기를 합집합의 크기로 나눈 값이므로 다음과 같다.

$$\text{자카드 계수} = \frac{\text{교집합 크기}}{\text{합집합 크기}} = \frac{2}{5} = 0.4$$

즉, 문서 1과 문서 2의 자카드 계수는 '0.4'이다.

이를 코드로 표현하면 다음과 같다.

실습 예제

빈도 유사도 기반 측정 : 자카드 계수(Jaccard coefficient)

```
def jaccard_similarity(str1, str2):
    set_str1 = set(str1.split(","))
    set_str2 = set(str2.split(","))
    intersection = set_str1.intersection(set_str2) # 교집합
    union = set_str1.union(set_str2) # 합집합
    similarity = len(intersection) / len(union)
    return similarity

set1 = "apple,banana,orange,pear"
set2 = "apple,banana,grape"

j_similarity = jaccard_similarity(set1, set2)
print(f"문서1 \"{set1}\"과 문서2 \"{set2}\"의 자카드 계수: {j_similarity}")
```

〈실행 결과 예〉

```
문서1 "apple,banana,orange,pear"과 문서2 "apple,banana,grape"의 자카드 계수: 0.4
```

이 코드는 두 개의 문자열을 입력받아 자카드 유사도(Jaccard Similarity)를 계산하는 함수를 구현한 것으로 이 함수에서는 문자열을 쉼표로 구분된 단어들로 간주하고, 각 문자열을 집합(set)으로 변환하여 자카드 유사도를 계산한다. 이때 함수의 동작은 다음과 같다.

가장 먼저 str2를 split(",") 메서드를 사용하여 입력받은 두 문자열 str1과 쉼표로 구분하여 각각의 단어들로 분할한다. 분할된 단어들을 set() 함수를 사용하여 집합으로 변환하면 각 문자열이 단어들의 집합으로 표현된다. intersection 변수에는 두 문자열의 집합 간의 교집합을 저장한다. union 변수에는 두 문자열의 집합 간의 합집합을 저장한다. 마지막으로 similarity 변수에는 교집합의 크기를 합집합의 크기로 나눈 값을 저장하여 자카드 유사도를 계산하여 계산된 유사도를 반환한다.

자카드 계수가 0.4라는 것은 두 집합 중에서 40%의 원소가 서로 공통적으로 포함되어 있다는 것을 의미한다. 따라서 두 문장이 얼마나 유사한지는 비교적 주관적인 문제이며, 자카드 계수가 0.7 이상이면 매우 유사하다고 판단한다. 그러나 자카드 계수가 0.4라고 해서 두 문장이 전혀 관련이 없다는 것은 아니다. 예시에서도 보듯이 apple과 banana가 각 문장에 포함되어 있어 전체적으로 보았을 때는 전혀 관련이 없다고 볼 수 없다. 따라서 문맥과 목적에 따라 적절한 기준을 설정하여 판단하는 것이 좋다.

유사도 측정 방법에 대한 방법을 이해했으니 본격적으로 군집 모델의 대표적인 알고리즘을 살펴보자.

K-means 알고리즘

군집의 대표적인 모델은 K-means 알고리즘으로 비지도학습에서 가장 인기가 있는 대표적인 알고리즘 중 하나이다. 이 알고리즘은 일반적으로 각 데이터가 어떤 클러스터에 속하는지에 대한 사전 정보가 없는 상태에서 시작한다. 이때 주어진 데이터에서 군집(클러스터)의 개수(여기서는 k)를 선택하고, 각 데이터 간 가장 가까운 중심점과 연결한 후 중심점을 다시 계산하는 과정을 반복한다. 이 과정은 클러스터의 중심(centroid) 변화가 미미하거나 없을 때까지 반복한다.

알고리즘의 동작 과정은 다음과 같다.

1. 사용자는 알고리즘에게 생성할 클러스터의 개수 K를 지정한다.
2. 초기 단계에서는 K개의 중심점을 임의로 선택한다. 이 중심점은 데이터의 특징 공간에서 무작위로 선택된다.
3. 각 데이터 포인트는 가장 가까운 중심점에 할당된다. 이는 거리 측정 방법(일반적으로 유클리드 거리)을 사용하여 데이터와 중심점 사이의 거리를 계산하고 최소 거리를 갖는 중심점에 할당하는 방식으로 이루어진다.
4. 데이터가 할당된 후, 각 클러스터의 중심점을 다시 계산한다. 이는 클러스터에 속한 데이터들의 평균을 새로운 중심점으로 갱신하는 과정이다.
5. 중심점이 갱신된 후, 데이터 할당과 중심점 갱신 과정을 반복한다. 이를 수렴 조건이 만족될 때까지 반복한다. 수렴 조건은 일반적으로 중심점의 변화가 미미하거나 없을 때로 정의된다.
6. 알고리즘이 수렴하면 각 데이터는 가장 가까운 중심점에 속하는 클러스터에 할당된다.

K-means 알고리즘은 클러스터의 중심점을 기반으로 데이터를 분리하고, 각 클러스터는 유사한 특징을 갖는 데이터들의 그룹을 형성한다. 이 알고리즘은 비지도학습에서 데이터의 패턴을 파악하고 분류하는 데에 사용되며, 데이터의 특성을 파악하고 요약하는 데에 도움을 준다.

예시를 통해 이 과정을 정리해 보자.

❶ 필요한 패키지를 import 한다.

```
import numpy as np
import matplotlib.pyplot as plt
from sklearn.cluster import KMeans
```

코드에서 sklearn 패키지를 사용하여 k-means 알고리즘을 구현한 예시 코드로 numpy와 matplotlib.pyplot 패키지를 import 하고 sklearn.cluster에서 KMeans 모델을 import 한다.

❷ 다음과 같은 10개의 데이터 셋이 있다고 가정해 보자. 이때 데이터 셋을 2차원으로 표현했다.

```
X = np.array([[5,3], [10,15], [15,12], [24,10], [30,45], [85,70], [71,80],
[60,78], [55,52], [80,91]])
```

두 개의 열로 구성된 NumPy 배열 X를 정의한 것으로, 이는 두 개의 차원 공간에서 데이터 포인트를 나타낸다. 배열의 각 행은 하나의 데이터를 나타내며, 첫 번째 열은 x 좌표, 두 번째 열은 y 좌표를 나타낸다. 배열 X에는 10개의 데이터가 포함되어 있으며, 각 데이터는 (x, y) 좌표 쌍으로 표현된다. 이 데이터 포인트들은 2차원 직교 좌표계에서 점으로 시각화할 수 있다. 즉, 첫 번째 데이터의 좌표는 (5,3), 두 번째 데이터의 좌표는 (10,15) 등과 같이 나타낸다. 이 데이터들은 k-means와 같은 클러스터링 알고리즘에 입력으로 사용될 수 있고, 패턴을 발견하거나 유사한 데이터를 그룹화하거나 데이터 집합의 구조를 분석하는데 사용할 수 있다.

❸ 2차원 데이터 셋을 좀 더 쉽게 눈으로 확인하기 위해 시각화해 보자.

```
plt.scatter(X[:,0], X[:,1], label='True Position')
plt.xlabel('X')
plt.ylabel('Y')
plt.title('Dataset')
plt.show()
```

이 코드는 Matplotlib를 사용하여 배열 X의 데이터 포인트를 2차원 공간에 산점도로 시각화하는 코드로 plt.scatter()는 산점도를 그리는 함수다. 이때 첫 번째 인자 X[:, 0]은 배열 X의 모든 행에서 첫 번째 열을 선택하여 x 좌표로 사용, 두 번째 인자 X[:, 1]은 배열 X의 모든 행에서 두 번째 열을 선택하여 y 좌표로 사용된다. 이를 통해 데이터 포인트들이 2차원 공간에 표시한다. label='True

Position'는 산점도의 범례에 표시될 레이블을 설정한다. plt.xlabel()는 x 축의 레이블을 설정, plt.ylabel()는 y 축의 레이블을 설정, plt.title()은 그래프의 제목을 설정하고, plt.show()는 그래프를 출력한다.

이 코드를 실행하면 2차원 공간에 배열 X의 데이터 포인트가 표시된 산점도 그래프가 나타낼 수 있다. x 축과 y 축은 각각 'X'와 'Y'로 레이블이 지정되며, 그래프의 제목은 'Dataset'으로 설정된다.

이에 따른 시각화 결과는 다음과 같다.

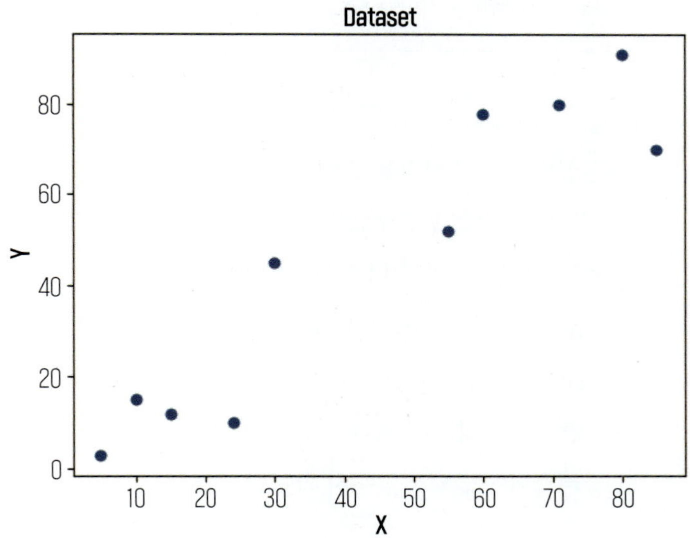

그림 10-1. 데이터 셋 시각화 결과

❹ K-Means 모델을 생성한다.

```
kmeans = KMeans(n_clusters=2)
kmeans.fit(X)
```

코드에서 n_clusters는 군집의 개수(k)를 의미한다. 즉, 2개의 군집으로 데이터를 나누겠다는 의미이다. kmeans.fit(X)는 생성한 K-means 알고리즘에 데이터 X를 적합시킨다. 이는 주어진 데이터를 군집화하는 과정을 의미한다.

알고리즘을 실행하면 K-means 알고리즘이 주어진 데이터 X를 사용하여 군집화를 수행한다. n_clusters 매개변수에 지정된 군집 개수에 따라 데이터 포인트들이 두 개의 군집으로 분류된다. 이후 다양한 메서드를 사용하여 군집화 결과를 분석하거나 시각화할 수 있다.

❺ 클러스터의 중심점과 각 데이터가 어떤 클러스터에 속하는지 확인해 보자.

```
print(kmeans.cluster_centers_)
print(kmeans.labels_)
```

kmeans.cluster_centers_는 K-means 알고리즘을 통해 군집화된 결과로 얻어진 클러스터 중심점을 출력하는 코드로, 각 클러스터의 중심점은 해당 군집에 속하는 데이터들의 평균값으로 계산된다. 출력된 값은 각 클러스터의 중심점 좌표를 나타내며, 클러스터의 개수에 따라 배열의 크기가 달라진다.

kmeans.labels_는 주어진 데이터들이 각각 어떤 클러스터에 속하는지를 나타내는 코드다. 출력된 값은 각 데이터의 클러스터 레이블을 나타내며, 0부터 시작하여 클러스터의 개수보다 작은 값을 가진다. 이를 통해 각 데이터 포인트가 어떤 클러스터에 할당되었는지 확인할 수 있다.

❻ 코드에서 cluster_centers_는 각 클러스터의 중심점을 나타내며 labels_는 각 데이터가 속한 클러스터의 레이블을 나타낸다.

```
[[70.2 74.2]
 [16.8 17. ]]
[1 1 1 1 1 0 0 0 0 0]
```

각 군집의 중심점(Cluster Center)과 데이터 군집 레이블(Cluster Label)을 반환하는 결과를 분석해 보면, "kmeans.cluster_centers_"는 두 개의 군집(클러스터)의 중심점을 나타낸다. 첫 번째 군집의 중심점은 [70.2 74.2]고, 두 번째 군집의 중심점은 [16.8 17.]이 된다. 이 값들은 각 군집의 대표점으로, 해당 군집에 속한 모든 데이터들과의 거리를 최소화하는 지점이다.

"kmeans.labels_"는 데이터 셋 내의 각 데이터들의 군집 레이블을 나타내며 출력된 [1 1 1 1 1 0 0 0 0 0]은 데이터 셋에 대해 2개의 클러스터(군집)로 분류한 결과이다. 총 10개의 데이터가 있어 첫 번째부터 다섯 번째까지는 클러스터 1에 할당되었으며, 나머지 다섯 개의 포인트는 클러스터 0에 할당되었다고 보면 된다.

❼ 이 결과를 군집화 결과로 시각화해 보자.

```
plt.scatter(X[:,0], X[:,1], c=kmeans.labels_, cmap='rainbow')
plt.scatter(kmeans.cluster_centers_[:,0] ,kmeans.cluster_centers_
[:,1], color='black')
plt.xlabel('X')
plt.ylabel('Y')
plt.title('K-Means Clustering Result')
plt.show( )
```

코드는 K-means 알고리즘을 통해 군집화된 결과를 시각화하는 코드로, plt.scatter(X[:,0], X[:,1], c=kmeans.labels_, cmap='rainbow')는 데이터를 산점도로 표시하는 부분이다. X[:,0]는 X 좌표 값, X[:,1]은 Y 좌표값으로 데이터들의 위치를 나타낸다. c=kmeans.labels_는 각 데이터에 할당된 클러스터 레이블에 따라 색상을 지정하는 부분이다. cmap='rainbow'는 색상맵을 지정하여 클러스터를 구분하기 위해 사용된다.

즉, c=kmeans.labels_는 각 데이터가 속한 클러스터에 따라 색상을 다르게 표시하도록 한다.

plt.scatter(kmeans.cluster_centers_[:,0], kmeans.cluster_centers_[:,1], color='black')는 클러스터 중심점을 검은색으로 표시하는 부분이다. kmeans.cluster_centers_[:,0]은 클러스터 중심점들의 X 좌표 값, kmeans.cluster_centers_[:,1]은 Y 좌표값으로 클러스터 중심점들의 위치를 나타낸다. plt.

xlabel('X'), plt.ylabel('Y')는 X축과 Y축에 레이블을 설정하는 부분이며, plt.title('K-Means Clustering Result')는 그래프의 제목을 설정하는 부분, 마지막으로 plt.show()는 그래프를 보여 주는 부분이다.

이에 따른 결과는 다음 그림과 같이 나타난다.

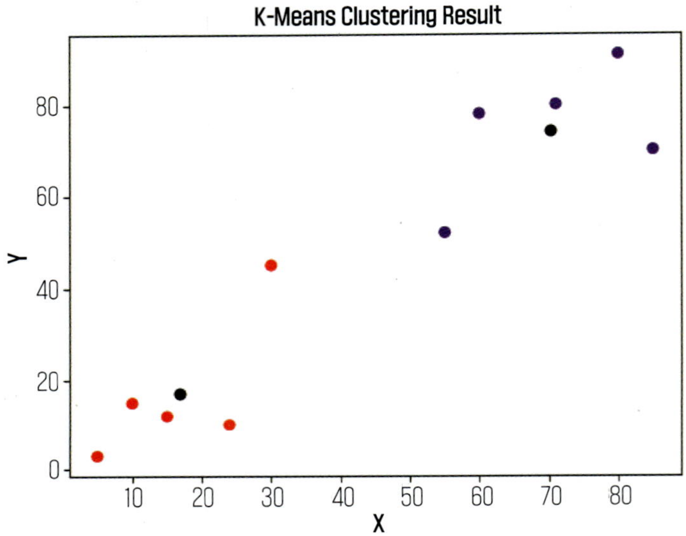

그림 10-2. 데이터 셋 시각화 결과

이를 통해 K-means 알고리즘을 통해 얻어진 군집화 결과와 클러스터 중심점을 시각화하여 확인할 수 있다.

실습 예제

K-means 군집 알고리즘 전체 코드

```
# k-means 알고리즘
import numpy as np
import matplotlib.pyplot as plt
from sklearn.cluster import KMeans
```

```
# 데이터 셋을 생성(2차원)
X = np.array([[5,3], [10,15], [15,12], [24,10], [30,45], [85,70],
[71,80], [60,78], [55,52], [80,91]])

# 데이터 셋 시각화
plt.scatter(X[:,0], X[:,1], label='True Position')
plt.xlabel('X')
plt.ylabel('Y')
plt.title('Dataset')
plt.show()

# K-Means 모델을 생성, 클러스터 (k)=2 즉, 2개의 군집으로 데이터를 나누겠다는 의미
kmeans = KMeans(n_clusters=2)
kmeans.fit(X)

# 클러스터의 중심점과 각 데이터 포인트가 어떤 클러스터에 속하는지 확인
print(kmeans.cluster_centers_)
print(kmeans.labels_)

# 군집화 시각화
plt.scatter(X[:,0], X[:,1], c=kmeans.labels_, cmap='rainbow')
plt.scatter(kmeans.cluster_centers_[:,0] ,kmeans.cluster_centers_
[:,1], color='black')
plt.xlabel('X')
plt.ylabel('Y')
plt.title('K-Means Clustering Result')
plt.show()
```

이 코드는 앞에서 하나씩 설명한 K-means 군집 알고리즘을 사용하여 데이터를 군집화하는 전체 코드이다. 이 코드들은 다음과 같은 과정으로 기능을 수행한다.

1. 주어진 데이터 셋을 생성한다. X배열은 2차원으로 이루어진 데이터 포인트들을 가지고 있다.
2. 생성한 데이터 셋을 산점도로 시각화한다. 각 데이터 포인트는 X축과 Y축 좌표에 대응하여 표시되며, label='True Position'은 범례에 해당 데이터 셋의 이름을 나타낸다.
3. K-means 모델을 생성한다. KMeans(n_clusters=2)는 클러스터 개수(k)를 2로 설정하여 모델을 초기화한다.
4. 생성한 모델을 주어진 데이터 셋에 대해 적합(fit)시킨다. 모델은 주어진 데이터를 군집화하여 각 데이터 포인트에 클러스터 레이블을 할당한다.
5. print(kmeans.cluster_centers_)는 각 클러스터의 중심점 좌표 출력, print(kmeans.labels_)는 각 데이터 포인트의 할당된 클러스터 레이블을 출력한다.
6. 군집화 결과를 시각화한다. 데이터 포인트는 할당된 클러스터 레이블에 따라 색상을 다르게 표시되며, cmap='rainbow'는 색상맵을 지정하여 각 클러스터를 구분한다. 또한, 클러스터의 중심점은 검은색으로 표시된다.
7. 그래프에 X축과 Y축에 레이블을 추가하고, 그래프의 제목을 설정한다.
8. 시각화된 그래프를 출력한다.

이를 통해 데이터 셋을 K-means 알고리즘을 사용하여 군집화하고, 군집화 결과를 시각화하여 확인할 수 있다.

덴드로그램

군집 모델인 덴드로그램(Hierarchical Clustering)은 트리 구조를 사용하여 데이터를 계층적으로 그룹화하는데, 이 방법은 데이터가 구조화되어 있는 경우에 효과적이다. 즉, 전체 데이터를 여러 개의 작은 군집으로 나누어 가는 방식의 알고리즘이다. 덴드로그램은 각 단계에서 가장 가까운 군집을 합치며, 가장 큰 군집에서 시작하여 단일 데이터까지 묶어가면서 군집을 형성한다. 이러한 과정에서 덴드로그램은 나무 모양의 그래프를 그려 군집을 시각화할 수 있다.

덴드로그램은 일반적으로 세로축에 개체나 군집(Cluster)을 나타내고, 가로축에 거리(Distance)를 나타내며, 각 개체나 군집을 수직선으로 연결한다. 또한, 가로축에서 거리가 가장 멀리 떨어진 두 개체나 군집을 가장 먼저 묶어 나가기 때문에 수직선의 길이는 개체나 군집 간의 거리를 나타낸다.

덴드로그램은 주로 클러스터링 결과를 시각화할 때 사용되며, 클러스터의 개수를 결정하는 데 도움을 준다. 덴드로그램에서 수평선을 그어서 개체나 군집을 나누면 클러스터의 개수가 결정된다. 이때 수평선을 그어 군집의 개수를 결정하기 위해 먼저 가장 긴 수직선과 수평선이 만나는 지점을 찾는다. 이 지점에서 수직선을 따라 내려가면서 다른 수평선을 만나게 되는데, 그 중에서도 가장 긴 수평선을 선택하여 군집의 개수를 결정하게 된다. 예를 들어, 수평선을 그어서 3개의 클러스터로 나눌 수 있다면, 클러스터의 개수를 3개로 결정할 수 있다.

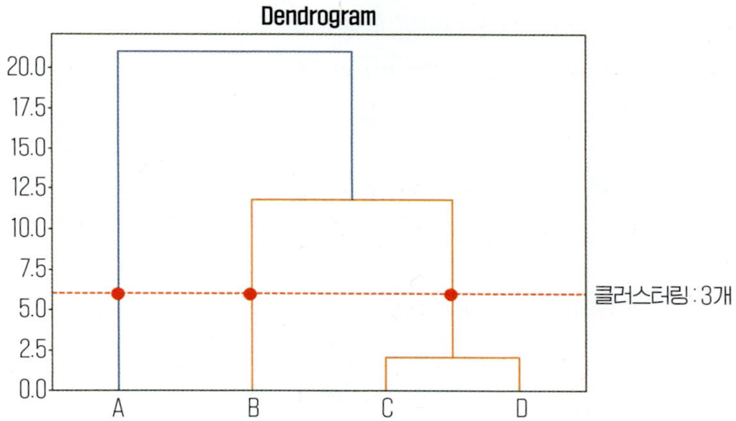

그림 10-3. 클러스터가 3개인 덴드로그램

예시를 통해 이 과정을 적용하면서 원리를 이해해 보자.

❶ 필요한 패키지를 import 한다.

```
import scipy.cluster.hierarchy as shc
import matplotlib.pyplot as plt
from sklearn.datasets import make_blobs
```

scipy.cluster.hierarchy는 계층적 군집화를 수행할 때 사용되는 패키지이고, matplotlib.pyplot은 데이터 시각화를 위해 사용되는 패키지이며, sklearn.datasets는 사이킷런에서 제공하는 데이터 셋을 불러오는 패키지이다.

이때 scikit-learn의 make_blobs 함수는 가상의 데이터 셋을 생성하는 함수로, 지정한 개수의 클러스터(군집)와 각 클러스터의 중심과 표준 편차를 지정하여 가상 데이터를 생성한다.

❷ n_samples를 '4', centers를 '2'로 설정하여 총 4개의 샘플 데이터를 생성하고, 2개의 클러스터 중심점을 기반으로 샘플 데이터가 생성되도록 한다.

```
# 데이터 생성
labelList = ['A', 'C', 'B', 'D']
X, y = make_blobs(n_samples=4, centers=2, random_state=42)
```

이 코드에서 n_samples는 샘플 수이고, cneters는 클러스터의 수를 의미한다. y는 저장값이다.

❸ ❷에서 생성한 데이터 셋 X에 대한 덴드로그램을 생성한다.

```
# 덴드로그램 생성
plt.figure(figsize=(10, 7))
plt.title("Dendrogram")
linked = shc.linkage(X, method='ward')
dend = shc.dendrogram(linked,
            orientation='top',
            labels=labelList)
```

이 코드는 덴드로그램(Dendrogram)을 생성하는 코드로 덴드로그램을 생성할 그림(figure)의 크기(가로 길이 10, 세로 길이 7)를 설정한다. 그림의 제목은 "Dendrogram"으로 설정한다. shc.linkage(X, method='ward')는 주어진 데이터 셋 X를 사용하여 계층적 군집화를 수행하고, 군집 간의 거리를 계산한다. 이때 method='ward'는 거리를 계산하는 방법 중 하나인 워드 방법(Ward's method)을 사용한다. shc.dendrogram(linked, orientation='top', labels=labelList)는 계층적 군집화 결과를 사용하여 덴드로그램을 생성한다. linked는 군집 간의 거리 정보를 가지고 있는 링크드(linked) 배열이다. orientation='top'은 덴드로그램을 상단부터 그린다는 의미이다. labels=labelList는 데이터 포인트에 대한 레이블을 설정한다.

❹ shc.linkage는 생성된 샘플 데이터를 이용하여 계층적 클러스터링을 수행한다. 이때 method는 클러스터 간 거리를 측정하는 방식을 지정하는 것으로 다음과 같은 값들을 쓸 수 있다. 참고로 기본값은 method='single'이다.

- **single** : 가장 가까운 두 데이터 포인트 사이의 거리를 이용하여 linkage를 계산한다.
- **complete** : 가장 먼 두 데이터 포인트 사이의 거리를 이용하여 linkage를 계산한다.
- **average** : 모든 데이터 포인트 쌍 사이의 평균 거리를 이용하여 linkage를 계산한다.
- **weighted** : 가장 가까운 두 데이터 포인트 사이의 거리에 따라 각 linkage를 가중평균하여 linkage를 계산한다.
- **centroid** : 군집의 중심점을 이용하여 linkage를 계산한다.
- **median** : 군집의 중앙값을 이용하여 linkage를 계산한다.
- **ward** : 군집 내의 분산과 군집 간 분산의 합을 최소화하는 linkage를 계산한다.

예시 코드에서는 method를 ward로 선정해 클러스터간 제곱 오차합을 최소화하도록 했다. 이를 통해 클러스터 간의 거리를 계산하고, 연결 정보를 반환한다.

❺ shc.dendrogram: shc.linkage 함수를 통해 생성된 연결 정보를 이용하여 덴드로그램을 시각화한다. 이때 orientation은 덴드로그램을 수직 또는 수평으로 표시할지를 결정하며, 기본값은 'top'으로 수직 방향으로 그린다. 그 외에도 'left', 'right', 'bottom'으로 설정할 수 있다. labels 인자로는 생성된 샘플 데이터의 레이블을 지정한다.

```
# 수평선 그리기
plt.axhline(y=6, color='r', linestyle='--')
plt.show( )
```

덴드로그램 생성 후, plt.axhline 함수를 사용하여 클러스터링을 수행할 임계값을 지정하여 수평선을 그린다. 여기서는 y 값이 6인 위치에 빨간색 점선의 수평선을 그리고 있다. 이 수평선은 덴드로그램에서 두 개의 군집으로 분리되는 지점을 나타내며, 이 지점보다 아래쪽에 있는 덴드로그램 상의 모든 군집들은 분리되지 않고 하나의 군집으로 남게 된다. 이 수평선의 위치는 분석자의 판단에 따라 적절한 값을 선택할 수 있다. 이에 따른 결과는 다음과 같다.

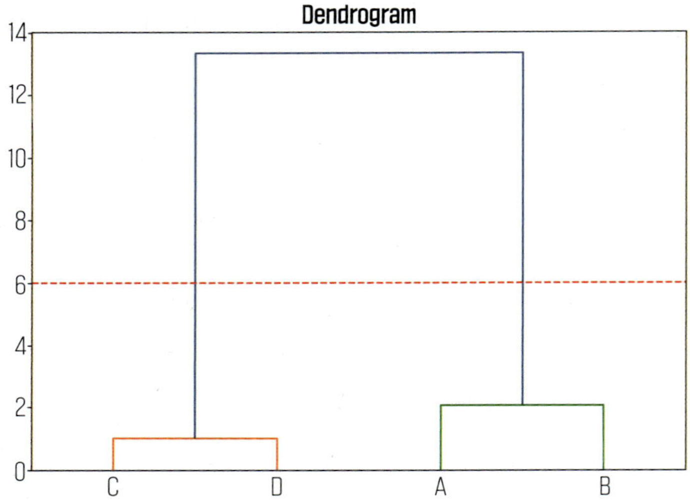

그림 10-4. 샘플 수가 4개, 클러스터가 2개인 덴드로그램 결과

전체 코드는 다음과 같다.

실습 예제

덴드로그램 전체 코드

```
import scipy.cluster.hierarchy as shc
import matplotlib.pyplot as plt
from sklearn.datasets import make_blobs

# 데이터 생성
labelList = ['A', 'C', 'B', 'D']
X, y = make_blobs(n_samples=4, centers=2, random_state=42)
```

```python
# 덴드로그램 생성
plt.figure(figsize=(10, 7))
plt.title("Dendrogram")
linked = shc.linkage(X, method='ward')
dend = shc.dendrogram(linked, orientation='top', labels=labelList)

# 수평선 그리기
plt.axhline(y=6, color='r', linestyle='--')
plt.show()
```

주어진 데이터를 이용하여 덴드로그램을 생성하는 전체 코드는 다음과 같은 과정을 통해 수행된다.

1. 필요한 라이브러리를 import한다. import scipy.cluster.hierarchy as shc는 계층적 군집화 관련 기능을 제공하는 SciPy의 scipy.cluster.hierarchy 모듈을 import한다. import matplotlib.pyplot as plt는 그래프를 그리기 위한 Matplotlib의 pyplot 모듈을 import한다. from sklearn.datasets import make_blobs는 데이터 셋을 생성하기 위한 Scikit-learn의 make_blobs 함수를 import 한다.
2. 데이터 셋을 생성한다. 이때 make_blobs 함수를 사용하여 4개의 데이터 포인트와 2개의 중심을 가진 데이터 셋을 생성한다. X는 데이터 포인트의 좌표를 담은 배열이고, y는 각 데이터 포인트의 레이블(군집)을 담은 배열이다.
3. 덴드로그램을 생성할 그림(figure)의 크기를 가로 길이가 10, 세로 길이가 7인 그림을 설정한다.
4. 그림에 제목("Dendrogram")을 설정한다.
5. shc.linkage(X, method='ward')는 주어진 데이터 셋 X를 사용하여 계층적 군집화를 수행하고, 군집 간의 거리를 계산한다. 이때 method='ward'는 거리를 계산하는 방법 중 하나인 워드 방법(Ward's method)을 사용한다.
6. shc.dendrogram(linked, orientation='top', labels=labelList)는 계층적 군집화 결과를 사용하여 덴드로그램을 생성한다. linked는 군집 간의 거리 정보를 가지고 있는 링크드(linked) 배열이다. orientation='top'은 덴드로그램을 상단부터 그린다는 의미이다. labels=labelList는 데이터 포인트에 대한 레이블을 설정한다.

7. plt.axhline(y=6, color='r', linestyle='--')는 y축 값을 6으로 하는 수평선을 그린다. 이를 통해 덴드로그램에서의 군집화 수준을 나타낼 수 있다.

8. 그림을 화면에 출력한다.

이를 통해 주어진 데이터 셋을 사용하여 계층적 군집화를 수행하고, 그 결과를 덴드로그램으로 시각화하고 수평선을 추가하여 군집화 수준을 표시할 수 있다.

3 〉 군집 모델 구축 및 학습

이번에는 이전에 다루었던 방법들과는 다르게 머신러닝 중에서도 유명하면서 대표적인 iris(붓꽃) 데이터 셋을 MySQL Workbench에 직접 삽입하여 데이터베이스를 구축하고 SQL 쿼리문을 이용하여 입력된 데이터를 불러온다. 그다음 K-means 알고리즘을 적용하여 군집화 모델을 수행하고, 마지막으로 군집 평가를 위해 실루엣 계수를 사용하여 군집화 모델의 성능을 평가해 보자.

3.1 MySQL 데이터베이스 연결 및 테이블 생성, 데이터 삽입

load_iris 함수는 scikit-learn 패키지에서 제공하는 붓꽃(iris) 데이터 셋을 읽어오는 함수로 이를 이용해 우선 데이터를 읽어오자. 이 데이터 셋은 총 150개의 샘플이 있으며, 각 샘플마다 4개의 특성(feature)인 꽃받침 길이, 꽃받침 폭, 꽃잎 길이, 꽃잎 폭과 1개의 타겟(target) 클래스로 구성되어 있다. 이 데이터를 저장할 수 있는 mytable라는 데이터베이스에 새로운 테이블(iris)을 생성한다.

데이터베이스 연결

먼저 필요한 패키지를 import 한다.

```
import pymysql
from sklearn.datasets import load_iris
from sklearn.cluster import KMeans
from sklearn.metrics import silhouette_score
```

pymysql은 파이썬에서 MySQL 데이터베이스를 연결하고 사용하기 위한 라이브러리이며, load_iris는 scikit-learn 라이브러리에서 제공하는 대표적인 데이터 셋 중 하나인 iris(붓꽃) 데이터 셋을 로드하기 위한 함수이다. 또한 KMeans는 scikit-learn 라이브러리에서 제공하는 K-means 군집화 알고리즘 클래스이다. 마지막으로 silhouette_score는 군집화 결과를 평가하기 위한 지표 중 하나인 실루엣 계수(silhouette score)를 계산하기 위한 함수이다.

이렇게 필요한 패키지를 import 했다면 다음으로 데이터를 불러오자.

```
# 데이터 불러오기
iris = load_iris( )
```

iris(붓꽃) 데이터 셋을 불러왔다면 이번에는 MySQL 데이터베이스와 연동하고 새로운 테이블을 생성해 보자.

```
# MySQL 데이터베이스 연결
con=pymysql.connect(
        host="127.0.0.1",
        port=3306,
        user="root",
        password="1234",
        db="mytable",
        charset="utf8mb4")
cursor=con.cursor(pymysql.cursors.DictCursor)
mycursor = con.cursor( )
```

테이블 생성

기존에는 직접 MySQL Workbench에서 작업하거나 CSV 파일 등을 읽어 들였다면 이번에는 직접 파이썬 코드를 이용해 연결해 보자.

```
# 테이블 생성
mycursor.execute('CREATE TABLE iris(id INT AUTO_INCREMENT PRIMARY KEY, sepal_length FLOAT, sepal_width FLOAT, petal_length FLOAT, petal_width FLOAT, species VARCHAR(255))')
```

SQL 쿼리문은 iris 데이터 셋을 저장할 MySQL 테이블을 생성하는 구문으로 다음과 같은 내용을 담고 있다. "CREATE TABLE"은 새로운 테이블을 생성하는 명령어로 "iris"라는 새로 생성할 테이블의 이름을 생성하게 한다.

다음으로 (id INT AUTO_INCREMENT PRIMARY KEY, sepal_length FLOAT, sepal_width FLOAT, petal_length FLOAT, petal_width FLOAT, species VARCHAR(255))는 테이블 내에 생성할 각 열(column)에 대한 정보이다. 정보는 다음과 같은 내용을 담고 있다.

- **id** : 행(row)을 구분하기 위한 고유한 식별자로 사용할 열(column)
- **INT** : 자료형으로 정수값을 저장
- **AUTO_INCREMENT** : 키워드를 사용하여 자동으로 값이 증가하도록 설정
- **PRIMARY KEY** : 제약조건으로 설정하여 중복된 값을 가질 수 없음
- **sepal_length, sepal_width, petal_length, petal_width** : 붓꽃의 꽃받침(sepal)과 꽃잎(petal)의 길이와 너비를 저장하기 위한 열(column)
- **FLOAT** : 자료형으로 실수값을 저장
- **species** : 붓꽃의 종(species)을 저장하기 위한 열(column), VARCHAR(255) 자료형으로 최대 255자까지 문자열을 저장

데이터 삽입

다음으로 iris 데이터 셋을 MySQL 데이터베이스의 iris 테이블에 삽입해 보자. 이를 위해 sql이라는 변수에 MySQL의 INSERT INTO 문법을 활용하여 쿼리문을 작성해 보자. 각 데이터의 첫 번째부터 네 번째 인덱스는 sepal_length, sepal_width, petal_length, petal_width 열에 대응되며, 마지막 인덱스는 species 열에 대응된다.

```
# 데이터 삽입
for i in range(len(iris.data)):
    sql = f"INSERT INTO iris(sepal_length, sepal_width, petal_length, 
    petal_width, species) VALUES({iris.data[i][0]}, {iris.data[i][1]}, 
    {iris.data[i][2]}, {iris.data[i][3]}, '{iris.target_names [iris.
    target[i]]}')"
    mycursor.execute(sql)
```

iris.target_names[iris.target[i]]를 보면 iris.target 배열은 0, 1, 2와 같은 정수 형태의 라벨을 갖고 있으며, 이는 iris.target_names 배열의 문자열 라벨과 매칭한다. 즉, iris.target[i]는 i 번째 샘플의 라벨을 가져오고, iris.target_names[iris.target[i]]는 해당 라벨에 해당하는 문자열 라벨을 가져오는 것이다. 이후 SQL 쿼리문에서 문자열 라벨을 VALUES에 포함시켜 데이터베이스에 삽입한다.

mycursor.execute(sql)는 MySQL 쿼리문을 실행하는 함수로 인자로 입력된 sql 변수에 저장된 쿼리문을 실행하여 데이터베이스에 새로운 데이터를 삽입한다. 즉, MySQL 데이터베이스에 새로운 레코드를 추가하기 위해 실행되는 함수이다.

그다음 현재까지의 모든 데이터베이스 작업을 저장한다. 이를 위해 다음과 같이 작성한다.

```
con.commit( )
```

con.commit()은 현재까지의 모든 데이터베이스 작업을 저장하는 역할을 한다. 데이터베이스에 대한 작업(추가, 수정, 삭제 등)을 수행하면 해당 작업은 즉시 데이터베이스에 적용되지 않는 대신 작업이 일시적으로 메모리에 유지된다. commit() 메서드를 호출하면 모든 작업이 데이터베이스에 적용되고, 변경 내용이 모두 저장된다.

3.2 데이터 불러오기

MySQL Workbench에서 다음과 같이 데이터베이스 안에 테이블이 생성되고 데이터들이 저장된 내용을 확인할 수 있다.

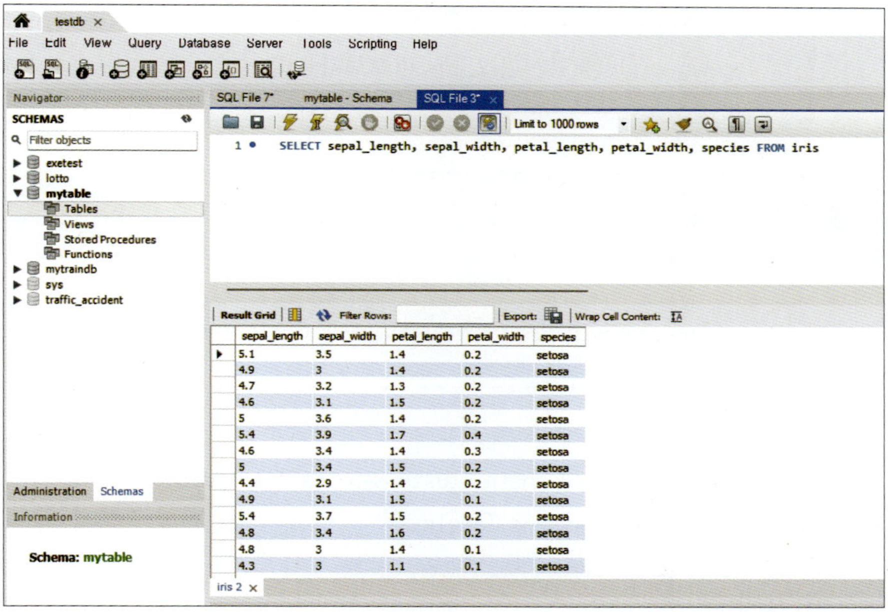

그림 10-5. MySQL Workbench에 생성된 iris 데이터

실제 이 데이터들을 불러오자.

```
# 데이터 불러오기
mycursor.execute('SELECT sepal_length, sepal_width, petal_length,
petal_width FROM iris')
results = mycursor.fetchall()
X = []
for row in results:
  X.append(list(row))
```

이 코드는 iris 테이블에서 sepal_length, sepal_width, petal_length, petal_width라는 4개의 컬럼 데이터를 가져와서 X 리스트에 저장하는 코드이다.

우선 mycursor 객체의 execute 메서드를 사용하여 SELECT 쿼리문을 실행하고 fetchall 메서드를 통해 results 변수에 결과를 저장한다. 그리고 X 리스트를 초기화한 후, results의 각 행(row)을 리스트로 변환하여 X에 추가한다. 이렇게 하면 X는 iris(붓꽃) 데이터 셋의 4가지 속성(sepal_length, sepal_width, petal_length, petal_width)을 가지는 2차원 리스트가 된다.

3.3 모델 학습 및 성능 평가

K-means 알고리즘 적용을 통해 모델을 학습한다.

```
# K-means 알고리즘 적용
kmeans = KMeans(n_clusters=3, random_state=0).fit(X)
labels = kmeans.labels_
```

이 코드는 K-means 클러스터링 알고리즘을 학습하는 과정으로, 먼저 KMeans 함수를 사용하여 클러스터링 모델을 생성한다. 이때 'n_clusters' 파라미터를 이용하여 클러스터의 개수를 지정할 수 있다. 여기서는 3개의 클러스터를 생성하는 예시로 'n_clusters=3'으로 지정했다.

그다음 'fit()' 메서드는 머신러닝 모델을 학습한다. 이는 메서드로 입력 데이터에 대한 학습을 수행하고 모델 파라미터를 조정한다.

'labels_' 속성을 사용하여 적합된 클러스터링 모델에서 데이터 포인트의 클러스터 레이블을 얻는다. 이 레이블은 각 데이터가 속한 클러스터 번호이다. 이를 통해 각 데이터가 어떤 클러서터에 속하는지 나타내는 것이다.

실행 결과는 다음과 같다.

```
[1 1 1 1 1 1 1 1 1 1 1 1 1 1 1 1 1 1 1 1 1 1 1 1 1 1 1 1 1 1 1 1 1 1 1 1 1
 1 1 1 1 1 1 1 1 1 1 1 1 1 0 0 2 0 0 0 0 0 0 0 0 0 0 0 0 0 0 0 0 0 0 0 0 0
 0 0 0 2 0 0 0 0 0 0 0 0 0 0 0 0 0 0 0 0 0 0 0 0 0 0 2 0 2 2 2 2 0 2 2 2 2
 2 2 0 0 2 2 2 2 0 2 0 2 0 2 2 0 0 2 2 2 2 2 0 2 2 2 2 0 2 2 2 0 2 2 2 0 2
 2 0]
```

이는 k-means 알고리즘을 통해 붓꽃 데이터를 군집화한 결과를 출력한 것으로, 군집화 결과는 각 데이터가 속한 군집의 레이블을 나타내는 1차원 배열로 출력된다. 위 결과에서는 3개의 군집을 형성하였으며, 각 데이터는 각 군집의 레이블로 분류된다. 예를 들어, 첫 번째 데이터는 레이블 1로 분류, 두 번째 데이터도 마찬가지로 레이블 1로 분류되는 것이다. 이와 같은 방식으로 모든 데이터가 각각의 군집 레이블로 분류된다.

마지막으로 군집 모델의 성능을 평가해 보자. 이를 위해서는 실루엣 평가(Silhouette Score)를 통해 나타내야 한다. 실루엣 평가(Silhouette Score)란 클러스터링의 품질을 측정하는 방법 중 하나로 각 데이터의 군집 내부 응집도(Cohesion)와 군집 간 분리도(Separation)를 계산하여 측정한다.

잠깐만요

- **군집 내부 응집도(Cohesion)** : 같은 클러스터 내의 다른 모든 포인트까지의 평균 거리를 계산
- **군집 간 분리도(Separation)** : 다른 클러스터의 모든 포인트까지의 평균 거리를 계산

실루엣 평가(Silhouette Coefficient)는 −1에서 1 사이의 값을 가지며, 1에 가까울수록 군집화가 잘 되었다고 판단한다. 만약 실루엣 계수가 음수라면 해당 데이터 포인트가 잘못된 군집에 속해있다는 것을 의미한다. 따라서 실루엣 계수가 높을수록 좋은 군집화 결과를 얻을 수 있다고 볼 수 있다.

실루엣 평가는 각 데이터의 군집 내부 응집도(Cohesion)와 군집 간 분리도(Separation)를 계산하여 측정한다. 예를 들어, 각 데이터 i에 대해 다음과 같이 계산된다.

먼저, i를 제외한 군집 내 모든 데이터 포인트와의 거리 평균을 계산하여 군집 내 응집도(Cohesion) a(i)를 구한다. 그리고 i와 가장 가까운 군집의 모든 데이터 포인트와의 거리 평균을 계산하여 군집 간 분리도(Separation) b(i)를 구한다. 이후 실루엣 계수 s(i)는 b(i)와 a(i) 중 큰 값에서 작은 값을 뺀 후, 큰 값으로 나누어 구한다.

이를 식으로 표현하면 다음과 같다.

$$SC(i) = \frac{b(i) - a(i)}{\max(b(i), a(i))}$$

i는 군집 내 데이터를 의미하며, a(i)는 해당 데이터와 같은 군집 내의 모든 다른 데이터 간 거리의 평균인 군집 내부 응집도(Cohesion), b(i)는 해당 데이터 포인트와 다른 군집 간의 거리의 평균 중 가장 가까운 군집과의 거리인 군집 간 분리도(Separation)를 나타낸다.

SC(i)는 해당 데이터가 속한 군집의 응집도와 그 다른 군집과의 분리도를 비교하여 평가한다. 이때, 값이 1에 가까울수록 해당 데이터는 잘 분류된 것으로 간주된다.

그러므로 앞서 K-means 알고리즘 적용하여 학습한 모델의 성능을 평가하기 위해 실루엣 평가를 하고 이에 따른 결과를 확인해 보자.

```
# 군집 평가 - 실루엣 평가
silhouette_avg = silhouette_score(X, labels)
print(f"Silhouette Score: {silhouette_avg:.3f}")
```

이 코드는 scikit-learn 라이브러리를 사용하여 K-means 클러스터링 결과에 대한 실루엣 평가를 통해 성능 평가를 계산한다. 이때, 'X'는 클러스터링할 데이터를 나타내며, 'labels'는 각 데이터가 속한 클러스터의 레이블을 나타내는 배열이다.

실루엣 평가를 수행하는 과정은 다음과 같다.

1. 각 데이터 포인트 i에 대해 다음을 계산한다.
   - **a(i)** : 같은 클러스터 내의 모든 다른 데이터 포인트와의 평균 거리
   - **b(i)** : 가장 가까운 다른 클러스터 내의 모든 데이터 포인트와의 평균 거리

$$S(i) = \frac{b(i) - a(i)}{\max(b(i), a(i))}$$

2. 모든 데이터 포인트의 s(i) 값의 평균을 계산한다. 이 값이 실루엣 평가이다.

위 코드에서는 scikit-learn 라이브러리에서 제공하는 silhouette_score 함수를 사용하여 실루엣 평가 수행 1단계와 2단계를 모두 수행한다. silhouette_score 함수는 X와 labels를 인자로 받아서 각 데이터 포인트의 s(i) 값을 계산하고, 이 값들의 평균을 계산하여 실루엣 평가를 보여 준다.

실행 결과는 다음과 같다.

```
Silhouette Score: 0.553
```

실루엣 평가 결과, 이 데이터 셋에서 k=3일 때 실루엣 스코어는 '0.553'으로 나타났다. 일반적으로 실루엣 스코어가 0.5 이상일 경우 괜찮은 군집화 결과로 판단한다. 따라서 이 경우에도 어느 정도 좋은 군집화 결과를 얻었다고 볼 수 있다.

실습 예제

iris(붓꽃) 데이터 K-means 모델 학습 및 평가 전체 코드

```
import pymysql
from sklearn.datasets import load_iris
from sklearn.cluster import KMeans
from sklearn.metrics import silhouette_score

# 데이터 불러오기
iris = load_iris()
```

```
# MySQL 데이터베이스 연결
con=pymysql.connect(
          host="127.0.0.1",
          port=3306,
          user="root",
          password="1234",
          db="mytable",
          charset="utf8mb4")

cursor=con.cursor(pymysql.cursors.DictCursor)

mycursor = con.cursor()

# 테이블 생성
mycursor.execute('CREATE TABLE iris(id INT AUTO_INCREMENT PRIMARY
 KEY, sepal_length FLOAT, sepal_width FLOAT, petal_length FLOAT,
 petal_width FLOAT, species VARCHAR(255))')

# 데이터 삽입
for i in range(len(iris.data)):
   sql = f"INSERT INTO iris(sepal_length, sepal_width, petal_length,
   petal_width, species) VALUES({iris.data[i][0]}, {iris.data[i][1]},
   {iris.data[i][2]}, {iris.data[i][3]}, '{iris.target_names[iris.
   target[i]]}')"
   mycursor.execute(sql)

con.commit()

# 데이터 불러오기
mycursor.execute('SELECT sepal_length, sepal_width, petal_length, petal
_width FROM iris')
results = mycursor.fetchall()
```

```python
X = []

for row in results:
    X.append(list(row))

# K-means 알고리즘 적용(학습)
kmeans = KMeans(n_clusters=3, random_state=0).fit(X)
labels = kmeans.labels_
print(labels)

# 군집 평가 - 실루엣 평가
silhouette_avg = silhouette_score(X, labels)
print(f"Silhouette Score: {silhouette_avg:.3f}")
```

위 코드는 MySQL 데이터베이스와 Scikit-learn의 K-means 알고리즘을 사용하여 Iris 데이터 셋을 클러스터링하고, 군집 평가를 수행하는 전체 코드로 다음과 같은 과정으로 진행된다.

1. 필요한 라이브러리를 Import한다. import pymysql은 MySQL 데이터베이스 연결을 위한 PyMySQL 라이브러리를, from sklearn.datasets import load_iris는 Iris 데이터 셋을 불러오기 위한 Scikit-learn의 load_iris 함수를, from sklearn.cluster import KMeans는 K-means 알고리즘을 사용하기 위한 Scikit-learn의 KMeans 클래스를 Import 한다. from sklearn.metrics import silhouette_score는 실루엣 평가를 위한 Scikit-learn의 silhouette_score 함수를 import 한다.
2. iris 데이터 셋을 불러온다. 이때 iris = load_iris()는 iris 데이터 셋을 불러와 iris 변수에 저장한다.
3. MySQL 데이터베이스에 연결한다. pymysql.connect 함수를 사용하여 MySQL 데이터베이스에 연결한다. 이때 호스트, 포트, 사용자 이름, 비밀번호, 데이터베이스 이름, 문자셋을 지정하고, 연결된 데이터베이스와 커서를 con과 cursor 변수에 저장한다.
4. MySQL 테이블을 생성한다. mycursor.execute('CREATE TABLE iris (id INT AUTO_INCREMENT PRIMARY KEY, sepal_length FLOAT, sepal_width FLOAT, petal_length FLOAT, petal_width FLOAT, species VARCHAR(255))')는 MySQL 쿼리를 사용하여 iris 테이블을 생성한다. 테이블은 id와 각각의 꽃의 속성인 sepal_length, sepal_width, petal_length, petal_width, species 열로 구성된다.

5. iris 데이터를 테이블에 삽입한다. 반복문을 사용하여 iris 데이터 셋의 각 데이터를 SQL INSERT 문을 사용하여 iris 테이블에 삽입한다.
6. 테이블에서 데이터를 불러온다. mycursor.execute('SELECT sepal_length, sepal_width, petal_length, petal_width FROM iris')는 SQL SELECT 문을 사용하여 iris 테이블에서 sepal_length, sepal_width, petal_length, petal_width 열의 데이터를 가져온다. mycursor.fetchall()은 결과를 가져온다.
7. 데이터를 적절한 형식으로 변환한다. 반복문을 사용하여 불러온 데이터를 리스트 형태로 변환하고, X 리스트에 추가한다.
8. K-means 알고리즘을 적용하여 데이터를 클러스터링한다. KMeans(n_clusters=3, random_state=0).fit(X)는 K-means 알고리즘을 생성하고 데이터 X를 사용하여 학습한다. n_clusters=3은 클러스터의 개수를 3으로 설정한다. 이때, random_state=0은 알고리즘의 랜덤 시드를 설정하여 재현 가능한 결과를 얻기 위한 것이다.
9. 군집 결과를 출력한다. kmeans.labels_는 각 데이터 포인트에 할당된 클러스터 레이블을 나타내는 배열이다. 이를 출력하여 각 데이터 포인트가 속한 클러스터를 확인할 수 있다.
10. 군집 평가를 수행한다. silhouette_score(X, labels)는 실루엣 평가를 계산한다. X는 데이터 포인트의 특성을 나타내는 배열이고, labels는 각 데이터 포인트에 할당된 클러스터 레이블을 나타내는 배열이다. 이를 사용하여 실루엣 스코어를 계산하고 출력한다. 이때 실루엣 스코어는 클러스터링 결과의 일관성을 평가하는 지표로서, 높을수록 좋은 클러스터링 결과를 의미한다.

MySQL 데이터베이스에 Iris 데이터 셋을 저장하고, K-means 알고리즘을 사용하여 클러스터링하며 실루엣 평가를 수행하는 과정을 보여 준다.

연습 문제

연습 01 군집 모델에 대해 설명해 보자.

연습 02 유사도를 측정하는 3가지 방식에 대해 설명해 보자.

연습 03 K-means 알고리즘에 대해 설명해 보자.

연습 04 덴드로그램에 대해 설명해 보자.

연습 문제

연습 05

실루엣 평가에 대해 설명해 보자.

연습 06

'https://archive.ics.uci.edu/ml/machine-learning-databases/00468/online_shoppers_intention.csv'에서 데이터를 다운로드하여 직접 mysql work bench에 저장하고 SQL 쿼리문을 이용해 데이터를 불러와서 K-means 모델로 학습시킨 다음 이에 따른 실루엣 평가까지 출력하는 코드를 작성해 보자.

〈데이터 불러오는 방법〉

```
import pymysql
import pandas as pd

# 데이터 불러오기 (1)
df = pd.read_csv('https://archive.ics.uci.edu/ml/machine-learning-databases/00468/online_shoppers_intention.csv')

# 데이터 불러오기 (2)
url = 'https://archive.ics.uci.edu/ml/machine-learning-databases/00468/online_shoppers_intention.csv'
df = pd.read_csv(url)
```

| 11장 |

파이썬과 웹 서비스

학습 목표

- 웹 서비스의 원리를 이해하고 이에 대해 설명한다.
- MySQL Workbench에 저장된 데이터를 기반으로 SQL 쿼리문을 이용해 데이터를 부른다.
- Flask를 이용해 간단한 웹 서비스 연동을 구현해 본다.

1 〉 웹 서비스

웹 서비스의 개념을 알아보고, MySQL Workbench를 이용하여 웹 서비스를 간단하게 연동하는 방법을 배워보자.

1.1 웹 서비스 개념

웹 서비스(Web Service)는 인터넷 상에서 컴퓨터나 다른 장치들이 HTTP 프로토콜을 통해 상호작용하고 정보를 교환할 수 있는 소프트웨어 시스템이다.

웹 서비스는 클라이언트-서버 구조를 따르며, 서버는 특정한 기능을 수행하는 API(Application Programming Interface)를 제공하며, 클라이언트가 해당 API를 호출하여 원하는 기능을 수행하고, 서버는 그 결과를 반환한다.

일반적으로 웹 서비스는 특정한 기능을 수행하기 위한 API 엔드포인트를 제공하는데, 이때, 클라이언트는 웹 브라우저, 모바일 애플리케이션 등을 통해 해당 API를 호출하여 원하는 기능을 수행하고, 서버는 이러한 요청을 처리하고 결과를 클라이언트에게 반환한다.

웹 서비스는 다양한 기술과 프로토콜을 이용해 구현될 수 있다. 대표적인 웹 서비스 기술로는 SOAP(Simple Object Access Protocol), REST(Representational State Transfer), XML-RPC 등이 있으며, 이러한 기술은 데이터 형식, 프로토콜, 인터페이스 디자인 등을 정의하여 웹 서비스의 동작 방식을 결정한다. 물론 프로그래밍 언어나 개발 환경에 따라 선택할 수 있다. 웹 서비스는 다양한 분야에서 활용되며, 웹 사이트의 기능을 제공하는 것부터 데이터 분석 및 머신러닝 등에 이르기까지 다양한 분야에서 사용된다.

예를 들어, 온라인 쇼핑몰의 경우, 사용자가 웹 브라우저를 통해 서버에 요청하면 서버는 데이터베이스에서 상품 정보(제품 검색, 주문처리, 장바구니 관리 등)를 가져와서 해당 정보를 클라이언트에게 제공한다. 이때 서버 측에서 제공되는 API를 웹 서비스라고 할 수 있다.

또한, 구글 지도 API, 페이스북 로그인 API, 날씨 API 등이 있다. 즉, 지도 서비스는 지도 데이터를 제공하는 웹 서비스를 사용하여 위치 검색, 경로 탐색, 지도 표시 등을 수행, 소셜 미디어 플랫폼은 로그인 기능을 제공하는 웹 서비스를 사용하여 사용자 인증 및 프로필 정보 관리를 수행한다.

웹 서비스는 API의 형태로 제공되므로 다른 개발자들이 해당 기능을 활용할 수 있다. 개발자는 외부 API를 사용하여 자신의 애플리케이션에 기능을 추가하거나 다른 서비스와 통합할 수 있다. 예를 들어, 구글 지도 API를 사용하면 지도 기능을 자신의 웹 애플리케이션에 통합할 수 있고, 페이스북 로그인 API를 사용하면 페이스북 사용자 인증을 자신의 애플리케이션에 적용할 수 있다.

웹 서비스는 개발자들에게 다양한 기능을 제공하고, 서비스 간의 상호 운용성을 높여준다. 또한, 외부 API를 활용하여 기능을 확장하거나 데이터를 활용하는 것으로 빠르고 효율적인 개발을 할 수 있다. 따라서 웹 서비스는 현대 소프트웨어 개발에서 중요한 역할을 담당하고 있다.

지금까지 배워왔던 데이터베이스를 이용해 간단한 웹 서비스를 연동해 보자. 우선 이를 위해서는 웹 서비스 연동이란 무엇인지에 대한 개념과 실제 외부 또는 데이터베이스를 이용해 웹 서비스에 연동하면 무엇이 좋은지에 대해 생각해 보자.

1.2 웹 서비스 연동

웹 서비스 연동은 웹 애플리케이션과 데이터베이스 간의 상호작용을 위한 필수적인 기술이다. 웹 애플리케이션은 사용자에게 데이터베이스에 저장된 정보를 제공하거나, 사용자가 입력한 정보를 데이터베이스에 저장하는 등의 작업을 수행하기 위해 데이터베이스와의 연결이 필요하다. 이를 위해 일반적으로 데이터베이스 연결 드라이버를 사용한다. 연결 드라이버는 특정 데이터베이스 시스템과 웹 애플리케이션을 연결하는 데 필요한 프로그램이다.

웹 애플리케이션에서 데이터베이스에 접근하고 상호작용하는 과정은 주로 데이터베이스 쿼리문을 사용하여 이루어진다. 데이터베이스 쿼리는 데이터베이스에서 정보를 검색하거나 조작하는 데 사용되는 명령어로, 쿼리를 사용하면 웹 서비스는 데이터베이스에 접근하여 저장된 정보를 쉽게 검색하고 조작할 수 있다. 예를 들어, 웹 서비스는 데이터베이스에 접근하여 필요한 데이터를 가져오거나 업데이트하거나 새로운 데이터를 삽입하는 등의 작업을 수행할 수 있다. 이를 통해 웹 서비스는 동적으로 데이터를 관리하고 제공할 수 있다.

웹 서비스 연동을 위해서는 여러 가지 요소를 고려해야 한다. 첫째, 보안 측면에서 데이터베이스 연결에는 인증 및 권한 부여 메커니즘을 구현하여 무단 액세스를 방지해야 한다. 둘째, 성능 측면에서 데이터베이스 쿼리의 최적화와 인덱싱 등을 고려하여 효율적인 데이터 액세스를 구현해야 한다. 셋째, 데이터 일관성을 유지하기 위해 트랜잭션 처리와 데이터베이스의 ACID(원자성, 일관성, 격리성, 지속성) 속성을 준수해야 한다.

또한, 데이터베이스 연동은 데이터베이스 시스템의 종류에 따라 다양한 접근 방식과 쿼리 언어를 사용할 수 있는데, 일반적으로 SQL(Structured Query Language)을 사용하여 데이터베이스 쿼리를 작성하고 실행한다. 웹 애플리케이션은 적절한 데이터베이스 드라이버를 사용하여 해당 데이터베이스와 통신하고 쿼리를 수행한다.

웹 서비스 연동은 웹 애플리케이션의 핵심적인 역할을 담당하며, 데이터베이스와의 원활한 상호작용을 통해 실시간 데이터 처리와 동적인 웹 콘텐츠 제공 등을 가능하게 한다. 따라서 웹 개발에서 웹 서비스 연동은 매우 중요한 요소로 고려되며, 데이터베이스와의 효율적인 연결과 데이터 관리를 위해 다양한 기술과 방법을 활용한다.

그렇다면 데이터베이스를 이용해 웹 서비스와 연동하는 것이 좋은 이유는 무엇일까? 이에 대해 한 번 살펴보자.

데이터베이스를 이용해 웹 서비스를 연동하면 다음과 같은 장점이 있다.

1. **데이터의 일관성과 보안성을 유지할 수 있다.**
   데이터베이스는 데이터의 일관성과 보안성을 유지하기 위한 기능을 제공한다. 웹 서비스를 이용해 데이터베이스에 접근하면 데이터의 무결성을 보장할 수 있다. 이는 데이터의 정확성과 신뢰성을 보장하는 데 도움을 준다.
2. **데이터의 효율적인 관리가 가능하다.**
   데이터베이스를 이용하면 데이터를 효율적으로 관리할 수 있다. 데이터의 검색, 수정, 삭제, 추가, 정렬 등을 쉽게 할 수 있다. 또한 데이터 검색과 처리 속도를 향상시킬 수 있다.
3. **다양한 형태의 데이터를 다룰 수 있다.**
   데이터베이스는 다양한 형태의 데이터를 다룰 수 있다. 텍스트, 숫자, 이미지, 동영상 등 다양한 형태의 데이터를 관리할 수 있다.
4. **대용량의 데이터를 처리할 수 있다.**
   데이터베이스는 대용량의 데이터를 처리할 수 있다. 대용량의 데이터를 효율적으로 처리하고 관리할 수 있으며, 빠른 검색과 분석이 가능하다. 뿐만아니라 웹 서비스의 성능을 최적화할 수 있다.
5. **데이터 공유와 협업이 가능하다.**
   데이터베이스를 사용하면 여러 사용자가 동시에 데이터에 접근하고 공유할 수 있다. 웹 서비스를 통해 다른 사용자와 협업하거나 데이터를 공유할 수 있으며, 실시간으로 데이터를 업데이트하고 공유함으로써 효율적인 업무 협업이 가능하다.

따라서 데이터베이스를 이용해 웹 서비스를 연동하면 데이터를 효율적으로 관리하고 보안성을 유지할 수 있다.

MySQL Workbench를 이용한 웹 서비스 연동

MySQL Workbench를 이용한 간단한 웹 서비스 연동해 보자.

❶ 먼저 MySQL Workbench에서 'students'라는 새로운 DB(스키마)를 생성한다.

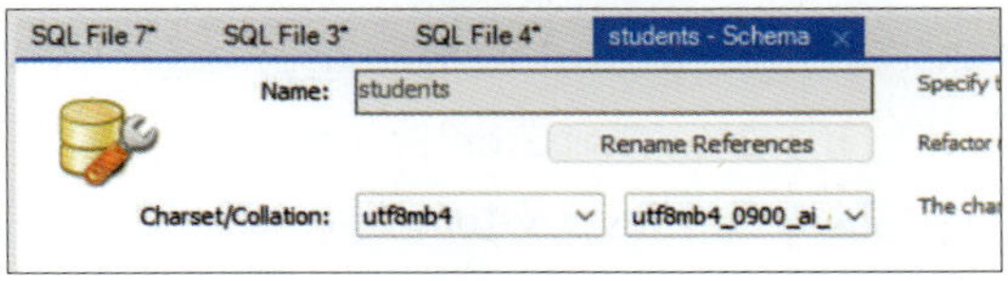

그림 11-1. students 스키마 생성

❷ 새로운 테이블 'students'를 생성한다.

```
CREATE TABLE students(
  id INT PRIMARY KEY AUTO_INCREMENT,
  name VARCHAR(50),
  age INT,
  major VARCHAR(50)
);
```

"students"라는 테이블을 생성할 때, 해당 테이블은 다음과 같은 열을 가지고 있다. 각 열에 대한 설명을 살펴보자.

- **"id" 열** : 이 열은 INT 형식으로, 테이블의 주 키(primary key)로 사용, AUTO_INCREMENT 속성이 지정되어 있어, 이 열의 값은 테이블에 새로운 행이 추가될 때마다 자동으로 생성되고 증가한다.
- **"name" 열** : 이 열은 VARCHAR(50) 형식으로, 최대 50자까지 문자열을 저장할 수 있다. 학생의 이름을 저장하는 데 사용된다.
- **"age" 열** : 이 열은 INT 형식으로, 학생의 나이를 저장하는 데 사용된다.
- **"major" 열** : 이 열은 VARCHAR(50) 형식으로, 최대 50자까지 문자열을 저장할 수 있다. 학생의 전공 또는 전공 분야를 저장하는 데 사용된다.

따라서, "students" 테이블은 학생에 대한 정보를 저장하며, 학생의 고유 식별자, 이름, 나이, 전공 정보를 포함한다.

❸ 만들어진 테이블에 데이터를 추가한다.

```
INSERT INTO students(name, age, major) VALUES
 ('John', 21, 'Computer Science'),
 ('Jane', 23, 'Psychology'),
 ('Bob', 20, 'English'),
 ('Sarah', 22, 'Mathematics');
```

"students" 테이블에 다음과 같은 데이터를 삽입한다.

- **첫 번째 행** : 이름(name)은 'John', 나이(age)는 21, 전공(major)은 'Computer Science'
- **두 번째 행** : 이름(name)은 'Jane', 나이(age)는 23, 전공(major)은 'Psychology'
- **세 번째 행** : 이름(name)은 'Bob', 나이(age)는 20, 전공(major)은 'English'
- **네 번째 행** : 이름(name)은 'Sarah', 나이(age)는 22, 전공(major)은 'Mathematics'

이렇게 삽입된 데이터는 "students" 테이블에 저장되며, 각 행은 학생의 이름, 나이, 전공 정보를 나타낸다.

❹ 입력된 데이터를 확인한다.

```
SELECT * FROM students
```

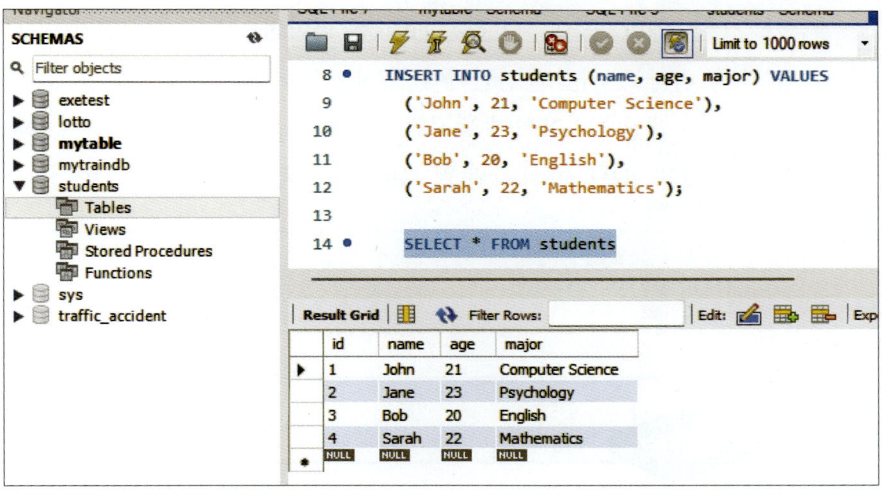

그림 11-2. 데이터베이스 생성

데이터베이스가 생성된 것을 확인할 수 있다.

자 그러면 이번에는 웹 서비스 연동을 위한 방법에 대해 살펴보자.

Flask 방법

웹 서비스 연동을 위해서 여러 가지 방법 중 Flask를 사용하려고 한다. Flask는 미니멀한 설계로 유명한 파이썬 기반의 웹 애플리케이션을 개발하고자 할 때 사용하는 프레임워크로, 웹 애플리케이션을 구축하고 웹 서비스와 상호작용해야 한다면 Flask를 사용하는 것이 적합하다. Flask는 라우팅, 템플릿 엔진, 데이터 처리, 세션 관리 등 필요한 기능들을 확장성 있게 사용할 수 있어 웹 애플리케이션 개발에 필요한 다양한 기능을 제공한다. 또한 Flask는 requests와 같은 라이브러리와 함께 사용할 수 있어 웹 서비스와의 통신에도 용이하다.

따라서 웹 애플리케이션을 개발하고 기능을 확장해야 한다면 Flask를 사용하는 것이 좋다. 그러나 간단한 웹 서비스와의 통신만을 위해서라면 requests와 같은 라이브러리를 사용하는 것이 더 간편할 수 있다. 물론 선택은 개발하고자 하는 프로젝트의 목적과 요구사항에 따라 결정하면 된다.

웹 서비스를 연동하기 위해서 Flask를 먼저 설치해야 한다.

많은 개발자들이 사용하는 Flask는 파이썬으로 작성된 인기 있는 웹 프레임워크 중 하나로, 가볍고 간단하여 웹 서비스를 빠르게 개발할 수 있다. 이는 Jinja2 템플릿 엔진을 사용하여 동적인 웹 페이지를 생성할 수 있으며, Werkzeug WSGI 툴킷을 이용하여 내장된 웹 서버를 실행할 수 있다.

```
pip3 install flask
```

잠깐만요

Jinja2는 파이썬으로 작성된 웹 애플리케이션에서 HTML 코드를 동적으로 생성할 수 있게 해 주는 템플릿 엔진이다. 템플릿 엔진이란, 프로그래밍 언어에서 사용되는 데이터와 문서(HTML, XML 등)를 조합하여, 다양한 형태의 출력물을 만들어내는 도구이다.

Jinja2를 사용하면 HTML 코드 안에 템플릿 코드를 작성하고, 데이터를 동적으로 삽입할 수 있다. 이를 통해 반복적인 HTML 코드 작성을 줄이고, 유지 보수성을 높일 수 있다. 또한, Jinja2는 템플릿 상속, 매크로 등의 고급 기능도 지원한다.

student 웹 서비스 연동 전체 코드는 다음과 같다.

실습 예제

student 웹 서비스 연동 전체 코드

```
import pymysql
from flask import Flask, jsonify
app = Flask(__name__)

def get_db():
 con=pymysql.connect(
   host='127.0.0.1',
   port=3306,
   user="root",
   password="1234",
   db="students1",
   charset="utf8mb4")
 return con

con = get_db() # 호출

# 학생 정보를 조회하는 API
@app.route('/students')
def get_students():
  cursor = con.cursor()
  cursor.execute("SELECT * FROM students")
  rows = cursor.fetchall()
  students = []
  for row in rows:
     student = {
       'id': row[0],
       'name': row[1],
       'age': row[2],
       'major': row[3]
     }
     students.append(student)
  return jsonify(students)

app.run(port=5000)
```

이제 전체 코드에서 각 코드들을 좀 더 자세히 부분적으로 살펴보자.

❶ 먼저 필요한 라이브러리를 불러온다.

```
import pymysql
from flask import Flask, jsonify
```

- pymysql 모듈은 Python에서 MySQL 데이터베이스에 접속하고 쿼리를 실행하기 위해 사용된다.
- Flask 모듈은 웹 애플리케이션을 구현하는 데 사용되며, 웹 서버를 실행하고 라우팅을 관리하는 기능을 제공한다.
- jsonify 함수는 Python 데이터를 JSON 형식으로 변환하여 웹 응답으로 반환하는 데 사용된다.

❷ Flask 애플리케이션을 생성한다. 이때, __name__은 현재 모듈의 이름을 의미한다.

```
app = Flask(__name__)
```

❸ MySQL 데이터베이스 연결한다.

```
def get_db():
  con=pymysql.connect(
    host='127.0.0.1',
    port=3306,
    user="root",
    password="1234",
    db="students",
    charset="utf8mb4"
  )
 return con

con = get_db() # 호출
```

- get_db() 함수는 MySQL 데이터베이스 연결을 설정하는 함수이다.
- 여기서는 pymysql.connect() 함수를 사용하여 데이터베이스에 접속한다.
- host, port, user, password, db, charset 등을 설정하여 데이터베이스 연결 정보를 전달한다.
- 데이터베이스 연결 객체를 반환한다.
- 그다음 get_db() 함수를 호출하여 데이터베이스 연결을 수행하고, con 변수에 연결 객체를 저장한다. 이렇게 하면 Flask 애플리케이션 내에서 데이터베이스 연결을 유지할 수 있다.

❹ 학생 정보를 조회 및 결과를 반환한다.

```
# 학생 정보를 조회하는 API
@app.route('/students')
def get_students():
  cursor = con.cursor()
  cursor.execute("SELECT * FROM students")
  rows = cursor.fetchall()
  students = []
  for row in rows:
    student = {
       'id': row[0],
       'name': row[1],
       'age': row[2],
       'major': row[3]
    }
    students.append(student)
  return jsonify(students)
```

- /students 경로로 접근했을 때 호출되는 함수이다.
- get_students() 함수에서는 데이터베이스에서 모든 학생 정보를 조회하여 JSON 형식으로 반환한다.

• 먼저, con.cursor()를 호출하여 쿼리를 실행할 커서 객체를 가져온다.

• cursor.execute() 메서드를 사용하여 데이터베이스에 쿼리(SELECT * FROM students)를 실행한다.

• cursor.fetchall() 메서드를 사용하여 쿼리 결과를 가져온다. 이때, 모든 학생 정보를 담은 리스트로 반환된다.

• 각 학생 정보를 딕셔너리 형태로 만들고, students 리스트에 추가한다.

• jsonify(students)를 호출하여 students 리스트를 JSON 형식으로 변환하여 반환한다.

❺ Flask 애플리케이션을 실행한다.

```
app.run(port=5000)
```

5000번 포트를 통해 웹 서버를 시작하고, 클라이언트 요청을 대기한다.

즉, http://localhost:5000/students 주소로 접속하면 학생 정보를 JSON 형식으로 조회할 수 있다.

❻ 마지막으로 Flask 애플리케이션을 실행하면 해당 경로로 접속하여 결과를 확인할 수 있다. 이에 따른 결과는 다음과 같다.

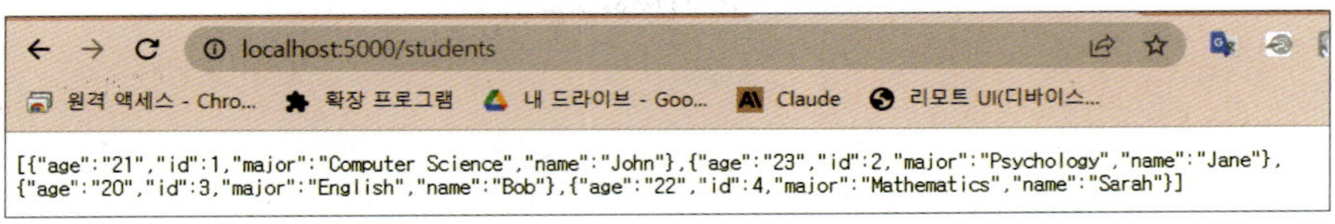

그림 11-3. Flask를 이용해 student 웹 서비스 연동

2 〉 붓꽃 데이터를 이용한 웹 서비스 연동

앞서 우리는 iris(붓꽃) 데이터를 다루어 보았다. 이를 활용하여 웹 서비스에 연동하기 위해서는 이전에 작업했던 iris 데이터를 불러와야 한다. iris 데이터를 웹 서비스에 연동해 보자.

2.1 데이터 셋 준비

이미 만들어져 있는 mytable DB에 iris 데이터를 연동하여 준비한다.

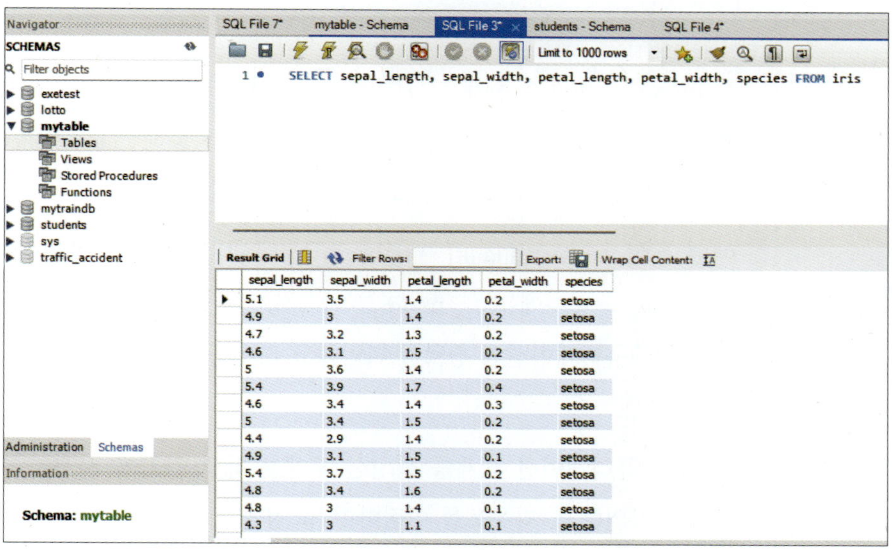

그림 11-4. iris 데이터베이스

이를 위해 우선 필요한 패키지를 import 한다.

```
import pymysql
from flask import Flask, jsonify, render_template
```

MySQL 데이터베이스와 Flask 웹 프레임워크를 연동하기 위한 설정 코드이다. pymysql 모듈을 사용하여 데이터베이스에 연결하고, Flask에서 사용할 수 있는 커서를 생성한다. 이후에 이 커서를 사용하여 데이터베이스에 쿼리를 실행할 수 있다.

Flask 애플리케이션을 생성한다. __name__은 현재 모듈의 이름을 나타낸다. Flask는 이 이름을 이용하여 모듈이 위치한 디렉토리에서 템플릿 파일 등을 찾을 수 있다.

```
app = Flask(__name__)
```

__name__ 변수는 현재 모듈의 이름을 나타내는데, 일반적으로 파이썬에서 실행 중인 스크립트 파일의 이름이 할당된다. 이를 통해 Flask 애플리케이션은 현재 모듈의 위치를 기준으로 경로를 찾을 수 있게 된다.

예를 들어, app = Flask(__name__) 코드가 main.py 파일에서 실행된다면 __name__ 변수에는 '__main__'이 할당된다. Flask 애플리케이션은 이를 이용하여 애플리케이션의 경로를 파악하고 라우팅 설정, 템플릿 로딩 등의 동작을 수행한다.

Flask 애플리케이션 객체를 생성한 후에는 해당 객체를 사용하여 웹 서비스의 동작을 정의하고, 라우트를 설정하며, 요청을 처리할 수 있다.

다음 코드는 MySQL 데이터베이스에 연결하고, 데이터베이스와 상호작용하기 위한 커서를 생성하는 부분이다.

```
# MySQL 데이터베이스 연결 설정
con = pymysql.connect(
    host="127.0.0.1",
    port=3306,
    user="root",
    password="1234",
    db="mytable",
    charset="utf8mb4"
)
cursor = con.cursor(pymysql.cursors.DictCursor)
```

다음은 데이터베이스에 접속하기 위한 코드의 설명이다.

- **host** : MySQL 데이터베이스 서버의 주소이다. 여기서는 로컬 컴퓨터(127.0.0.1)에 있는 데이터베이스에 접속하므로, 이와 같이 설정한다.
- **port** : MySQL 데이터베이스 서버의 포트 번호이다. 여기서는 기본값인 '3306'을 사용한다.
- **user** : 데이터베이스에 접속하기 위한 사용자 이름이다. 여기서는 'root'를 사용한다.
- **password** : 데이터베이스에 접속하기 위한 비밀번호이다. 여기서는 '1234'를 사용한다. 이 비밀번호는 예시 비밀번호이며, 실제 서비스에서는 이보다 복잡하고 안전한 비밀번호를 사용해야 한다.
- **db** : 접속할 데이터베이스의 이름이다. 여기서는 'mytable'을 사용한다.
- **charset** : MySQL 데이터베이스와 문자 인코딩이 일치해야 한다. 여기서는 'utf8mb4'를 사용한다.

cursor = con.cursor(pymysql.cursors.DictCursor)는 MySQL 데이터베이스와 연결된 커서 객체를 생성한다. pymysql.cursors.DictCursor는 딕셔너리 형태로 결과를 반환하는 커서이다. 이를 사용하면 결과를 좀 더 직관적으로 다룰 수 있다.

2.2 붓꽃 데이터 웹 서비스 연동

웹 서비스를 연동하기 위한 과정은 다음과 같다.

우선 아래의 코드는 Flask에서 사용하는 데코레이터(Decorator)라는 문법을 사용하여, URL 경로 /에 접속 시 home() 함수를 실행하는 것을 정의한다.

```
# 홈 페이지
@app.route('/')
def home():
    return render_template('iris.html')
```

@app.route('/')은 Flask 애플리케이션에서 URL 경로 (/)에 대한 라우팅을 설정하는 데 사용되는 데코레이터이다.

Flask에서 데코레이터는 특정 URL 경로에 대한 요청을 처리하는 함수를 연결하는 역할을 한다. @app.route() 데코레이터는 해당 경로로의 HTTP GET 요청을 처리하기 위한 함수를 연결한다.

이를 통해 '/' 경로로의 요청에 대해 home() 함수가 실행되고, 해당 함수는 "home.html"을 반환한다. 따라서 @app.route('/')은 루트 경로 (/)로의 요청을 처리하기 위해 home() 함수와 연결되어 해당 경로로의 요청이 들어올 경우 home() 함수가 실행되도록 설정하는 역할을 한다.

render_template() 함수는 Flask에서 제공하는 함수로, 해당 함수가 위치한 파일과 같은 경로에 있는 템플릿 파일을 찾아서 HTML 파일을 생성하고 반환한다.

템플릿(templates) 폴더를 만들고 이 안에 HTML 태그를 다음과 같은 형태로 구성하여 작성해야 한다. 예를 들어, 위 코드에서는 'iris.html' 파일을 찾아서 HTML 파일을 생성하고 반환한다.

```
<!DOCTYPE html>
<html>
<body>
<h2>iris</h2><br>

iris data prediction <br><br>



<form action="/iris1_action" method="POST">
 <label for="fname">sepal.length:</label><input type="text"  name="sepal.length"><br>
 <label for="fname">sepal.width:</label><input type="text"  name="sepal.width"><br>
 <label for="fname">petal.length:</label><input type="text"  name="petal.length"><br>
 <label for="fname">petal.width:</label><input type="text"  name="petal.width"><br>

 <input type="submit" value="확인">
 </form>
 <br>
     5.3,3.7,1.5,.2,"Setosa" <br>
     5,3.3,1.4,.2,"Setosa"<br>
     7,3.2,4.7,1.4,"Versicolor"<br>
     6.4,3.2,4.5,1.5,"Versicolor"<br>



 </body>
 </html>
```

잠깐만요

템플릿 파일의 디렉터리 이름을 'template'로 지정한다.

render_template() 함수에서 템플릿 파일의 디렉토리 이름이 "templates"로 약속되어 있는 이유는 다음과 같다.

Flask는 기본적으로 HTML 템플릿과 같은 정적 파일들을 어떤 디렉토리에서 찾아야 하는지를 알지 못한다. 따라서 Flask에게 정적 파일들의 위치를 알려주기 위해 render_template() 함수를 사용할 때, Flask는 템플릿 파일을 찾을 디렉토리를 찾아야 한다. 이때 템플릿 파일들이 저장된 디렉토리 이름을 "templates"로 약속한 것이다.

즉, Flask는 "templates" 디렉토리 내에서 템플릿 파일을 찾고 해당 파일을 렌더링하여 HTML을 생성하게 된다. 따라서 render_template('iris.html') 함수 호출 시, Flask는 "templates" 디렉토리 아래에서 "iris.html" 파일을 찾아서 렌더링한다.

이러한 약속은 Flask의 설정에 따라 물론 변경할 수 있지만, 기본적으로 "templates" 디렉토리를 사용하는 것이 가장 흔한 방법이다. "templates" 디렉토리를 사용하면 Flask 애플리케이션의 구조가 명확해지고, HTML 템플릿들이 특정 디렉토리에 모여 있어서 관리하기 쉽기 때문에 권장되는 방법이다.

예를 들어, 위 코드에서는 'iris.html' 파일을 찾아서 HTML 파일을 생성하고 반환한다.

```
# 붓꽃 종류를 예측하는 API
@app.route('/predict/<float:sepal_length>/<float:sepal_width>/
<float:petal_length>/<float:petal_width>')
def predict(sepal_length, sepal_width, petal_length, petal_width):
    cursor.execute("SELECT species FROM iris_data WHERE sepal_length=%s
    AND sepal_width=%s AND petal_length=%s AND petal_width=%s", (sepal_
    length, sepal_width, petal_length, petal_width))
    result = cursor.fetchone( )
    if result:
        return jsonify({"species": result['species']})
    else:
        return jsonify({"error": "No matching species found."})
```

이 코드는 붓꽃의 꽃잎과 꽃받침의 길이와 너비를 입력받아 MySQL 데이터베이스에 저장된 붓꽃 데이터를 조회하고 예측된 붓꽃 종류를 반환하는 API이다.

Flask에서는 API의 URL에 변수를 포함하여 동적인 URL을 생성할 수 있다. 이 코드에서는 @app.route 데코레이터를 사용하여 /predict/<float:sepal_length>/<float:sepal_width>/<float:petal_length>/<float:petal_width> URL 패턴을 등록한다. 이 패턴은 /predict/ 다음에 sepal_length, sepal_width, petal_length, petal_width 값을 변수로 포함할 수 있으며, 각 변수의 자료형은 float으로 지정되어 있다.

API에서는 입력받은 4개의 변수 값을 이용하여 MySQL 데이터베이스에 저장된 붓꽃 데이터를 조회한다. cursor.execute() 함수를 사용하여 SQL 쿼리를 실행하고, cursor.fetchone() 함수를 사용하여 조회된 첫 번째 결과를 가져온다.

조회된 결과가 있으면 {"species": result['species']} 형태의 JSON 데이터를 반환하고, 조회된 결과가 없으면 {"error": "No matching species found."} 형태의 JSON 데이터를 반환한다.

```
if __name__== '__main__':
    app.run(port=5001)
```

if __name__ == '__main__' 코드는 이 파일이 직접 실행될 경우에만 애플리케이션을 실행하도록 지정하는 코드이다. 따라서 이 파일을 다른 파일에서 import 하여 사용하는 경우에는 실행되지 않는다. app.run(port=5001)은 Flask 애플리케이션을 실행한다. port=5001을 설정하면 5001번 포트를 통해 웹 서버를 시작하고 클라이언트 요청을 대기한다. 즉, http://localhost:5001 주소로 접속하면 iris 정보를 입력할 수 있는 창이 나오고 이를 기반으로 어떤 종류인지를 확인할 수 있는 구조를 만들 수 있다. 물론 이 부분은 학습까지 연동을 하지 않았지만 이를 통해 어떤 결과들이 나올 수 있을지 추측해 볼 수 있다.

실습 예제

붓꽃 데이터 웹 서비스 연동 전체 코드

```
import pymysql
from flask import Flask, jsonify, render_template
app = Flask(__name__)

# MySQL 데이터베이스 연결 설정
con = pymysql.connect(
    host='127.0.0.1',
    port=3306,
    user="root",
    password="1234",
    db="mytable",
```

```python
    charset="utf8mb4"
)
cursor = con.cursor(pymysql.cursors.DictCursor)

# 홈 페이지
@app.route('/')
def home():
    return render_template('iris.html')

# 붓꽃 종류를 예측하는 API
@app.route('/predict/<float:sepal_length>/<float:sepal_width>/<float:petal_length>/<float:petal_width>')
def predict(sepal_length, sepal_width, petal_length, petal_width):
    cursor.execute("SELECT species FROM iris_data WHERE sepal_length=%s AND sepal_width=%s AND petal_length=%s AND petal_width=%s", (sepal_length, sepal_width, petal_length, petal_width))
    result = cursor.fetchone()
    if result:
        return jsonify({"species": result['species']})
    else:
        return jsonify({"error": "No matching species found."})

if __name__== '__main__':
    app.run(port=5001)
```

이에 따른 실행 결과는 다음과 같다.

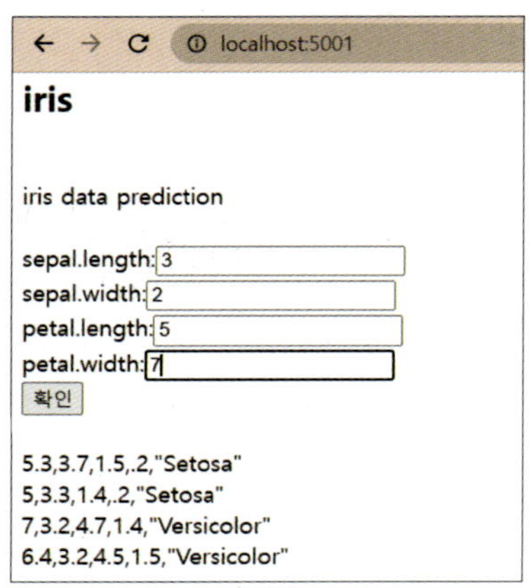

그림 11-5. iris 웹 서비스 연동에 따른 결과 화면

연습 문제

연습 01

숫자를 입력받아 제곱 값을 반환하는 웹 서비스를 만들어 보자.
예를 들어, 사용자가 입력한 숫자가 '5'라면, 웹 페이지에는 'The square of 5 is 25.'와 같은 결과가 출력된다.

연습 02

간단한 ToDo 리스트를 관리하는 웹 서비스를 만들어 보자.
사용자가 입력한 새로운 할 일이 POST 요청으로 전달되면, 해당 할 일을 tasks 리스트에 추가하고, 사용자에게 ToDo 리스트가 보여지는 메인 페이지로 리디렉션시킨다.

찾아보기